MÉMOIRES CONTEMPORAINS.

MÉMOIRES
DE CONSTANT.

TOME I.

PARIS. — IMPRIMERIE DE COSSON,
RUE SAINT GERMAIN-DES-PRÉS, N° 9.

MÉMOIRES
DE CONSTANT,

PREMIER VALET DE CHAMBRE DE L'EMPEREUR,

SUR LA VIE PRIVÉE

DE

NAPOLÉON,

SA FAMILLE ET SA COUR.

Depuis le départ du premier consul pour la campagne de Marengo, où je le suivis, jusqu'au départ de Fontainebleau, où je fus obligé de quitter l'empereur, je n'ai fait que deux absences, l'une de trois fois vingt-quatre heures, l'autre de sept ou huit jours. Hors ces congés fort courts, dont le dernier m'était nécessaire pour rétablir ma santé, je n'ai pas plus quitté l'empereur que son ombre.

MÉMOIRES DE CONSTANT, *Introduction.*

TOME PREMIER.

A PARIS,
CHEZ LADVOCAT, LIBRAIRE
DE S. A. R. LE DUC DE CHARTRES,

QUAI VOLTAIRE ET PALAIS-ROYAL.

MDCCCXXX.

AVERTISSEMENT
DE L'ÉDITEUR.

La troisième et dernière livraison des *Mémoires de Constant* paraîtra à la fin de juillet. Elle se composera des révélations de l'auteur sur les années 1812, 1813, 1814 et 1815, c'est-à-dire sur les campagnes de Russie, de Saxe, des Pays-Bas et de France. Jusqu'ici le premier valet de chambre de l'empereur n'a eu à retracer que des souvenirs de gloire, de prospérité, de progrès; jusqu'ici cette étoile impériale, que seuls les yeux de Napoléon apercevaient dans le ciel, a grandi et s'est élevée sur l'horizon : maintenant approche l'heure des revers, de la décadence et du malheur; maintenant viennent les désastres, l'abandon et l'exil. Napoléon est trahi par sa destinée; il est trahi même par son génie. Cet habile temporiseur, qui avait imposé à l'impatience de sa jeune ambition des années d'attente et les campagnes d'Égypte et d'Italie, voudra brusquer la fortune, et subjuguer l'empire moscovite, défendu par ses guerriers, par sa vaste étendue et par son climat, dans un espace de temps qui n'aurait suffi qu'à peine pour le parcourir.

M. Constant a suivi Napoléon à Moscou, il était avec lui au Kremlin; il est revenu avec lui, pourchassé par le canon des Russes, et plus encore par un hiver terrible entre tous les hivers du Nord. Il dira quelles furent les angoisses, le découragement, les regrets, et aussi les retours de confiance, de force et d'énergie, qui agitèrent tour à tour ou tout à la fois l'âme de son maître, dans ces dernières années si pleines et si tumultueuses. Il le montrera luttant contre une double invasion étrangère, secondée par la désaffection intérieure, et soutenant cette lutte inégale avec toute l'activité, tout l'éclat, toutes les ressources de son génie. Enfin il nous rendra spectateurs de l'abdication, dernière scène de ce drame gigantesque, et nous ne quitterons Napoléon qu'après l'avoir vu passer d'un accès momentané, mais terrible, de désespoir au calme solennel de la résignation.

On trouvera à la fin de la troisième livraison les *éphémérides* de la vie de Napoléon, et les synchronismes de son règne. Il appartenait à celui qui ne l'a point quitté durant quinze années de prendre note jour par jour des démarches de l'empereur, des faits publics ou privés qui se rapportaient à lui; et l'on trouvera sans doute que c'est une heureuse et utile idée que d'avoir rassemblé sous un seul coup d'œil tous les détails et tous les instans d'une telle vie.

Paris, ce 25 juin 1830.

LADVOCAT.

INTRODUCTION

DU TROISIÈME VOLUME.

Le public a bien voulu accueillir les *Mémoires de Constant* avec tout l'intérêt que l'éditeur les avait jugés capables d'exciter. Parmi les plus curieux passages de la première livraison, le spirituel journal du *Voyage à Mayence* a été traité avec une faveur particulière. L'auteur de ce journal, depuis la publication des deux premiers tomes des Mémoires de Constant, a fait à l'éditeur l'honneur de lui adresser une lettre; et comme cette lettre renferme une juste réclamation, l'éditeur a pensé ne pouvoir mieux y faire droit qu'en la mettant sous les yeux du public.

« Paris, 10 mai 1830.

» Monsieur,

» Je viens de trouver avec étonnement dans les
» Mémoires de Constant le journal d'un voyage
» que j'ai fait avec Joséphine.
» Les feuilles que j'écrivais rapidement chaque
» soir étaient mises en ordre et copiées, dans les
» villes où nous séjournions, par ma femme de

» chambre, qui écrivait fort bien; il est probable
» qu'elle en aura gardé une copie.

» Depuis, j'avais réuni les souvenirs de ce voyage
» à ceux d'une partie de ma vie; mais je n'étais
» nullement décidée à les publier.

» Je crois qu'une femme peut amuser son ima-
» gination avec sa plume, comme elle exerce ses
» doigts avec un crayon ou un pinceau; mais je
» pense qu'elle ne doit jamais mettre le public
» dans la confidence de ses pensées et de ses sen-
» timens qui ne peuvent intéresser que ses amis
» et sa famille.

» La publication que vous venez de faire, et sur-
» tout le désir de rétablir dans toute sa vérité un
» fait énoncé par M. Constant en parlant du motif
» qui m'a fait quitter la cour, me déterminent,
» Monsieur, à vous envoyer la totalité de ces sou-
» venirs.

» Je vous autorise à les publier, si vous pensez
» que des faits si peu intéressans, écrits avec si peu
» de soin, puissent trouver place dans la seconde
» partie des Mémoires que vous venez de faire pa-
» raître.

» Lorsque je voulus donner ma démission, j'é-
» crivis à Joséphine, qui en fut aussi étonnée qu'af-
» fligée (si je dois croire ce qu'elle eut la bonté de
» me dire). Aussitôt ma lettre reçue, elle m'en-

» voya chercher par le général Fouller pour m'as-
» surer qu'elle ne voulait pas l'accepter. Plus de
» quinze jours s'écoulèrent entre celui où ma dé-
» mission fut donnée et le moment où elle fut ac-
» ceptée par l'empereur.

» J'ignore si c'est dans l'instant qu'il l'accepta
» qu'il eut connaissance de ce journal; mais l'ex-
» pression de congé, employée par l'auteur des
» Mémoires qui viennent de paraître chez vous,
» n'en est pas moins inexacte.

» Au reste, j'y attache bien peu d'importance,
» et je ne rectifie ce fait qu'à cause de cette inexac-
» titude. »

» Recevez, Monsieur, l'assurance de
» ma parfaite considération,

» La Baronne de V*****. »

L'éditeur sent combien il a de grâces à rendre
à madame la baronne de *** pour l'autorisation
qu'elle a consenti à lui donner d'associer aux souvenirs de Constant ceux d'une des premières
dames du palais de l'impératrice Joséphine. Ces
deux publications ainsi faites ensemble ont paru
à l'éditeur de nature à se prêter réciproquement
du relief. Toutefois, ce n'est point parce qu'il lui
aurait semblé piquant de mettre en regard l'une

de l'autre deux personnes placées dans des situations différentes, que l'éditeur croit devoir s'applaudir de ce rapprochement; mais c'est parce que, grâce à la condescendance de madame de ***, le lecteur passera, de l'antichambre et de la chambre à coucher de Napoléon, dans les salons impériaux, et l'éditeur ose se flatter que le public n'aura point à se plaindre de ce que son point de vue se trouve ainsi agrandi. Les mémoires de madame la baronne de *** renferment un grand nombre de faits que M. Constant n'a pu se trouver à même de connaître, de même que la plupart des détails qui donnent tant d'intérêt aux Mémoires de celui-ci n'ont pu que rester étrangers à madame de ***. Ainsi réunis, leurs récits se completteront mutuellement, et rien ne manquera plus pour acquérir une connaissance parfaite de l'intérieur de Napoléon, de Joséphine et de leur cour.

Outre les plus curieux renseignemens sur l'empereur et sur l'empire, les Mémoires de madame la baronne ***, remontant d'un côté à des temps antérieurs, et d'un autre côté, continués encore après la chute de Napoléon, contiennent le récit des rapports personnels de l'auteur avec quelques-uns des principaux personnages de la République, de la Terreur, de l'Emigration, du Directoire et de la Restauration. De plus, madame de *** a fait à des époques différentes, deux voyages en Angleterre. Elle a vu la cour du prince de Galles, et une régence qui ne manquait pas, sous le rapport des mœurs, de points de comparaison avec la *joyeuse* régence du duc d'Orléans. Enfin, pendant son second séjour à Londres, madame la baronne *** y a vu tous les scandales du procès et de la mort de la reine Caroline.

Ce simple énoncé suffira sans doute pour mettre le lecteur à même de juger ds l'intérêt qu'il doit s'attendre à rencontrer dans les *souvenirs* de madame la baronne ***.

INTRODUCTION.

La vie de l'homme obligé de se faire lui-même sa carrière, et qui n'est ni un artisan ni un homme de métier, ne commence ordinairement qu'aux environs de vingt ans. Jusque là il végète, incertain de son avenir, et n'ayant pas, ne pouvant pas avoir de but bien déterminé. Ce n'est que lorsqu'il est parvenu au développement complet de ses forces, et en même temps lorsque son caractère et son penchant le portent à marcher dans telle ou telle voie, qu'il peut se décider sur le choix d'une carrière et d'une profession; ce n'est qu'alors qu'il se connaît lui-même et voit clair autour de lui; enfin, c'est à cet âge seulement qu'il commence à *vivre*.

En raisonnant de cette façon, ma vie, depuis que j'ai atteint ma vingtième année, a été de trente ans, qui peuvent se partager en deux parts égales, quant au nombre des mois et des jours, mais on ne peut pas plus diverses, si l'on s'attache à considérer les événemens qui se sont passés durant ces deux périodes de mon existence.

Pendant quinze années attaché à la personne de l'empereur Napoléon, j'ai vu tous les hommes et toutes les choses importantes dont seul il était le point de ralliement et le centre. J'ai vu mieux encore que cela; car j'ai eu sous les yeux, dans toutes les circonstances de la vie, les moindres comme les plus graves, les plus privées comme celles qui appartiennent le plus à l'histoire et qui en font déjà partie; j'ai eu, dis-je, sans cesse sous les yeux l'homme dont le nom remplit à lui seul les pages les plus glorieuses de nos annales. Quinze ans je l'ai suivi dans ses voyages et dans ses campagnes, à sa cour et dans l'intérieur de sa famille. Quelque démarche qu'il pût faire, quelque ordre qu'il pût donner, il était bien difficile que l'empereur ne me mît pas, même involontairement, dans sa confidence; et c'est sans le vouloir moi-même que je me suis plus d'une fois trouvé en possession de secrets que j'aurais bien souvent voulu ne point connaître. Que de choses se sont passées pendant ces quinze années! Auprès de l'empereur on vivait comme au milieu d'un tourbillon. C'était une succession d'événemens rapide, étourdissante. On s'en trouvait comme ébloui; et si l'on voulait, pour un instant, y arrêter son attention, il venait tout de suite comme un autre flot d'événemens qui vous entraînait sans vous donner le temps d'y fixer votre pensée.

Maintenant à ces temps d'une activité qui donnait le vertige a succédé pour moi le repos le plus absolu, dans la retraite la plus isolée. C'est aussi un intervalle de quinze ans qui s'est écoulé depuis que j'ai quitté l'empereur. Mais quelle différence! Pour ceux qui, comme moi, ont vécu au milieu des conquêtes et des merveilles de l'empire, que reste-t-il à faire aujourd'hui? Si, dans la force de l'âge, notre vie a été mêlée au mouvement de ces années si courtes, mais si bien remplies, il me semble que nous avons fourni une carrière assez longue et assez pleine. Il est temps que chacun de nous se livre au repos. Nous pouvons bien nous éloigner du monde, et fermer les yeux. Que nous reste-t-il à voir qui valût ce que nous avons vu? de pareils spectacles ne se rencontrent pas deux fois dans la vie d'un homme. Après avoir passé devant ses yeux, ils suffisent à remplir sa mémoire pour le temps qu'il lui reste encore à vivre; et dans sa' retraite il n'a rien de mieux à faire que d'occuper ses loisirs du souvenir de ce qu'il a vu.

C'est là aussi ce que j'ai fait. Le lecteur croira facilement que je n'ai point de passe-temps plus habituel que de me reporter aux années que j'ai passées au service de l'empereur. Autant que cela m'a été possible, je me suis tenu au courant de tout ce qu'on a écrit sur mon ancien maître, sur sa famille et sur sa cour. Dans ces lectures que ma femme ou ma belle-sœur faisaient à la famille, au coin du feu, que de longues soirées se sont écoulées comme un instant! Lorsque je rencontrais dans ces livres, dont quelques-uns ne sont vraiment que de misérables rapsodies, des faits inexacts, ou faux, ou calomnieux,

INTRODUCTION.

je trouvais du plaisir à les rectifier, ou bien à en prouver l'absurdité. Ma femme, qui a vécu, comme moi et avec moi, au milieu de ces événemens, nous faisait à son tour part de ses réflexions et de ses éclaircissemens; et, sant autre but que notre propre satisfaction, elle prenait note de nos observations communes.

Tous ceux qui veulent bien de temps en temps venir nous voir dans notre solitude, et qui prennent plaisir à me faire parler de ce que j'ai vu, étonnés et trop souvent indignés des mensonges que l'ignorance ou la mauvaise foi ont débités à l'envi sur l'empereur et sur l'empire, me témoignaient leur satisfaction des renseignemens que j'étais à même de leur donner, et me conseillaient de les communiquer au public. Mais je ne m'étais jamais arrêté à cette pensée, et j'étais bien loin d'imaginer que je pourrais être un jour moi-même auteur d'un livre, lorsque M. Ladvocat arriva dans notre ermitage, et m'engagea de toutes ses forces à publier mes mémoires, dont il me proposa d'être l'éditeur.

Dans le temps même où je reçus cette visite, à laquelle je ne m'attendais pas, nous lisions en famille les *Mémoires de M. de Bourrienne*, que la maison Ladvocat venait de publier, et nous avions remarqué plus d'une fois que ces mémoires étaient exempts de cet esprit de dénigrement ou d'engouement que nous avions si souvent rencontré, non sans dégoût, dans les autres livres traitant du même sujet. M. Ladvocat me conseilla de compléter la biographie de l'empereur, dont M. de Bourrienne, par suite de sa situation élevée et de ses occupations habituelles, avait dû s'attacher à ne montrer que le côté politique. Après ce qu'il en a dit d'excellent, il me restait encore, suivant son éditeur, à raconter moi-même, simplement, et comme il convenait à mon ancienne position auprès de l'empereur, ce que M. de Bourrienne a dû nécessairement négliger, et que personne ne pouvait mieux connaître que moi.

J'avouerai sans peine que je ne trouvai que peu d'objections à opposer aux raisonnemens de M. Ladvocat, lorsqu'il acheva de me convaincre, en me faisant relire ce passage de l'introduction aux *Mémoires de M. de Bourrienne.*

« Si toutes les personnes qui ont approché
» Napoléon, quels que soient le temps et le
» lieu, veulent consigner *franchement* ce
» qu'elles ont vu et entendu, sans y mettre
» aucune passion, l'historien à venir sera
» riche en matériaux. Je désire que celui qui
» entreprendra ce travail difficile trouve dans
» mes notes quelques renseignemens utiles à
» la perfection de son ouvrage. »

Et moi aussi, me dis-je après avoir relu attentivement ces lignes, je puis fournir des notes et des éclaircissemens, relever des erreurs, flétrir des mensonges, et faire connaître ce que je sais de la vérité; en un mot, je puis et *je dois* porter mon témoignage dans le long procès qui s'instruit depuis la chute de l'empereur; car j'ai été *témoin*, j'ai tout vu, et je puis dire : *J'étais là*. D'autres aussi ont vu de près l'empereur et sa cour, et il devra m'arriver souvent de répéter ce qu'ils en ont dit; car, ce qu'ils savent, j'ai été comme eux à même de le savoir. Mais ce qu'à mon tour je sais de particulier et ce que je puis raconter de secret et d'inconnu, personne jusqu'ici n'a pu le savoir, ni par conséquent le dire avant moi [*].

[*] Je suis heureux de pouvoir citer, à l'appui de ce que j'avance ici, l'opinion exprimée par M. de Bourrienne, à propos d'un triste événement dont je rendrai compte en son lieu.

« C'est dans la nuit qui précéda le retour du maréchal Mac-
» donald à Fontainebleau que l'on assure que Napoléon tenta

INTRODUCTION.

Depuis le départ du premier consul pour la campagne de Marengo, où je le suivis, jusqu'au départ de Fontainebleau, où je fus obligé de quitter l'empereur, je n'ai fait que deux absences, l'une de trois fois vingt-quatre heures, l'autre de sept ou huit jours. Hors ces congés fort courts, dont le dernier m'était nécessaire pour rétablir ma santé, je n'ai pas plus quitté l'empereur que son ombre.

On a prétendu *qu'il n'était point de héros pour le valet de chambre.* Je demande

» de s'empoisonner ; mais comme je n'ai aucun détail certain
» sur cette tentative d'empoisonnement, et que je ne veux
» parler que de ce dont je suis bien sûr, je m'abstiendrai de
» donner, comme quelques personnes l'ont fait, des conjec-
» tures toujours hasardées sur un fait de cette gravité que Na-
» poléon a rejeté bien loin dans les conversations de Sainte-
» Hélène. La seule personne qui puisse lever les doutes qui
» existent à cet égard, est Constant, qui, m'assura-t-on, n'avait
» pas quitté Napoléon de la nuit. »
(*Mémoires de M. de Bourrienne*, page 161, tome X.)

la permission de ne point être de cet avis. L'empereur, de si près qu'on l'ait vu, était toujours un *héros*, et il y avait beaucoup à gagner à voir aussi en lui *l'homme* de près et en détail. De loin on n'éprouvait que le prestige de sa gloire et de sa puissance; en l'approchant, on jouissait de plus, avec surprise, de tout le charme de sa conversation, de toute la simplicité de sa vie de famille, et, je ne crains pas de le dire, de la bienveillance habituelle de son caractère.

Le lecteur, curieux de savoir d'avance dans quel esprit seront écrits mes mémoires, aimera peut-être à trouver ici un passage d'une lettre que j'écrivis à mon éditeur, le 19 janvier dernier.

« M. de Bourrienne a peut-être raison de
» traiter avec sévérité l'homme politique;
» mais ce point de vue n'est pas le mien. Je

» ne puis parler que du héros en déshabillé;
» et alors il était presque constamment bon,
» patient, et rarement injuste. Il s'attachait
» beaucoup, et recevait avec plaisir et bon-
» homie les soins de ceux qu'il affectionnait.
» Il était homme d'habitude. C'est comme
» serviteur attaché que je désire parler de
» l'empereur, et nullement comme cen-
» seur. Ce n'est pas non plus une apothéose en
» plusieurs volumes que je veux faire. Je suis
» un peu à son égard comme ces pères qui
» reconnaissent des défauts dans leurs en-
» fans, les blâment fort, mais en même temps
» sont bien aises de trouver des excuses à
» leurs torts. »

Je prie qu'on me pardonne la familiarité, ou même, si l'on veut, l'inconvenance de cette comparaison, en faveur du sentiment qui l'a dictée. Du reste, je ne me propose ni de louer ni de blâmer, mais simplement de raconter ce qui est à ma connaissance, sans chercher à prévenir le jugement de personne.

Je ne puis finir cette introduction sans dire quelques mots de moi-même, en réponse aux calomnies qui ont poursuivi jusque dans sa retraite un homme qui ne devrait point avoir d'ennemis, si, pour être à l'abri de ce malheur, il suffisait d'avoir fait un peu de bien, et jamais de mal. On m'a reproché d'avoir abandonné mon maître après sa chute, de n'avoir point partagé son exil. Je prouverai que si je n'ai point suivi l'empereur, ce n'est pas la volonté, mais bien la possibilité de le faire, qui m'a manqué. A Dieu ne plaise que je veuille déprécier ici le dévouement des fidèles serviteurs qui se sont attachés jusqu'à la fin à la fortune de l'empereur; mais pourtant qu'il me soit permis de dire que, quelque terrible qu'eût été la chute de l'empereur pour lui-même, la *condition* (à ne parler ici que d'intérêt personnel) était encore assez belle à l'île d'Elbe pour ceux qui étaient restés au service de Sa Majesté, et qu'une impérieuse nécessité ne retenait pas en France. Ce n'est donc pas l'intérêt personnel qui m'a fait me séparer de l'empereur. J'expliquerai les motifs de cette séparation.

On saura aussi la vérité sur un prétendu abus de confiance dont, suivant d'autres bruits, je me serais rendu coupable vis-à-vis de l'empereur. Le simple récit de la méprise qui a donné lieu à cette fable suffira, j'espère, pour me laver de tout soupçon d'indélicatesse. Mais s'il fallait y ajouter encore des témoignages, j'invoquerais ceux des personnes qui vivaient le plus dans l'intimité de l'empereur, et qui ont été à même de savoir et d'apprécier ce qui s'était passé entre lui et moi ; enfin j'invoquerais cinquante ans d'une vie irréprochable, et je dirais :

« Dans le temps où je me suis trouvé en situation de rendre de grands services, j'en ai rendu beaucoup en effet, mais je n'en ai jamais vendu. J'aurais pu tirer avantage des démarches que j'ai faites pour des personnes qui, par suite de mes sollicitations, ont acquis une immense fortune ; et j'ai refusé jusqu'au profit légitime que, dans leur reconnaissance, très-vive à cette époque, elles croyaient devoir m'offrir en me proposant un intérêt dans leur entreprise. Je n'ai point cherché à exploiter la bienveillance dont l'empereur daigna si long-temps m'honorer, pour enrichir ou placer mes parens ; et je me suis retiré pauvre, après quinze ans passés au service particulier du souverain le plus riche et le plus puissant de l'Europe. »

Cela dit, j'attendrai avec confiance le jument du lecteur.

MÉMOIRES DE CONSTANT.

CHAPITRE PREMIER.

Naissance de l'auteur. — Son père, ses parens. — Ses premiers protecteurs. — Emigration et abandon. — Le suspect de 12 ans. — Les municipaux ou *les imbécilles*. — Le chef d'escadron Michau. — M. Gobert. — Carrat. — Madame Bonaparte et sa fille. — Les bouquets et la scène de sentiment. — Economie de Carrat pour les autres et sa générosité pour lui-même. — Poltronnerie. — Espiégleries de madame Bonaparte et d'Hortense. — Le fantôme. — La douche nocturne. — La chute. — L'auteur entre au service de M. Eugène de Beauharnais.

Je ne parlerai que très-peu de moi dans mes mémoires, car je ne me cache pas que le public ne peut y chercher avec intérêt que des détails sur le grand homme au service duquel ma destinée m'a attaché pendant seize ans, et que je ne quittai presque jamais pendant ce temps. Cependant je demanderai la permission de dire quelques mots sur mon enfance, et sur les circonstances qui m'ont amené au poste de valet de chambre de l'empereur.

Je suis né le 2 décembre 1778, à Péruelz, ville qui devint française, lors de la réunion de la Belgique à la république, et qui se trouva alors comprise dans le département de Jemmapes. Peu de temps après ma naissance, mon père prit aux bains de Saint-Amand un petit établissement nommé le Petit-Château, où logeaient les personnes qui fréquentaient les eaux. Il avait été aidé dans cette entreprise par le prince de Croï, dans la maison duquel il avait été maître d'hôtel. Nos affaires prospéraient au delà des espérances de mon père, car nous recevions un grand nombre d'illustres malades. Comme je venais d'atteindre ma onzième année, le comte de Lure, chef d'une des premières familles de Valenciennes, se trouva au nombre des habitans du Petit-Château; et comme cet excellent homme m'avait pris en grande affection, il me demanda à mes parens pour être élevé avec ses fils, qui étaient à peu près de mon âge. L'intention de ma famille était alors de me faire entrer dans les ordres, pour plaire à un de mes oncles, qui était doyen de Lessine. C'était un homme d'un grand savoir et d'une vertu rigide. Pensant que la proposition du comte de Lure ne changerait rien à ses projets futurs, mon père l'accepta, jugeant que quelques années passées dans une famille aussi distinguée me donneraient le goût de l'étude et me prépareraient aux études plus sérieuses que j'aurais à faire pour embrasser l'état ecclésiastique. Je partis donc avec le comte de Lure, fort affligé de quitter mes parens, mais bien aise en même temps, comme on l'est ordinairement à l'âge que j'avais, de voir un pays nouveau. Le comte m'emmena dans une de ses terres située près de Tours, où je fus reçu avec la plus bienveillante amitié par la comtesse et ses enfans, et je fus traité sur un pied parfait d'égalité avec eux, prenant chaque jour les leçons de leur gouverneur.

Hélas! je ne profitai malheureusement pas assez long-temps des bontés du comte de Lure et des leçons que je recevais chez lui. Une année à peine s'était écoulée depuis notre installation au château, lorsque l'on apprit l'arrestation du roi à Varennes. La famille dans laquelle je me trouvais en éprouva un violent désespoir, et tout enfant que j'étais, je me rappelle que j'éprouvai un vif chagrin de cette nouvelle, sans pouvoir m'en rendre compte, mais parce que, sans doute, il est naturel de partager les sentimens des personnes avec lesquelles on vit, quand elles nous traitent avec autant de bonté que le comte et la comtesse de Lure en avaient pour moi. Toutefois j'étais dans cette heureuse imprévoyance de l'enfance, lorsqu'un matin je fus réveillé par un grand bruit. Bientôt je me vis entouré d'un nombre considérable d'étrangers, dont aucun ne m'était connu, et qui m'adressèrent une foule de questions auxquelles il m'était bien impossible de répondre. Seulement j'appris alors que le comte et la comtesse de Lure avaient pris le parti d'émigrer. On me conduisit à la municipalité, où les questions recommencèrent de plus belle, et toujours aussi inutilement; car je ne savais rien du projet de mes protecteurs, et je ne pus répondre que par les larmes abondantes que je versai en me voyant abandonné de la sorte et éloigné de ma famille. J'étais trop jeune alors pour réfléchir sur la conduite du comte; mais j'ai pensé depuis, que mon abandon même était de sa part un acte de délicatesse, n'ayant pas voulu me faire émigrer sans l'assentiment de mes parens; j'ai toujours eu la conviction qu'avant de partir, le comte de Lure m'avait recommandé à quelques personnes, mais que celles-ci n'osèrent pas me réclamer, dans la crainte de se trouver compromises; ce qui, comme l'on sait, était alors extrêmement dangereux.

Me voilà donc seul, à l'âge de douze ans, sans guide, sans appui, sans soutien, sans conseil et sans argent, à plus de cent lieues de mon pays, et déjà habitué aux douceurs de la vie d'une bonne maison. Qui le croirait? dans cet état, j'étais presque regardé comme un suspect, et les autorités du lieu exigeaient que je me présentasse chaque jour à la municipalité, pour la plus grande sûreté de la république; aussi me rappelé-je parfaitement que lorsque l'empereur se plaisait à me faire raconter ces tribulations de mon enfance, il ne manquait jamais de répéter plusieurs fois : *Les imbécilles!* en parlant de mes honnêtes municipaux. Quoi qu'il en soit, les autorités de Tours, jugeant enfin qu'un enfant de douze ans était incapable de renverser la république, me délivrèrent un passe-port avec l'injonction expresse de quitter la ville dans les vingt-quatre heures; ce que je fis de bien grand cœur, mais non sans un profond chagrin de me voir seul et à pied sur la route, avec un long chemin à faire. A force de privation, et avec beaucoup de peine, j'arrivai enfin auprès de Saint-Amand, que je trouvai au pouvoir des Autrichiens. Les Français entouraient la ville, mais il me fut impossible d'y entrer. Dans mon désespoir je m'assis sur les rebords d'un fossé, et là je pleurais amèrement quand je fus remarqué par le chef d'escadron Michau*, qui devint par la suite colonel et aide-de-camp du général Loison. M. Michau s'approcha de moi, me questionna avec beaucoup d'intérêt, me fit raconter mes tristes aventures, en parut touché, mais ne me cacha pas l'impossibilité où il était de me faire conduire dans ma famille; venant d'obtenir un congé, qu'il allait passer dans la sienne à Chinon, il me proposa de l'accompagner, ce que j'acceptai avec une vive reconnaissance. Je ne saurais dire combien la famille de M. Michau eut pour moi de bonté et d'égards, pendant les trois ou quatre mois que je passai auprès d'elle; au bout de ce temps M. Michau m'emmena avec lui à Paris, où je ne tardai pas à être placé chez un M. Gobert, riche négociant, qui me traita avec la plus grande bonté pendant tout le temps que je restai chez lui.

J'ai revu dernièrement M. Gobert, et il m'a rappelé que, quand nous voyagions ensemble, il avait l'attention de laisser à ma disposition une des banquettes de sa voiture, sur laquelle je m'étendais pour dormir. Je mentionne avec plaisir cette circonstance, d'ailleurs assez indifférente, mais qui

---

* Depuis j'ai été assez heureux pour lui faire obtenir de l'empereur, une place qu'il désirait pour retraite, ayant perdu l'usage de son bras droit.

prouve toute la bienveillance que M. Gobert avait pour moi.

Quelques années après, je fis la connaissance de Carrat, qui était au service de madame Bonaparte, pendant que le général se livrait à son expédition d'Egypte; mais avant de dire comment j'entrai dans la maison, il me semble à propos de commencer par raconter comment Carrat lui-même avait été attaché à madame Bonaparte, et en même temps quelques anecdotes qui le concernent, et qui sont de nature à faire connaître les premiers passe-temps des habitans de la Malmaison.

Carrat se trouvait à Plombières quand madame Bonaparte y alla prendre les eaux. Tous les jours il lui apportait des bouquets, et lui adressait de petits complimens, si singuliers, si drôles même, que cela divertissait beaucoup Joséphine, aussi bien que quelques dames qui l'avaient accompagnée, parmi lesquelles étaient mesdames de Cambis et de Crigny*, et surtout sa fille Hortense, qui riait aux éclats de ses facéties; et la vérité est qu'il était extrêmement plaisant à cause d'une certaine niaiserie et d'une certaine originalité de caractère qui ne l'empêchaient pas d'avoir de l'esprit. Ses es-

* Madame de Crigny fut depuis madame Denon.

piégleries ayant plu à madame Bonaparte, il y ajouta une scène de sentiment, au moment où cette excellente femme allait quitter les eaux. Carrat pleura, se lamenta, exprima de son mieux le vif chagrin qu'il allait éprouver à ne plus voir madame Bonaparte tous les jours, comme il en avait contracté l'habitude, et madame Bonaparte était si bonne, qu'elle n'hésita pas à l'emmener à Paris avec elle. Elle lui fit apprendre à coiffer, et se l'attacha définitivement en qualité de valet de chambre coiffeur; telles étaient du moins les fonctions qu'il avait à remplir auprès d'elle, quand je fis la connaissance de Carrat. Il avait avec elle un franc-parler étonnant, au point même que quelquefois il la grondait. Quand madame Bonaparte, qui était extrêmement généreuse, et toujours bienveillante pour tout le monde, faisait des cadeaux à ses femmes, ou s'entretenait familièrement avec elles, Carrat lui en faisait des reproches : « Pourquoi donner cela? » disait-il; puis il ajoutait: « Voilà » comme vous êtes, Madame, vous vous mettez à » plaisanter avec vos domestiques! eh bien, au » premier jour, ils vous manqueront de respect. » Mais s'il mettait ainsi obstacle à la générosité de sa maîtresse quand elle se répandait sur ses entours, il ne se gênait pas davantage pour la stimuler en ce qui le concernait, et quand quelque chose lui plaisait, il disait tout simplement : « Vous devriez bien me donner cela ? »

La bravoure n'est pas toujours la compagne inséparable de l'esprit, et Carrat en offrit plus d'une fois la preuve. Il était doué d'une de ces sortes de poltronneries naïves et insurmontables qui ne manquent jamais dans les comédies d'exciter le rire des spectateurs ; aussi était-ce un grand plaisir pour madame Bonaparte que de lui jouer des tours qui mettaient en évidence sa rare prudence.

Il faut savoir, d'abord, qu'un des grands plaisirs de madame Bonaparte à la Malmaison était de se promener à pied sur la grande route qui longe les murs du parc ; elle préféra toujours cette promenade extérieure, et où il y avait presque continuellement des tourbillons de poussière, aux délicieuses allées de l'intérieur du parc. Un jour, étant accompagnée de sa fille Hortense, madame Bonaparte dit à Carrat de la suivre à la promenade. Celui-ci était enchanté d'une pareille distinction, lorsque tout à coup on vit s'élever de l'un des fossés une grande figure recouverte d'un drap blanc, enfin un vrai fantôme, tels que j'en ai vus de décrits dans la traduction de quelques anciens romans anglais. Il est inutile que je dise que le fantôme n'était autre qu'une personne placée exprès par ces dames pour épouvanter Carrat, et certes la comédie reussit à merveille; Carrat, en effet, eut à peine aperçu le fantôme, qu'il s'approcha fort effrayé de madame Bonaparte, en lui disant tout tremblant : « Madame, Madame, regardez » donc ce fantôme!... c'est l'esprit de cette dame » qui est morte dernièrement à Plombières!... — » Taisez-vous, Carrat, vous êtes un poltron. — Ah! » c'est bien son esprit qui revient. » Comme Carrat parlait ainsi, l'homme au drap blanc, achevant de remplir son rôle, s'avança sur lui en agitant son long voile, et le pauvre Carrat, saisi de terreur, tomba à la renverse, et se trouva tellement mal, qu'il fallut tous les soins qui lui furent prodigués pour lui faire reprendre connaissance.

Un autre jour, toujours pendant que le général était en Egypte, et par conséquent avant que je ne fusse attaché à personne de sa famille, madame Bonaparte voulut donner à quelques-unes de ses dames une représentation de la peur de Carrat. Ce fut alors parmi les dames de la Malmaison une conspiration générale, dans laquelle mademoiselle Hortense joua le rôle du principal conjuré. Cette scène a été assez racontée devant moi par madame Bonaparte pour que je puisse en donner les détails assez comiques. Carrat couchait dans une chambre auprès de laquelle existait un petit cabinet; on fit percer la cloison de séparation, et l'on y fit passer

une ficelle au bout de laquelle était attaché un pot rempli d'eau. Ce vase rafraîchissant était suspendu précisément au-dessus de la tête du patient; et ce n'était pas tout encore, car on avait en outre pris la précaution de faire ôter les vis qui retenaient la sangle du lit de Carrat, et comme celui-ci avait l'habitude de se coucher sans lumière, il ne vit ni les préparatifs d'une chute préméditée, ni le vase contenant l'eau destinée à son nouveau baptême. Tous les membres de la conspiration attendaient depuis quelques instans dans le cabinet, quand il se jeta assez lourdement sur son lit, qui ne manqua pas de s'enfoncer à l'instant même, pendant que le jeu de la ficelle faisait produire au pot à l'eau tout son effet. Victime à la fois d'une chute et d'une inondation nocturnes, Carrat se récria avec violence contre ce double attentat : « C'est une hor-
» reur ! » criait-il de toutes ses forces; et cependant la maligne Hortense, pour ajouter à ses tribulations, disait à sa mère, à madame de Crigny, depuis madame Denon, à madame Charvet et à plusieurs autres dames de la maison : « Ah ! maman, les
» crapauds et les grenouilles qui sont dans l'eau vont
» lui tomber sur la figure. » Ces mots, joints à une profonde obscurité, ne servaient qu'à augmenter la terreur de Carrat, qui, se fâchant sérieusement, s'écriait : « C'est une horreur, Madame, c'est une

» atrocité que de se jouer ainsi de vos domestiques. »
Je n'oserais assurer que les plaintes de Carrat fussent
tout-à-fait déplacées, mais elles ne servaient qu'à
exciter la gaieté des dames qui l'avaient pris pour
le plastron de leurs plaisanteries.

Quoi qu'il en soit, tels étaient le caractère et la
position de Carrat, lorsque, ayant fait depuis
quelque temps connaissance avec lui, le général
Bonaparte étant de retour de son expédition
d'Egypte, il me dit que M. Eugène de Beauharnais s'était adressé à lui pour un valet de
chambre de confiance, le sien ayant été retenu
au Caire par une maladie assez grave au moment
du départ. Il s'appelait Lefebvre, et était un vieux
serviteur tout dévoué à son maître, comme durent
l'être toutes les personnes qui ont connu le prince
Eugène; car je ne crois pas qu'il ait jamais existé un
homme meilleur, plus poli, plus rempli d'égards et
même d'attentions pour les personnes qui lui ont
été attachées. Carrat m'ayant donc dit que M. Eugène de Beauharnais désirait un jeune homme
pour remplacer Lefebvre, et m'ayant proposé de
prendre sa place, j'eus le bonheur de lui être présenté et de lui convenir. Il voulut même bien me
dire, dès le premier jour, que ma physionomie lui
plaisait beaucoup, et qu'il voulait que j'entrasse
chez lui sur-le-champ. De mon côté, j'étais en-

chanté de cette condition, qui, je ne sais pourquoi, se présentait à mon imagination sous les plus riantes couleurs. J'allai sans perdre de temps chercher mon modeste bagage, et me voilà valet de chambre, par *interim*, de M. de Beauharnais, ne pensant point que je serais un jour admis au service particulier du général Bonaparte, et encore moins que je deviendrais le premier valet de chambre d'*un empereur*.

CHAPITRE II.

Le prince Eugène apprenti menuisier. — Bonaparte et l'épée du marquis de Beauharnais. — Première entrevue de Napoléon et de Joséphine. — Extérieur et qualités d'Eugène. — Franchise. — Bonté. — Goût pour le plaisir. — Déjeuners de jeunes officiers et d'artistes. — Les mystifications et les mystifiés. — Thiémet et Dugazon. — Les bègues et l'immersion à la glace. — Le vieux valet de chambre rétabli dans ses droits. — Constant passe au service de madame Bonaparte. — Agrémens de sa nouvelle situation. — Souvenirs du 18 brumaire. — Déjeuners politiques. — Les directeurs *en charge*. — Barras à la grecque. — L'abbé Sieys à cheval. — Le rendez-vous. — Erreur de Murat. — Le président Gohier, le général Jubé et la grande manœuvre. — Le général Marmont et les chevaux de manége. — La Malmaison. — Salon de Joséphine. — M. de Talleyrand. — La famille du général Bonaparte. — M. Volney. — M. Denon. — M. Lemercier. — M. de Laigle. — Le général Bournonville. — Excursion à cheval. — Chute d'Hortense. — Bon ménage. — La partie de barres. — Bonaparte mauvais coureur. — Revenu net de la Malmaison. — Embellissemens. — Théâtre et acteurs de société : MM. Eugène, Jérôme, Bonaparte, Lauriston, etc. ; mademoiselle Hortense, madame Murat, les deux demoiselles Auguié. — Napoléon simple spectateur.

C'était le 16 octobre 1799 qu'Eugène de Beauharnais était arrivé à Paris, de retour de l'expédition d'Egypte, et ce fut presque immédiatement après son arrivée que j'eus le bonheur d'être placé auprès de lui. M. Eugène avait alors vingt-un ans, et je ne tardai pas à apprendre quelques particularités que je crois peu connues sur sa vie antérieure, au mariage de sa mère avec le général Bonaparte. On sait quelle fut la mort de son père, l'une des victimes de la révolution. Lorsque le marquis de Beauharnais eut péri sur l'échafaud, sa veuve, dont les biens avaient été confisqués, se trouvant réduite à un état voisin de la misère, craignant que son fils, quoique bien jeune encore, ne fût aussi poursuivi à cause de sa noblesse, le plaça chez un menuisier, rue de l'Echelle. Une dame de ma connaissance, qui demeurait dans cette rue, l'a souvent vu passer portant une planche sur son épaule. Il y avait loin de là au commandement du régiment des guides consulaires, et surtout à la vice-royauté d'Italie. J'appris, en l'entendant raconter à Eugène lui-même, par quelle singulière circonstance il avait été la cause de la première entrevue de sa mère avec son beau-père.

Eugène n'étant alors âgé que de quatorze ou quinze ans, ayant été informé que le général Bonaparte était devenu possesseur de l'épée du marquis de Beauharnais, hasarda auprès de lui une démarche qui obtint un plein succès. Le général l'accueillit avec obligeance, et Eugène lui dit qu'il venait lui demander de vouloir bien lui rendre l'épée de son père. Sa figure, son air, sa démarche franche, tout plut en lui à Bonaparte, qui sur-le-champ lui rendit l'épée qu'il demandait. A peine cette épée fut-elle entre ses mains qu'il la couvrit de baisers et de larmes, et cela d'un air si naturel que Bonaparte en fut enchanté. Madame de Beauharnais, ayant su l'accueil que le général avait fait à son fils, crut devoir lui faire une visite de remercîmens. Joséphine ayant plu beaucoup à Bonaparte dès cette première entrevue, celui-ci lui rendit sa visite. Ils se revirent souvent, et l'on sait qu'elle fut, d'événemens en événemens, la première impératrice des Français; et je puis assurer, d'après les preuves nombreuses que j'en ai eues par la suite, que Bonaparte n'a jamais cessé d'aimer Eugène autant qu'il aurait pu aimer son propre fils.

Les qualités d'Eugène étaient à la fois aimables et solides. Il n'avait pas de beaux traits, mais cependant sa physionomie prévenait en sa faveur. Il avait la taille bien prise, mais non point une tournure distinguée, à cause de l'habitude qu'il avait de se dandiner en marchant. Il avait environ cinq pieds trois à quatre pouces. Il était bon, gai, aimable, plein d'esprit, vif, généreux; et l'on peut dire que sa physionomie franche et ouverte était bien le miroir de son âme. Combien de services n'a-t-il pas rendus pendant le cours de sa vie et à l'époque même où il devait pour cela s'imposer des privations !

On verra bientôt comment il se fit que je ne passai qu'un mois auprès d'Eugène ; mais pendant ce court espace de temps je me rappelle que, tout en remplissant scrupuleusement ses devoirs auprès de sa mère et de son beau-père, il était fort adonné aux plaisirs, si naturels à son âge et dans sa position. Une des choses qui lui plaisait le plus était de donner des déjeuners à ses amis; aussi en donnait-il fort souvent; ce qui, pour ma part, m'amusait beaucoup, à cause des scènes comiques dont je me trouvais témoin. Outre les jeunes militaires de l'état-major de Bonaparte, ses convives les plus assidus, il avait encore pour convives habituels le ventriloque Thiémet, Dugazon, Dazincourt et Michau du théâtre Français, et quelques autres personnes dont le nom m'échappe en ce moment. Comme on peut le croire, ces réunions étaient extrêmement gaies; les jeunes officiers surtout qui revenaient, comme Eugène, de l'expédition d'Egypte, ne cherchaient qu'à se dédommager des privations récentes qu'ils avaient eues à souffrir. A cette époque, les mystificateurs étaient à la mode à Paris; on en faisait venir dans les réunions, et Thiémet tenait parmi ceux-ci un rang fort distingué. Je me rappelle qu'un jour, à un déjeuner d'Eugène, Thiémet appela par leurs noms plusieurs présens, en imitant la voix de leurs domestiques, comme si cette voix fût venue du dehors : lui, il restait tranquille à sa place, et n'ayant l'air de remuer les lèvres que pour boire et manger, deux fonctions qu'il remplissait très-bien. Chacun des officiers, appelé de la sorte, descendait, et ne trouvait personne; et alors Thiémet, affectant une feinte obligeance, descendait avec eux, sous le prétexte de les aider à chercher, et prolongeait leur embarras en continuant à leur faire entendre une voix connue. La plupart rirent eux-mêmes de bon cœur d'une plaisanterie dont ils venaient d'être victimes; mais il s'en trouva un qui, ayant l'esprit moins bien fait que celui de ses camarades, prit la chose au sérieux, et voulut se fâcher, quand Eugène avoua qu'il était le chef du complot.

Je me rappelle encore une autre scène plaisante dont les deux héros furent ce même Thiémet dont je viens de parler, et Dugazon. Plusieurs personnes étrangères étaient réunies chez Eugène, les rôles distribués et appris d'avance, et les deux victimes désignées. Lorsque chacun fut placé à table, Du-

gazon, contrefaisant un bègue, adresse la parole
à Thiémet, qui, chargé d'un rôle pareil, lui répond
en bégayant; alors chacun des deux feint de croire
que l'autre se moque de lui, et il en résulte une
querelle de bègues, qui peuvent d'autant moins
s'exprimer que la colère les domine. Thiémet, qui
à sa qualité de bègue avait joint celle de sourd,
s'adresse à son voisin, et lui demande, son cornet
à l'oreille : « Qu-que-qu'est-ce qui - qui - i - i
» dit? — Rien, » répond l'officieux voisin, qui
voulait prévenir une querelle, et prendre fait et
cause pour son bègue. — « Si-si-si i-i-i se-se
» mo-moque-moque de moi. » Alors la querelle
devient plus vive; on va en venir aux voies de fait,
et déjà chacun des deux bègues s'est emparé d'une
carafe pour la jeter à la tête de son antagoniste,
quand une copieuse immersion de l'eau contenue
dans la carafe apprend aux officieux voisins quel
est le danger de la conciliation. Les deux bègues
continuaient cependant à crier comme deux sourds,
jusqu'à ce que la dernière goutte d'eau fût versée;
et je me rappelle qu'Eugène, auteur de cette conspiration, riait aux éclats pendant tout le temps
que dura cette scène. On s'essuya, et tout fut
bientôt raccommodé le verre à la main. Eugène,
quand il avait fait une plaisanterie de cette sorte,
ne manquait jamais de la raconter à sa mère, et

quelquefois même à son beau-père, qui s'en amusaient beaucoup, surtout Joséphine.

Je menais, depuis un mois, assez joyeuse vie chez Eugène, quand Lefebvre, le valet de chambre qu'il avait laissé malade au Caire, revint guéri, et redemanda sa place. Eugène, auquel je convenais mieux à cause de mon âge et de mon activité, lui proposa de le faire entrer chez sa mère, en lui faisant observer qu'il y serait bien plus tranquille qu'auprès de lui; mais Lefebvre, qui était extrêmement attaché à son maître, alla trouver Madame Bonaparte, à laquelle il témoigna tout son chagrin de la résolution d'Eugène. Joséphine lui promit de prendre fait et cause pour lui; elle le consola, l'assura qu'elle parlerait à son fils, qu'elle le ferait rentrer dans son ancien poste, et lui dit que ce serait moi qu'elle prendrait à son service. Joséphine parla effectivement à son fils, comme elle avait promis à Lefebvre de le faire; et, un matin, Eugène m'annonça, dans les termes les plus obligeans, mon changement de domicile. — «Constant,
» me dit-il, je suis très-fâché de la circonstance
» qui exige que nous nous quittions; mais, vous le
» savez, Lefebvre m'a suivi en Egypte; c'est un
» vieux serviteur: je ne puis pas me dispenser de
» le reprendre. D'ailleurs, vous n'allez pas me
» devenir étranger; vous allez entrer chez ma mère,

» où vous serez fort bien ; et là nous nous verrons
» souvent. Allez-y de ma part, dès ce matin même;
» je lui ai parlé de vous; c'est une chose convenue;
» elle vous attend. »

Comme on peut le croire, je ne perdis pas de temps pour me présenter chez madame Bonaparte; sachant qu'elle était à la Malmaison, je m'y rendis sur-le-champ, et je fus reçu par madame Bonaparte avec une bonté qui me pénétra de reconnaissance, ne sachant pas que cette bonté, elle l'avait pour tout le monde, qu'elle était aussi inséparable de son caractère que la grâce l'était de sa personne. Le service que j'eus à faire chez elle était tout-à-fait insignifiant ; presque tout mon temps était à ma disposition, et j'en profitais pour aller souvent à Paris. La vie que je menais était donc fort douce pour un jeune homme, ne pouvant encore me douter que, quelque temps après, elle deviendrait aussi assujettie qu'elle était libre alors.

Avant de quitter un service dans lequel j'avais trouvé tant d'agrément, je rapporterai quelques faits qui sont de cette époque et que ma position auprès du beau-fils du général Bonaparte m'a mis à même de connaître.

M. de Bourrienne a parfaitement raconté dans ses mémoires les événemens du 18 brumaire. Le récit qu'il a fait de cette fameuse journée est aussi exact qu'intéressant; et toutes les personnes curieuses de connaître les causes secrètes qui amènent les changemens politiques les trouveront fidèlement exposées dans la narration de M. le ministre d'état. Je suis bien loin de prétendre à exciter un intérêt de ce genre : mais sa lecture de l'ouvrage de M. Bourrienne m'a remis moi-même sur la voie de mes souvenirs. Il est des circonstances qu'il a pu ignorer, ou même omettre volontairement comme étant de peu d'importance; et ce qu'il a laissé tomber sur sa route, je m'estime heureux de pouvoir le glaner.

J'étais encore chez M. Eugène de Beauharnais, lorsque le général Bonaparte renversa le Directoire; mais je me trouvais là aussi bien à portée de savoir tout ce qui se passait que si j'avais été au service de madame Bonaparte ou du général lui-même; car mon maître, quoiqu'il fût très-jeune, avait toute la confiance de son beau-père, et surtout celle de sa mère, qui le consultait en toute occasion.

Quelques jours avant le 18 brumaire, M. Eugène m'ordonna de m'occuper des apprêts d'un déjeuner qu'il devait donner ce jour-là même à ses amis. Le nombre des convives, tous militaires, était beaucoup plus grand que de coutume. Ce repas de garçons fut fort égayé par un officier qui se mit à imiter en charge les manières et la tournure des directeurs et de quelques-uns de leurs affidés. Pour la charge du directeur Barras, il se drapa à la grecque avec la nappe du déjeuner, ôta sa cravate noire, rabattit le col de sa chemise, et s'avança en se donnant des grâces, et appuyé du bras gauche sur l'épaule du plus jeune de ses camarades, tandis que de la main droite il faisait semblant de lui caresser le menton. Il n'était personne qui ne comprît le sens de cette espèce de charade; et c'étaient des éclats de rire qui n'en finissaient pas.

Il prétendit ensuite représenter l'abbé Sieys, en passant un énorme rabat de papier dans sa cravate, en allongeant indéfiniment un long visage pâle, et en faisant dans la salle, à califourchon sur sa chaise, quelques tours qu'il termina par une grande culbute, comme si sa monture l'eût désarçonné. Il faut savoir, pour comprendre la signification de cette pantomime, que l'abbé Sieys prenait depuis quelque temps des leçons d'équitation, dans le jardin du Luxembourg, au grand amusement des promeneurs, qui se rassemblaient en foule pour jouir de l'air gauche et raide du nouvel écuyer.

Le déjeuner fini, M. Eugène se rendit auprès du général Bonaparte, dont il était aide-de-camp, et ses amis rejoignirent les divers corps auxquels ils appartenaient. Je sortis sur leurs pas; car, d'après quelques mots qui venaient d'être dits chez mon jeune maître, je me doutais qu'il allait se passer quelque chose de grave et d'intéressant. M. Eugène avait donné rendez-vous à ses camarades au Pont-Tournant; je m'y rendis, et j'y trouvai un rassemblement considérable d'officiers en uniforme, à cheval, et tout prêts à suivre le général Bonaparte à Saint-Cloud.

Les commandans de chaque arme avaient été invités par le général Bonaparte à donner à déjeuner à leur corps d'officiers, et ils avaient fait comme mon jeune maître. Cependant les officiers, même les généraux, n'étaient pas tous dans le secret; et le général Murat lui-même, qui se jeta dans la salle des Cinq-Cents, à la tête des grenadiers, croyait qu'il ne s'agissait que d'une dispense d'âge que le général Bonaparte allait demander, afin d'obtenir une place de directeur.

J'ai su, d'une source certaine, que, au moment où le général Jubé, dévoué au général Bonaparte, rassembla dans la cour du Luxembourg la garde des directeurs dont il était commandant, l'honnête M. Gohier, président du directoire, avait mis la tête à la fenêtre, en criant à Jubé: — Citoyen général, que faites-vous donc là? — Citoyen pré-

sident, vous le voyez bien; je rassemble la garde.
— Sans doute je le vois bien, citoyen général; mais pourquoi la rassemblez-vous ? — Citoyen président, je vais en faire l'inspection, et commander une grande manœuvre. En avant, marche ! — Et le citoyen général sortit à la tête de sa troupe pour aller rejoindre le général Bonaparte à Saint-Cloud, tandis que celui-ci était attendu chez le citoyen président, qui se morfondait auprès du déjeuner auquel il l'avait invité pour le matin même.

Le général Marmont avait eu aussi à déjeuner les officiers de l'arme qu'il commandait (c'était, je crois, l'artillerie). A la fin du repas, il leur avait adressé quelques mots, les engageant à ne pas séparer leur cause de celle du vainqueur de l'Italie, et à l'accompagner à Saint-Cloud. « Mais » comment voulez-vous que nous le suivions ? » s'écria un des convives; nous n'avons pas de » chevaux. — Si ce n'est que cela qui vous arrête, » dit le général, vous en trouverez dans la cour de » cet hôtel. J'ai fait retenir tous ceux du manége » national. Descendons, et montons à cheval. » Tous les officiers présens se rendirent à cette invitation, excepté le seul général Allix, qui déclara ne vouloir point se mêler de tout ce grabuge.

J'étais à Saint-Cloud dans les journées des 18 et 19 brumaire. Je vis le général Bonaparte haranguer les soldats et leur lire le décret par lequel il était nommé commandant en chef de toutes les troupes qui se trouvaient à Paris et dans toute l'étendue de la dix-septième division militaire. Je le vis d'abord sortir fort agité du conseil des Anciens, et ensuite de l'assemblée des Cinq-Cents. Je vis M. Lucien emmené, hors de la salle où se tenait cette dernière assemblée, par quelques grenadiers envoyés pour le protéger contre la violence de ses collègues. Il s'élança pâle et furieux sur un cheval, et galopa droit aux troupes pour les haranguer. Au moment où il tourna son épée sur le sein du général son frère, en disant qu'il serait le premier à l'immoler s'il osait porter atteinte à la liberté, des cris de *vive Bonaparte! à bas les avocats!* éclatèrent de toutes parts, et les soldats conduits par le général Murat se jetèrent dans la salle des Cinq-Cents. Tout le monde sait ce qui s'y passa, et je n'entrerai point dans des détails qui ont été racontés tant de fois.

Le général, devenu premier consul, s'installa au Luxembourg. A cette époque, il habitait aussi la Malmaison; mais il était souvent sur la route, aussi bien que Joséphine; car leurs voyages à Paris, quand ils occupaient cette résidence, étaient très-fréquens, non-seulement pour les affaires du gouvernement, qui y nécessitaient souvent la présence du premier consul, mais aussi pour aller au spectacle, que le général Bonaparte aimait beaucoup, donnant toujours la préférence au théâtre Français et à l'Opéra italien; observation que je ne fais qu'en passant, me réservant de présenter plus tard les traits que j'ai recueillis sur les goûts et les habitudes familières de l'empereur.

La Malmaison, à l'époque dont je parle, était un lieu de délices où l'on ne voyait arriver que des figures qui exprimaient la satisfaction; partout aussi où j'allais, j'entendais bénir le nom du premier consul et de madame Bonaparte. Dans le salon de madame Bonaparte il n'y avait pas encore l'ombre de cette étiquette sévère qu'il a fallu observer depuis à Saint-Cloud, aux Tuileries et dans tous les palais où se trouva l'empereur. La société était d'une élégance simple, également éloignée de la grossièreté républicaine et du luxe de l'empire. M. de Talleyrand était à cette époque une des personnes qui venaient le plus assidûment à la Malmaison : il y dînait quelquefois, mais y arrivait plus ordinairement le soir entre huit et neuf heures, et s'en retournait à une heure, deux heures et quelquefois même à trois heures du matin. Tout le monde était admis chez madame Bonaparte sur un pied de presque égalité qui lui plaisait beaucoup. Là venaient familièrement Murat, Duroc, Berthier et toutes les personnes qui depuis ont figuré par de grandes dignités et quelquefois même avec des couronnes dans les annales de l'empire. La famille du général Bonaparte y était aussi fort assidue, mais nous savions bien entre nous qu'elle n'aimait pas madame Bonaparte ; ce dont j'acquis les preuves par la suite. Mademoiselle Hortense ne quittait jamais sa mère, et toutes deux s'aimaient beaucoup. Outre les hommes distingués par leurs fonctions dans le gouvernement et dans l'armée, il en venait aussi qui ne l'étaient pas moins par leur mérite personnel et qui l'avaient été par leur naissance avant la révolution. C'était une véritable lanterne magique dont nous étions à même de voir les personnages défiler sous nos yeux, et ce spectacle, sans rappeler la gaîté des déjeuners d'Eugène, était bien loin d'être sans attraits. Parmi les personnes que nous voyions le plus souvent, il faut citer M. de Volney, M. Denon, M. Lemercier, M. le prince de Poix, MM. de Laigle, M. Charles, M. Baudin, le général Beurnonville, M. Isabey, et un grand nombre d'autres hommes célèbres dans les sciences, les lettres et les arts ; enfin la plupart des personnes qui composaient la société de madame de Montesson.

Madame Bonaparte et mademoiselle Hortense sortaient souvent à cheval, et allaient se promener dans la campagne ; dans ces excursions, les plus fidèles écuyers étaient ordinairement M. le prince de Poix et MM. de Laigle. Un jour, comme une de ces cavalcades rentrait dans la cour de la Malmaison, le cheval que montait mademoiselle Hortense fut effrayé et s'emporta. Mademoiselle Hortense, qui montait parfaitement à cheval et qui était fort leste, voulut sauter sur le gazon qui bordait la route; mais l'attache qui retenait sous son pied l'extrémité inférieure de son amazone, l'empêcha de se débarrasser assez promptement, de sorte qu'elle fut renversée et traînée par son cheval pendant la longueur de quelques pas. Heureusement que ces messieurs qui l'accompagnaient, l'ayant vue tomber, s'étaient précipités en bas de leur cheval et arrivèrent à temps pour la relever. Elle ne s'était, par un bonheur extraordinaire, fait aucune contusion, et fut la première à rire de sa mésaventure.

Pendant les premiers temps de mon séjour à la Malmaison, le premier consul couchait toujours avec sa femme, comme un bon bourgeois de Paris, et je n'entendis parler d'aucune intrigue galante qui ait eu lieu dans le château. Cette société, dont la plupart des membres étaient jeunes, et qui souvent était fort nombreuse, se livrait souvent à des exercices qui rappelaient les récréations de collége; enfin, un des grands divertissemens des habitans de la Malmaison était de jouer aux barres. C'était ordinairement après le dîner que Bonaparte, MM. de Lauriston, Didelot, de Lucay, de Bourrienne, Eugène, Rapp, Isabey, madame Bonaparte et mademoiselle Hortense se divisaient en deux camps, où des prisonniers faits et échangés rappelaient au premier consul le grand jeu auquel il donnait la préférence.

Dans ces parties de barres, les coureurs les plus agiles étaient M. Eugène, M. Isabey et mademoiselle Hortense; quant au général Bonaparte, il tombait souvent, mais il se relevait en riant aux éclats.

Le général Bonaparte et sa famille paraissaient jouir d'un rare bonheur, surtout quand ils étaient à la Malmaison. Cette habitation était loin, malgré l'agrément dont on y jouissait, de ressembler à ce qu'elle a été depuis. La propriété se composait du château, qu'à son retour d'Égypte Bonaparte avait trouvé en assez mauvais état, d'un parc déjà fort joli, et d'une ferme dont les revenus n'excédaient sûrement pas douze mille francs par an. Joséphine présida elle-même à tous les travaux qui y furent exécutés, et jamais aucune femme ne fut douée d'autant de goût.

Dès le commencement, on joua la comédie à la Malmaison. C'était un genre de délassement que le premier consul aimait beaucoup, mais il ne remplit jamais d'autre rôle que celui de spectateur. Toutes les personnes attachées à la maison assistaient aux représentations, et je ne tairai point le plaisir que nous goûtions, plus peut-être que tous les autres, à voir ainsi travesties sur la scène les personnes au service desquelles nous nous trouvions. La troupe de la Malmaison, s'il m'est permis de désigner ainsi des acteurs d'une position sociale aussi élevée, se composait principalement de MM. Eugène, Jérôme, Lauriston, de Bourrienne, Isabey; de Leroy, Didelot; de mademoiselle Hortense, de madame Caroline Murat, et des demoiselles Auguié, dont l'une a épousé depuis le maréchal Ney, et l'autre M. de Broc. Toutes les quatre étaient très-jeunes, charmantes, et peu de théâtres à Paris auraient pu réunir quatre aussi jolies actrices. Elles avaient d'ailleurs beaucoup de grâce sur la scène, et jouaient leurs rôles avec un véritable talent. Elles étaient là presque comme dans le salon où elles avaient un ton d'une exquise délicatesse. Le répertoire ne fut pas d'abord très-varié, mais il était en général bien choisi. La première représentation à laquelle j'assistai était composée du *Barbier de Séville*, dans lequel M. Isabey jouait le rôle de Figaro, et mademoiselle Hortense celui de Rosine ; et du *Dépit amoureux*. Une autre fois je vis représenter *la Gageure imprévue*, et *les fausses Consultations*. Mademoiselle Hortense et M. Eugène jouaient parfaitement dans cette dernière pièce, et je me rappelle encore actuellement combien, dans le rôle de madame Leblanc, mademoiselle Hortense paraissait encore plus jolie, sous son costume de vieille. M. Eugène représentait M. Lenoir, et M. Lauriston le charlatan. Le premier consul, comme je l'ai dit, se bornait au rôle de spectateur, mais il paraissait prendre à ce spectacle d'intérieur, et pour ainsi dire de famille, le plaisir le plus vif; il riait, il applaudissait du meilleur cœur, mais souvent aussi il critiquait. Madame Bonaparte s'amusait également, et, quand elle n'aurait pas été fière des succès de ses enfans, *les premiers sujets de la troupe*, il aurait suffi que ce fût un délassement agréable à son mari, pour qu'elle eût eu l'air de s'y plaire, car son étude constante était de contribuer au bonheur du grand homme qui avait uni sa destinée à la sienne.

Quand un jour de représentation était arrêté, il n'y avait point *relâche*, mais souvent changement de spectacle, non pour cause d'indisposition ou d'une migraine d'actrice, comme cela arrive aux théâtres de Paris, mais pour des motifs plus sérieux; il arrivait souvent que M. d'Etieulette recevait l'ordre de rejoindre son régiment, qu'une mission importante était confiée au comte Almaviva; mais Figaro et Rosine restaient toujours à leur poste, et le désir de plaire au premier consul était d'ailleurs si général parmi tous ceux qui l'entouraient, que les doubles montraient la meilleure volonté en l'absence de leurs chefs d'emploi, et que le spectacle enfin ne manqua jamais faute d'un acteur*.

* Michau, de la comédie française, était le professeur de la troupe; quand il arrivait qu'un des acteurs manquait de chaleur, Michau criait : « Chaud ! chaud ! chaud ! »

CHAPITRE III.

M. Charvet. — Détails antérieurs à l'entrée de l'auteur chez madame Bonaparte. — Départ pour l'Egypte. — *La Pomone.* — Madame Bonaparte à Plombières. — Chute horrible. — Madame Bonaparte forcée de rester aux eaux, envoie chercher sa fille. — Euphémie. — Friandise et malice. — *La Pomone* capturée par les Anglais. — Retour à Paris. — Achat de la Malmaison. — Premiers complots contre la vie du premier consul. — Les marbriers. — Le tabac empoisonné. — Projets d'enlèvement. — Installation aux Tuileries. — Les chevaux et le sabre de Campo-Formio. — Les héros d'Egypte et d'Italie. — Lannes. — Murat. — Eugène. — Disposition des appartemens aux Tuileries. — Service de bouche du premier consul. — Service de la chambre. — M. de Bourrienne. — Partie de billard avec madame Bonaparte. — Les chiens de garde. — Accident arrivé à un ouvrier. — Les jours de congé du premier consul. — Le premier consul fort aimé dans son intérieur. — *Ils n'oseraient!* — Le premier consul tenant les comptes de sa maison. — Le collier de misère.

Je n'étais que depuis fort peu de temps attaché au service de madame Bonaparte, lorsque je fis connaissance avec M. Charvet, concierge de la

Malmaison. Ma liaison avec cet excellent homme devint chaque jour de plus en plus intime, et à tel point, que par la suite il me donna une de ses filles en mariage. J'étais avide de savoir par lui tout ce qui se rapportait à madame Bonaparte et au premier consul, antérieurement à mon entrée dans la maison, et, sur ce point, il mettait dans nos fréquens entretiens la plus grande complaisance à satisfaire ma curiosité; c'est à sa confiance que je dois les détails suivans sur la mère et sur la fille.

Lorsque le général Bonaparte partit pour l'Egypte, madame Bonaparte l'accompagna jusqu'à Toulon; elle désirait même beaucoup le suivre en Egypte, et quand le général lui faisait des objections, elle lui faisait observer que, née créole, la chaleur du climat lui serait plus favorable que dangereuse, et par un singulier rapprochement, c'était sur *la Pomone* qu'elle voulait faire la traversée, c'est-à-dire sur le bâtiment même qui dans sa première jeunesse l'avait amenée de la Martinique en France. Le général Bonaparte ayant fini par céder au désir de sa femme, lui promit de lui envoyer *la Pomone*, et l'engagea à aller en attendant prendre les eaux de Plombières. Les choses furent ainsi convenues entre le mari et la femme, et madame Bonaparte fut enchantée d'aller aux eaux de Plombières, ce qu'elle désirait faire depuis long-temps, connaissant comme tout le monde la réputation dont jouissent ces eaux pour raviver les fécondités paresseuses.

Madame Bonaparte n'était que depuis peu de temps à Plombières, lorsqu'un matin, étant dans son salon, occupée à ourler des madras, et causant avec les dames de la société, madame de Cambis, qui était sur le balcon, l'appela pour lui faire voir un joli petit chien qui passait dans la rue. Toute la société courut au balcon sur les pas de madame Bonaparte, et alors le balcon s'écroula avec un épouvantable fracas. Heureusement, et l'on peut dire par un grand hasard, personne ne fut tué; mais madame de Cambis eut la cuisse cassée; madame Bonaparte fut cruellement meurtrie, sans avoir, à la vérité, éprouvé aucune fracture. M. Charvet, qui était dans une pièce au dessus du salon, accourut au bruit, et fit immédiatement tuer un mouton qu'on dépouilla, et dans la peau duquel on enveloppa madame Bonaparte. Elle fut long-temps à se rétablir. Ses bras et ses mains surtout étaient tellement contusionnés, qu'elle fut pendant quelque temps sans pouvoir en faire aucun usage, de sorte qu'il fallait couper ses alimens, la faire manger, et lui rendre enfin tous les services que l'on rend ordinairement à un enfant.

On vient de voir tout à l'heure que Joséphine

croyait aller rejoindre son mari en Egypte, ce qui donnait lieu de penser que son séjour aux eaux de Plombières ne serait pas long; mais son accident lui fit juger qu'il se prolongerait indéfiniment, et elle désira, pendant qu'elle achèverait de se rétablir, avoir auprès d'elle sa fille Hortense, alors âgée de quinze ans, et qui était élevée dans le pensionnat de madame Campan. Elle l'envoya chercher par une mulâtre qu'elle aimait beaucoup; elle s'appelait Euphémie, était la sœur de lait de madame Bonaparte, et passait même, sans que je sache si cette présomption était fondée, pour être sa sœur naturelle. Euphémie partit avec M. Charvet, dans une des voitures de madame Bonaparte. Mademoiselle Hortense les voyant arriver, fut enchantée du voyage qu'elle allait faire, et surtout de l'idée de se rapprocher de sa mère, pour laquelle elle avait la plus vive tendresse. Mademoiselle Hortense était, je ne dirai pas gourmande, mais friande à l'excès; aussi M. Charvet, en me racontant ces particularités, me dit-il que dans chaque ville un peu considérable où ils passaient, on remplissait la voiture de bonbons et de friandises, dont mademoiselle Hortense faisait une très-grande consommation. Un jour qu'Euphémie et M. Charvet s'étaient profondément endormis, tout à coup ils furent réveillés par une détonation qui leur parut terrible, et qui ne les laissa pas sans une vive inquiétude, voyant à leur réveil qu'ils traversaient une épaisse forêt. Cet accident fortuit fit rire aux éclats Hortense, car ils avaient à peine manifesté leur frayeur, qu'ils se virent inondés d'une mousse odorante, qui leur expliqua d'où venait la détonation : c'était celle d'une bouteille de vin de Champagne placée dans une des poches de la voiture, et que la chaleur jointe au mouvement, ou plutôt la malice de la jeune voyageuse, avait fait déboucher avec bruit. Quand mademoiselle Hortense arriva à Plombières, sa mère était à peu près rétablie, de sorte que l'élève de madame Campan y trouva toutes les distractions qui plaisent et conviennent à l'âge qu'avait alors la fille de madame Bonaparte.

On a raison de dire qu'à quelque chose malheur est bon, car, sans l'accident arrivé à madame Bonaparte, il est dans les choses probables qu'elle serait devenue prisonnière des Anglais; elle apprit en effet que *la Pomone*, bâtiment sur lequel on a vu qu'elle voulait faire la traversée, était tombée au pouvoir de ces ennemis de la France. Comme d'ailleurs le général Bonaparte, dans toutes ses lettres, détournait sa femme du projet qu'elle avait de le rejoindre, elle revint à Paris.

A son arrivée, Joséphine songea à remplir un

désir que lui avait témoigné le général Bonaparte avant de partir. Il lui avait dit qu'il voudrait, pour son retour, avoir une maison de campagne, et il avait même chargé son frère Joseph de s'en occuper de son côté, ce que M. Joseph ne fit pas. Madame Bonaparte, qui, au contraire, était toujours en recherche de ce qui pouvait plaire à son mari, chargea plusieurs personnes de faire des courses dans les environs de Paris pour y découvrir une habitation qui pût lui convenir. Après avoir hésité long-temps entre Ris et la Malmaison, elle se décida pour cette dernière, qu'elle acheta de M. Lecoulteux-Dumoley, moyennant, je crois, une somme de quatre cent mille francs.

Tels étaient les récits que M. Charvet avait l'obligeance de me faire pendant les premiers temps où je fus attaché au service de madame Bonaparte; tout le monde dans la maison aimait à parler d'elle, et ce n'était sûrement pas pour en médire, car jamais femme n'a été plus aimée de tous ceux qui l'entouraient, et n'a mieux mérité de l'être. Le général Bonaparte était aussi un homme excellent dans l'intérieur de la vie privée.

Depuis le retour du premier consul de sa campagne d'Égypte, plusieurs tentatives avaient été faites contre ses jours. La police l'avait fait mainte fois avertir de se tenir sur ses gardes, et de ne point s'aventurer seul dans les environs de la Malmaison. Le premier consul était peu défiant, surtout avant cette époque. Mais la découverte des piéges qui lui étaient tendus jusque dans son plus secret intérieur, le forcèrent à user de précaution et de prudence. On a dit depuis que ces prétendus complots n'étaient que des fabrications de la police pour se rendre nécessaire au premier consul, ou (qui sait?) du premier consul lui-même pour redoubler l'intérêt qui s'attachait à sa personne, par la crainte des périls qui menaçaient sa vie; et pour preuve de la fausseté de ces tentatives, on a allégué leur absurdité. Je ne saurais prétendre à sonder de pareils mystères; mais il me semble qu'en la matière dont il s'agit, l'absurdité ne prouve rien, ou du moins ne prouve pas la fausseté. Les conspirateurs de cette époque ont donné leur mesure en fait d'extravagance. Quoi de plus absurde, et pourtant de plus réel, que l'atroce folie de la machine infernale? Quoi qu'il en soit, je vais raconter ce qui se passa sous mes yeux dans les premiers mois de mon séjour à la Malmaison. Personne n'avait dans la maison, ou du moins personne ne manifesta devant moi le moindre doute sur la réalité de ces attentats.

Pour se défaire du premier consul, tous les moyens paraissaient bons à ses ennemis. Ils faisaient tout entrer dans leurs calculs, et jusqu'à ses distractions. Le fait suivant en est la preuve.

Il y avait des réparations et des embellissemens à faire aux cheminées des appartemens du premier consul, à la Malmaison. L'entrepreneur chargé de ces travaux avait envoyé des marbriers, parmi lesquels, selon toute apparence, s'étaient glissés quelques misérables gagnés par les conspirateurs. Les personnes attachées au premier consul étaient sans cesse sur le qui-vive, et exerçaient la plus grande surveillance. On crut s'être aperçu que, dans le nombre de ces ouvriers, il se trouvait des hommes qui feignaient de travailler, mais dont l'air et la tournure contrastaient avec leur genre d'occupation. Les soupçons n'étaient malheureusement que trop fondés, car les appartemens étant prêts à recevoir le premier consul, et au moment où il venait les occuper, on trouva, en y faisant une tournée, sur le bureau auquel il allait s'asseoir, une tabatière en tout semblable à une de celles que le premier consul portait habituellement. On s'imagina d'abord que cette boîte lui appartenait bien en effet, et qu'elle avait été oubliée là par son valet de chambre; mais les doutes inspirés par la tournure équivoque de quelques-uns des marbriers, ayant pris plus de consistance, on fit examiner et décomposer le tabac. Il était empoisonné.

Les auteurs de cette perfidie avaient, dit-on, dans ce temps, des intelligences avec d'autres conspirateurs, qui devaient essayer d'un autre moyen pour se débarrasser du premier consul. Ils voulaient assaillir la garde du château (la Malmaison) et enlever de force le chef du gouvernement. Dans ce dessein ils avaient fait faire des uniformes semblables à ceux des guides consulaires, qui alors faisaient jour et nuit le service auprès du premier consul, et le suivaient à cheval dans ses excursions. Sous ce costume, et à l'aide de leurs intelligences avec leurs complices de l'intérieur (les prétendus ouvriers en marbre), ils auraient pu facilement s'approcher et se mêler avec la garde, qui était logée et nourrie au château; ils auraient pu même parvenir jusqu'au premier consul, et l'enlever. Cependant ce premier projet fut abandonné comme trop chanceux, et les conspirateurs se flattèrent de parvenir plus sûrement et avec moins de péril à leurs fins, en profitant des fréquens voyages du premier consul à Paris. Avec le secours de leur travestissement, ils devaient, sur la route, se mêler aux guides de l'escorte et les massacrer. Leur point de ralliement était aux carrières de Nanterre. Leur complot fut, pour la seconde fois, éventé. Il y avait dans le parc de la Malmaison une carrière assez profonde; on craignit qu'ils n'en profitassent pour s'y cacher et exercer quelque violence sur le premier consul, dans une de ses promenades solitaires, et l'on y fit mettre une porte de fer.

Le 19 février, à une heure après midi, le premier consul se rendit en pompe aux Tuileries, que l'on appelait alors le palais du gouvernement, pour s'y installer avec toute sa maison. Il avait avec lui ses deux collègues, dont l'un, le troisième consul, devait occuper la même résidence, et s'établir au pavillon de Flore. La voiture des consuls était attelée des six chevaux blancs, dont l'empereur d'Allemagne avait fait présent au vainqueur de l'Italie, après la signature du traité de paix de Campo-Formio. Le sabre que le premier consul portait à cette cérémonie, et qui était magnifique, lui avait aussi été donné par ce monarque, à la même occasion. Une chose remarquable dans ce solennel changement de domicile, c'est que les acclamations et les regards de la foule, et même ceux des spectateurs plus distingués qui encombraient les fenêtres de la rue Thionville et du quai Voltaire, ne s'adressaient qu'au premier consul et aux jeunes guerriers de son brillant état-major, encore tout noircis par le soleil des Pyramides ou d'Italie. Au premier rang marchaient les généraux Lannes et Murat, le premier, facile à reconnaître à l'audace de son air et de ses manières toutes militaires; le second, aux mêmes qualités, et de plus à une élégance très-recherchée dans son costume et dans ses armes. Son titre nouveau de beau-frère du premier consul contribuait aussi puissamment à fixer sur lui l'attention universelle. Pour moi, toute la mienne était absorbée par le principal personnage du cortége, que je ne voyais, comme tout le peuple qui m'entourait, qu'avec une sorte de religieuse admiration, et par son beau-fils, par le fils de mon excellente maîtresse, lui-même mon ancien maître, le brave, modeste et bon prince Eugène, qui n'était pas encore *prince* alors. A son arrivée aux Tuileries, le premier consul s'empara sur-le-champ de l'appartement qu'il a occupé depuis, et qui faisait partie des anciens appartemens royaux. Ce logement se composait d'une chambre à coucher, d'une salle de bain, d'un cabinet et d'un salon dans lequel il donnait audience le matin, d'un second salon où se tenaient les aides-de-camp de service, et qui lui servait de salle à manger, et d'une vaste antichambre. Madame Bonaparte avait ses appartemens à part au rez-de-chaussée, les mêmes aussi qu'elle a occupés comme impératrice. Au dessus du corps-de-logis habité par le premier consul était le logement de M. de Bourrienne, son secrétaire, d'où il communiquait avec les appartemens du premier consul par un escalier dérobé.

Quoiqu'à cette époque il y eût déjà des courtisans, il n'y avait pourtant point encore de cour. L'étiquette était des plus simples. Le premier consul, comme je crois l'avoir déjà dit, couchait dans le même lit que sa femme. Ils habitaient ensemble tantôt les Tuileries, tantôt la Malmaison; on ne voyait encore ni grand-maréchal, ni chambellans, ni préfets du palais, ni dames d'honneur, ni dames d'annonce, ni dames d'atours, ni pages. La maison du premier consul se composait seulement de M. Pfister, intendant de la maison, de MM. Venard, chef de cuisine, Gaillot, Dauger, chefs d'emploi, Colin, chef d'office. M. Ripeau était bibliothécaire, M. Vigogne père, écuyer. Les personnes attachées au service particulier étaient M. Hambart, premier valet de chambre, Hébert, valet de chambre ordinaire, et Roustan, mameluck du premier consul; il y avait de plus une quinzaine de personnes pour remplir les emplois subalternes. M. de Bourrienne dirigeait tout ce monde et ordonnançait les dépenses; quoique très-vif, il avait su se concilier l'estime et l'affection universelle; il était bon, obligeant et surtout très-juste. Aussi, lors de sa disgrâce, toute la maison en fut-elle affligée; pour moi, j'ai gardé de lui un sincère et respectueux souvenir, et j'espère que, s'il a eu le malheur de trouver des ennemis parmi les grands, il n'a du moins rencontré dans ses inférieurs que des cœurs reconnaissans et qui l'ont vivement regretté.

Quelques jours après cette installation, il y eut au château réception du corps diplomatique : on verra par les détails que j'en vais donner, combien était simple alors l'étiquette de ce qu'on appelait déjà *la Cour*.

A huit heures du soir, les appartemens de madame Bonaparte, situés comme je viens de le dire, dans la partie du rez-de-chaussée qui regarde le jardin, étaient encombrés de monde; c'était un luxe incroyable de plumes, de diamans, de toilettes éblouissantes; on fut obligé, à cause de la foule, d'ouvrir la chambre à coucher de madame Bonaparte, car les deux salons étaient si pleins que la circulation devenait impossible.

Lorsqu'après beaucoup d'embarras et de peine, tout ce monde eut pris place tant bien que mal, on annonça madame Bonaparte, qui parut conduite pas M. de Talleyrand. Elle avait une robe de mousseline blanche, à manches courtes, un collier de perles au cou, et la tête nue; les cheveux en tresse, retenus par un peigne d'écaille avec une négligence pleine de charmes; ses oreilles durent être agréablement frappées du murmure flatteur qui l'accueillit à son entrée. Jamais elle n'eut, je crois, plus de grâce et de majesté.

M. de Talleyrand, toujours donnant la main à madame Bonaparte, eut l'honneur de lui présenter les membres du corps diplomatique les uns après les autres, non point par leurs noms, mais par ceux de leurs cours. Ensuite il fit successivement avec elle le tour des deux salons. La revue du second salon était à moitié faite, lorsqu'entra, sans se faire annoncer, le premier consul revêtu d'un uniforme extrêmement simple, la taille serrée d'une écharpe tricolore en soie avec la frange pareille. Il portait un pantalon collant en casimir blanc, des bottes à revers, et il avait son chapeau à la main. Cette mise si peu recherchée formait au milieu des habits brodés, surchargés de cordons et de bijoux que portaient les ambassadeurs et dignitaires étrangers, un contraste aussi imposant pour le moins que la toilette de madame Bonaparte avec celle des dames invitées.

Avant de raconter comment je quittai le service de madame Bonaparte pour celui du chef de l'état, et le séjour de la Malmaison pour la seconde campagne d'Italie, je crois bon de m'arrêter, de jeter un regard en arrière, et de placer ici un ou deux souvenirs qui se rapportent au temps où j'appartenais à Madame Bonaparte. Elle aimait à veiller et à faire, le soir, quand presque toute la société s'était retirée, une partie de billard et plus souvent de trictrac. Il arriva une fois qu'ayant renvoyé tout son monde et ne se sentant point encore envie de dormir, elle me demanda si je savais jouer au billard; sur ma réponse, qui fut affirmative, elle m'engagea avec une bonté charmante à faire sa partie, et j'eus plusieurs fois l'honneur de jouer avec elle. Quoique je fusse d'une certaine force, je m'arrangeais de manière à la laisser gagner souvent, ce qui l'amusait beaucoup. Si c'était là de la flatterie, je dois m'en avouer coupable, mais je crois que j'aurais agi de la même manière vis-à-vis de toute autre femme, quels qu'eussent été son rang et sa position par rapport à moi, pour peu qu'elle eût été seulement à moitié aussi aimable que madame Bonaparte.

Le concierge de la Malmaison, qui avait toute la confiance de ses maîtres, entre autres moyens de défense et de surveillance imaginés par lui, pour mettre la demeure et la personne du premier consul à l'abri d'un coup de main, avait fait dresser pour la garde du château plusieurs chiens énormes, au nombre desquels se trouvaient deux très-beaux chiens de Terre-Neuve. On travaillait sans cesse aux embellissemens de la Malmaison, une foule d'ouvriers y passaient les nuits, et l'on avait grand soin de les avertir de ne pas s'aventurer seuls dehors. Une nuit que quelques-uns des chiens de garde étaient avec les ouvriers dans l'intérieur du château et se laissaient caresser par eux, leur douceur apparente inspira à un de ces hommes assez de courage ou plutôt d'imprudence pour qu'il ne craignît pas de sortir; il crut même ne pouvoir mieux faire, pour éviter tout danger, que de se mettre sous la protection d'un de ces terribles animaux. Il en prit donc un avec lui, et ils passèrent très-amicalement ensemble le seuil de la porte; mais à peine furent-ils dehors, que le chien s'élança sur son malheureux compagnon et le renversa; les cris du pauvre ouvrier réveillèrent plusieurs gens de service, et l'on courut à son secours; il était temps, car le chien le tenait terrassé et lui serrait cruellement la gorge; on le releva grièvement blessé. Madame Bonaparte, qui apprit cet accident, fit soigner jusqu'à parfaite guérison celui qui avait manqué d'en être victime, et lui donna une forte gratification, en lui recommandant plus de prudence à l'avenir.

Tous les momens que le premier consul pouvait dérober aux affaires, il venait les passer à la Malmaison; la veille de chaque décadi était un jour d'attente et de fête pour tout le château. Madame Bonaparte envoyait des domestiques à cheval et à pied au-devant de son époux; elle y allait souvent elle-même avec sa fille et les familiers de la Malmaison. Quand je n'étais pas de service, je prenais aussi cette direction de moi-même et tout seul; car tout le monde avait pour le premier consul une égale affection, et éprouvait à son sujet la même sollicitude. Tels étaient l'acharnement et l'audace des ennemis du premier consul, que le chemin, pourtant assez court, de Paris à la Malmaison était semé de dangers et de piéges; on savait que plusieurs tentatives pour l'enlever dans ce trajet avaient été faites et pouvaient se renouveler. Le passage le plus suspect était celui des carrières de Nanterre, dont j'ai déjà parlé; aussi étaient-elles soigneusement visitées et surveillées par les gens de la maison, les jours de visite du premier consul; on finit par faire boucher les trous les plus voisins de la route. Le premier consul nous savait gré de notre dévouement et nous en témoignait sa satisfaction; mais pour lui il paraissait toujours être sans crainte et sans inquiétude; souvent même il se moquait un peu de la nôtre, et racontait très-sérieusement à la bonne Joséphine qu'il l'avait échappé belle sur la route; que des hommes à visage sinistre s'étaient montrés maintes fois sur son passage; que l'un d'eux avait eu l'audace de le coucher en joue, etc.; et quand il la voyait bien effrayée, il éclatait de rire et lui donnait quelques tapes ou quelques baisers sur la joue et sur le cou, en lui disant : « N'aie pas peur, ma grosse bête ; *ils n'oseraient!* »

Il s'occupait plus dans ces *jours de congé,* comme il les appelait lui-même, de ses affaires particulières que de celles de l'état. Mais jamais il ne pouvait rester oisif : il faisait démolir, relever, bâtir, agrandir, planter, tailler sans cesse dans le château et dans le parc, examinait les comptes des dépenses, calculait ses revenus et prescrivait les économies. Le temps passait vite dans toutes ces occupations, et le moment était bientôt venu où il fallait aller, ainsi qu'il le disait, reprendre le *collier de misère.*

CHAPITRE IV.

Le premier consul prend l'auteur à son service. — Oubli. — Chagrin. — Consolations offertes par madame Bonaparte. — Réparation. — Départ de Constant pour le quartier-général du premier consul. — Enthousiasme des soldats partant pour l'Italie. — L'auteur rejoint le premier consul. — Hospice du mont Saint-Bernard. — Passage. — La ramasse. — Humanité des religieux et générosité du premier consul. — Passage du mont Albaredo. — Coup d'œil du premier consul. — Prise du fort de Bard. — Entrée à Milan. — Joie et confiance des Milanais. — Les collègues de Constant. — Hambard. — Hébert. — Roustan. — Ibrahim-Ali. — Colère d'un Arabe. — Le poignard. — Le bain de Surprise. — Suite de la campagne d'Italie. — Combat de Montébello. — Arrivée de Desaix. — Longue entrevue avec le premier consul. — Colère de Desaix contre les Anglais. — Bataille de Marengo. — Pénible incertitude. — Victoire. — Mort de Desaix. — Douleur du premier consul. — Les aides-de-camp de Desaix devenus aides-de-camp du premier consul. — MM. Rapp et Savary. — Tombeau de Desaix sur le mont Saint-Bernard.

Vers la fin de mars 1800, cinq à six mois après mon entrée chez madame Bonaparte, le premier consul arrêta un jour ses regards sur moi, pendant son dîner, et après m'avoir assez long-temps examiné et toisé de la tête aux pieds : « Jeune » homme, me dit-il, voudriez-vous me suivre en » campagne ? » Je répondis avec beaucoup d'émotion que je ne demandais pas mieux. « Eh bien, » vous me suivrez donc; » et en se levant de table il donna à M. Pfister, intendant, l'ordre de me porter sur la liste des personnes de la maison qui seraient du voyage. Mes apprêts ne furent pas longs; j'étais enchanté de l'idée d'être attaché au service particulier d'un si grand homme, et je me voyais déjà au delà des Alpes..... Le premier consul partit sans moi! M. Pfister, par un défaut de mémoire peut-être prémédité, avait oublié de m'inscrire sur la liste. Je fus au désespoir, et j'allai en pleurant conter ma mésaventure à mon excellente maîtresse, qui eut la bonté de chercher à me consoler en me disant : « Eh bien, Constant, tout n'est pas perdu, » mon ami : vous resterez avec moi, vous chasse-» rez dans le parc pour vous distraire, et peut-être » le premier consul finira-t-il par vous redeman-» der. » Pourtant madame Bonaparte n'y comptait pas, car elle pensait ainsi que moi, quoique par bonté elle ne voulût pas me le dire, que c'était le premier consul qui, ayant changé d'idée et ne voulant plus de mes services en campagne, avait lui-

même donné contre-ordre. J'acquis bientôt après la certitude du contraire. En passant à Dijon, dans sa marche vers le mont Saint-Bernard, le premier consul, qui me croyait à sa suite, me demanda et apprit alors que l'on m'avait oublié; il en témoigna quelque mécontentement, et voulut que M. de Bourrienne écrivît sur-le-champ à madame Bonaparte, la priant de me faire partir sans tarder. Un matin que mon chagrin m'était revenu, plus vif encore que de coutume, madame Bonaparte me fait appeler et me dit, la lettre de M. de Bourrienne à la main : « Constant, puisque vous êtes décidé à
» nous quitter pour faire vos campagnes, réjouis-
» sez-vous, vous allez partir; le premier consul
» vous fait demander. Passez chez M. Maret, pour sa-
» voir s'il ne doit pas bientôt expédier un courrier;
» vous feriez route en sa compagnie. » Je fus, à cette bonne nouvelle, dans un ravissement inexprimable et que je ne cherchai point à dissimuler. « Vous
» êtes donc bien content de vous éloigner de nous ? » observa madame Bonaparte avec un sourire de bonté. « Non, Madame, répondis-je ; mais ce n'est
» pas s'éloigner de Madame que de se rapprocher du
» premier consul. — Je l'espère bien, répliqua-
» t-elle. Allez, Constant, et ayez bien soin de lui. » S'il en eût été besoin, cette recommandation de ma noble maîtresse aurait encore ajouté au zèle et à

la vigilance avec laquelle j'étais décidé à remplir ma nouvelle condition.

Je courus, sans différer, chez M. Maret, secrétaire d'état, qui me connaissait et avait beaucoup de bonté pour moi. « Préparez-vous tout de » suite, me dit-il, il part un courrier ce soir ou » demain matin. » Je revins en toute hâte à la Malmaison annoncer à madame Bonaparte mon prochain départ. Elle me fit à l'instant préparer une bonne chaise de poste, et Thibaut (c'était le nom du courrier que je devais accompagner) fut chargé de me commander des chevaux le long de la route. M. Maret me remit huit cents francs pour mes frais de voyage. Cette somme, à laquelle j'étais loin de m'attendre, me fit ouvrir de grands yeux; jamais je ne m'étais vu si riche. A quatre heures du matin on vint de la part de Thibaut m'avertir que tout était prêt. Je me rendis chez lui, où était la chaise de poste, et nous partîmes.

Je voyageai très-agréablement, tantôt en chaise de poste, tantôt en courrier; alors je prenais la place de Thibaut, qui prenait la mienne. Je pensais rejoindre le premier consul à Martigny, mais sa marche avait été si rapide que je ne l'atteignis qu'au couvent du mont Saint-Bernard. Sur notre route, nous dépassions continuellement des régimens en marche, des officiers et des soldats qui se hâtaient de rejoindre leurs différens corps. Leur enthousiasme était inexprimable. Ceux qui avaient fait les campagnes d'Italie se réjouissaient de retourner dans un si beau pays; ceux qui ne le connaissaient point encore brûlaient de voir les champs de bataille immortalisés par la valeur française et par le génie du héros qui marchait encore à leur tête. Tous allaient comme à une fête, et c'était en chantant qu'ils gravissaient les montagnes du Valais. Il était huit heures du matin lorsque j'arrivai au quartier-général. Pfister m'annonça, et je trouvai le général en chef dans la grande salle basse de l'hospice. Il déjeunait debout avec son état-major. Dès qu'il m'aperçut : « Ah! » vous voilà donc, monsieur le drôle! Pourquoi ne » m'avez-vous pas suivi? » me dit-il. Je m'excusai sur ce que, à mon grand regret, j'avais reçu contre-ordre, ou du moins sur ce qu'on m'avait laissé derrière au moment du départ. « Ne perdez » pas de temps, mon ami, ajouta-t-il, mangez vite » un morceau; nous allons partir. » Dès ce moment je fus attaché au service particulier du premier consul, en qualité de valet de chambre ordinaire, c'est-à-dire, selon mon tour. Ce service donnait peu de chose à faire, M. Hambart, premier valet de chambre du premier consul, étant dans l'habitude de l'habiller de la tête aux pieds.

Aussitôt après le déjeuner nous commençâmes à descendre le mont. Plusieurs personnes se laissaient glisser sur la neige, à peu près comme on dégringolait au jardin Beaujon, du haut en bas des montagnes russes. Je suivis leur exemple. On appelait cela se faire ramasser. Le général en chef descendit aussi à la ramasse un glacier presque perpendiculaire. Son guide était un jeune paysan alerte et courageux, à qui le premier consul assura un sort pour le reste de ses jours. De jeunes soldats qui s'étaient égarés dans les neiges avaient été découverts, presque morts de froid, par les chiens des religieux, et transportés à l'hospice, où ils avaient reçu tous les soins imaginables, et s'étaient vus promptement rendre à la vie. Le premier consul fit témoigner aux bons pères sa reconnaissance d'une charité si active et si généreuse. Déjà, avant de quitter l'hospice, où des tables chargées de vivres étaient préparées pour les soldats à mesure qu'ils gravissaient, il avait laissé aux pieux religieux, en récompense de l'hospitalité qu'il en avait reçue, ainsi que ses compagnons d'armes, une somme d'argent considérable, et le titre d'un fonds de rente pour l'entretien de leur couvent.

Le même jour nous escaladâmes le mont Albaredo; mais comme ce passage eût été impraticable pour la cavalerie et l'artillerie, on les fit passer par la ville de Bard, sous les batteries du fort. Le premier consul avait ordonné que l'on passerait de nuit et au galop, et il avait fait entourer de paille les roues des caissons et les pieds des chevaux. Ces précautions ne suffirent pas complétement pour empêcher les Autrichiens d'entendre nos troupes, et les canons du fort ne cessèrent de tirer à mitraille. Mais, par bonheur, les maisons de la ville mettaient nos soldats à l'abri du feu des ennemis, et plus de la moitié de l'armée traversa la ville sans avoir eu beaucoup à souffrir. Quant à la maison du premier consul, commandée par le général Gardanne, et dont je faisais partie, elle tourna le fort de Bard. Le 23 mai nous passâmes à gué un torrent qui coulait entre la ville et le fort, ayant à notre tête le premier consul. Il gravit ensuite, suivi du général Berthier et de quelques officiers, un sentier de l'Albaredo qui dominait sur le fort et sur la ville de Bard. Là, sa lunette d'approche braquée sur les batteries ennemies, contre le feu desquelles il n'était protégé que par quelques buissons, il blâma les dispositions qui avaient été prises par l'officier chargé de commander le siége, en ordonna de nouvelles dont l'effet devait être, comme il le dit lui-même, de faire tomber en peu de temps la place dans ses mains, et débarrassé désormais du souci que lui avait donné ce fort, qui l'avait, dit-il, empêché de dormir pendant les deux jours qu'il avait passés au couvent de Saint-Maurice, il s'étendit au pied d'un sapin et s'endormit d'un bon somme, tandis que l'armée continuait d'effectuer son passage. Rafraîchi par ce court instant de repos, le premier consul redescendit la montagne, continua sa marche, et nous allâmes coucher à Yvrée, où il devait passer la nuit. Le brave général Lannes, qui commandait l'avant-garde, nous servait en quelque sorte de maréchal-des-logis, s'emparant de vive force de toutes les places qui barraient le chemin. Il n'y avait que quelques heures qu'il avait forcé le passage d'Yvrée lorsque nous y entrâmes.

Tel fut ce miraculeux passage du mont Saint-Bernard. Chevaux, canons, caissons, un matériel immense, tout fut traîné ou porté par-dessus des glaciers qui paraissaient inaccessibles, et par des sentiers en apparence impraticables, même pour un seul homme. Le canon des Autrichiens ne parvint pas plus que les neiges et les glaces à arrêter l'armée française; tant il est vrai que le génie et la persévérance du premier consul s'étaient communiqués, pour ainsi dire, jusqu'aux derniers de ses soldats et leur avaient inspiré un courage et une force dont les résultats paraîtront un jour fabuleux.

Le 2 juin, qui était le lendemain du passage du Tésin, et le jour même de notre entrée à Milan, le premier consul apprit que le fort de Bard avait été emporté la veille. Ainsi ses dispositions avaient eu promptement leur effet, et la route de communication par le Saint-Bernard était déblayée.

Le premier consul entra à Milan sans avoir rencontré beaucoup de résistance. Toute la population était accourue sur son passage, et il fut accueilli par mille acclamations. La confiance des Milanais redoubla lorsqu'ils apprirent qu'il avait promis aux membres du clergé assemblés de maintenir le culte et le clergé catholiques tels qu'ils étaient établis, et leur avait fait prêter serment de fidélité à la république cisalpine.

Le premier consul s'arrêta quelques jours dans cette capitale, et j'eus le temps de lier plus intimement connaissance avec mes collègues : c'étaient, comme je l'ai dit, MM. Hambart, Roustan et Hébert. Nous nous relevions toutes les vingt-quatre heures à midi précis. Mon premier soin, comme toutes les fois que j'ai eu à vivre avec de nouveaux visages, fut d'observer, du plus près que je le pus, le caractère et l'humeur de mes camarades, pour en tirer les conséquences qui règleraient ensuite ma conduite à leur égard, et savoir d'avance à peu près à quoi m'en tenir sur ce qu'il y aurait à craindre ou à espérer de leur commerce.

Hambart avait un dévouement sans bornes pour le premier consul, qu'il avait suivi en Egypte; mais malheureusement il avait un caractère sombre et misanthropique qui le rendait extrêmement maussade et désagréable. La faveur dont jouissait Roustan n'avait peut-être pas peu contribué à augmenter cette noire disposition. Dans son espèce de manie, il s'imaginait être l'objet d'une surveillance toute particulière. Il s'enfermait dans sa chambre, une fois son service fini, et passait dans la plus triste solitude tout son temps de loisir. Le premier consul, lorsqu'il était de bonne humeur, le plaisantait sur cette sauvagerie, l'appelant en riant *mademoiselle* Hambart. « Eh bien, Mademoiselle, » que faites-vous donc ainsi toute seule dans votre » chambre? Vous y lisez sans doute quelques » mauvais romans, quelques vieux bouquins trai- » tant de princesses enlevées et *tenues en surveil-* » *lance* par un géant barbare. » A quoi le pauvre Hambart répondait d'un air morose : « Mon géné- » ral, vous savez sans doute mieux que moi ce que » je fais; » voulant faire allusion par ces mots à l'espionnage dont il se croyait sans cesse entouré. En dépit de ce malheureux caractère, le premier consul avait beaucoup de bontés pour lui. Lors du voyage au camp de Boulogne, il refusa de suivre l'empereur, qui lui donna pour retraite la conciergerie du palais de Meudon. Là il fit mille traits de folie. Sa fin fut lamentable : pendant les cent jours, après une audience qu'il avait eue de l'empereur, il fut pris d'un de ses accès, et se précipita sur un couteau de cuisine avec tant de violence, que la lame lui sortait de deux pouces derrière le dos. Comme on pensait dans ce temps que j'avais à craindre la colère de l'empereur, le bruit se répandit que c'était moi qui m'étais suicidé, et cette mort tragique fut annoncée dans quelques journaux comme ayant été la mienne.

Hébert, valet de chambre ordinaire, était un jeune homme fort doux, mais d'une excessive timidité. Il avait, comme au reste toutes les personnes de la maison, l'affection la plus dévouée pour le premier consul. Il arriva un jour, en Egypte, que celui-ci, qui n'avait jamais pu se raser lui-même (c'est moi, comme je le raconterai ailleurs avec quelques détails, qui lui ai appris à se faire la barbe), fit demander Hébert en l'absence de Hambart, qui le rasait ordinairement, pour remplir cet office. Comme il était quelquefois arrivé à Hébert, par un effet de sa grande timidité, de couper le menton de son maître, ce dernier, qui avait à la main des ciseaux, dit à Hébert lorsqu'il s'approchait tenant son rasoir : « Prends bien garde à toi,

» drôle; si tu me coupes, je te fourre mes ci-
» seaux dans le ventre. » Cette menace, faite d'un
air presque sérieux, mais qui n'était au fond
qu'une plaisanterie, comme j'ai vu cent fois l'empereur aimer à en faire, fit une telle impression sur
Hébert, qu'il lui fut impossible d'achever son ouvrage. Il lui prit un tremblement convulsif, son
rasoir lui tomba des mains, et le général en chef
eut beau tendre le cou et lui crier vingt fois en
riant : « Allons, achève donc, poltron, » non-seulement Hébert fut pour cette fois obligé d'en rester
là, mais même depuis ce temps il lui fallut renoncer à remplir l'office de barbier. L'empereur n'aimait point cette excessive timidité dans les gens de
son service; ce qui ne l'empêcha point, lorsqu'il
fit remettre à neuf le château de Rambouillet, de
donner la place de concierge à Hébert, qui la lui
avait demandée.

Roustan, si connu sous le nom de mameluck
de l'empereur, était d'une bonne famille de Geor-
gie; enlevé à l'âge de six à sept ans et conduit au
Caire, il y avait été élevé parmi de jeunes esclaves
qui servaient les mamelucks, en attendant qu'ils
eussent l'âge d'entrer eux-mêmes dans cette belli-
queuse milice. Le sheick du Caire, en faisant don
au général Bonaparte d'un magnifique cheval
arabe, lui avait donné en même temps Roustan et

Ibrahim, autre mameluck, qui fut ensuite attaché au service de madame Bonaparte, sous le nom d'Ali. On sait que Roustan devint un accompagnement indispensable dans toutes les occasions où l'empereur paraissait en public. Il était de tous les voyages, de tous les cortéges, et ce qui lui fait surtout honneur, de toutes les batailles. Dans le brillant état-major qui suivait l'empereur, il brillait plus que tout autre par l'éclat de son riche costume oriental. Sa vue faisait un prodigieux effet, surtout sur les gens du peuple et en province. On le croyait en très-grand crédit auprès de l'empereur, et cela venait, selon quelques personnes crédules, de ce que Roustan avait sauvé les jours de son maître, en se jetant entre lui et le sabre d'un ennemi tout prêt de l'atteindre. Je crois que c'était une erreur. La faveur toute particulière dont il était l'objet était assez motivée par la bonté habituelle de S. M. pour toutes les personnes de son service. D'ailleurs cette faveur ne s'étendait pas au delà du cercle des rapports domestiques. M. Roustan a épousé une jeune et jolie Française, nommée mademoiselle Douville, dont le père était valet de chambre de l'impératrice Joséphine. Lorsque, en 1814 et 1815, quelques journaux lui firent une sorte de reproche de n'avoir point suivi jusqu'au bout la fortune de celui pour lequel il avait toujours annoncé le plus grand dévouement, il répondit que les liens de famille qu'il avait contractés lui défendaient de quitter la France, et qu'il ne pouvait rien déranger au bonheur dont il jouissait dans son intérieur.

Ibrahim prit le nom d'Ali en passant au service de madame Bonaparte. Il était d'une laideur plus qu'arabe et avait le regard méchant. Je me rappelle ici, à son sujet, un petit événement qui eut lieu à la Malmaison, et qui pourra donner une idée de son caractère. Un jour que nous jouions sur la pelouse du château, je le fis tomber, en courant, sans aucune intention. Furieux de sa chute, il se relève, tire son poignard qu'il ne quittait jamais, et s'élance après moi pour m'en frapper. J'avais d'abord ri, comme les autres, de son accident, et je m'amusais à le faire courir. Mais averti par les cris de mes camarades, et m'étant retourné moi-même pour voir où en était sa poursuite, j'aperçus à la fois son arme et sa colère. Je m'arrêtai à l'instant, le pied ferme et l'œil fixé sur son poignard, et je fus assez heureux pour éviter le coup, qui cependant m'effleura la poitrine. Furieux à mon tour, comme on peut le croire, je le saisis par son large pantalon et le lançai à dix pas de moi dans la rivière de la Malmaison, qui avait à peine deux pieds de profondeur. Le plongeon calma tout d'abord ses sens, et d'ailleurs son poignard était descendu au fond de l'eau, ce qui rendait mon homme beaucoup moins redoutable. Mais dans son désappointement il se mit à crier si fort que madame Bonaparte l'entendit, et comme elle était pleine de bontés pour son mameluck, je fus tancé vertement. Toutefois ce pauvre Ali était d'humeur si peu sociable qu'il se brouilla avec toute la maison, et il finit par être envoyé à Fontainebleau comme garçon de château.

Je reviens à notre campagne. Le 13 juin, le premier consul alla coucher à Torre-di-Galifolo, où il établit son quartier-général. Depuis le jour de notre entrée à Milan, la marche de l'armée ne s'était point ralentie. Le général Murat avait passé le Pô et s'était emparé de Plaisance. Le général Lannes, toujours poussant en avant avec sa brave avant-garde, avait livré une sanglante bataille à Montebello, dont plus tard il illustra le nom en le portant. L'arrivée toute récente du général Desaix, venant d'Egypte, comblait de joie le général en chef, et ajoutait aussi beaucoup à la confiance des soldats, dont le bon et modeste Desaix était adoré. Le premier consul l'avait accueilli avec l'amitié la plus franche et la plus cordiale, et ils étaient tout d'abord restés trois heures de suite en tête-à-tête. A la fin de cette conférence, un ordre du jour avait annoncé à l'armée que le général Desaix prendrait le commandement de la division Boudet. J'entendis quelques personnes de la suite du général Desaix dire que sa patience et l'égalité de son humeur avaient été mises à de rudes épreuves, pendant sa traversée, par des vents contraires, des relâches forcées, l'ennui de la quarantaine, et surtout par les mauvais procédés des Anglais, qui l'avaient quelque temps retenu prisonnier sur leur flotte, en vue des côtes de France, quoiqu'il fût porteur d'un passe-port signé en Egypte par les autorités anglaises et par suite d'une capitulation réciproquement acceptée. Aussi son ressentiment contre eux était des plus ardens, et il regrettait vivement, disait-il, que les ennemis qu'il allait avoir à combattre ne fussent pas des Anglais. Malgré la simplicité de ses goûts et de ses habitudes, personne n'était plus avide de gloire que ce brave général. Toute sa colère contre les Anglais ne venait que de la crainte qu'il avait eue de ne point arriver à temps pour cueillir de nouveaux lauriers. Il n'arriva que trop à temps pour trouver une mort glorieuse, mais, hélas! si prématurée!

Ce fut le 14 que se livra la célèbre bataille de Marengo. Elle commença de bonne heure et dura toute la journée. J'étais resté au quartier avec toute la maison du premier consul. Nous étions en quelque sorte à portée de canon du champ de bataille, et il en arrivait sans cesse des nouvelles qui ne s'accordaient guère : l'une représentait la bataille comme entièrement perdue, la suivante nous donnait la victoire; il y eut un moment où l'augmentation du nombre de nos blessés et le redoublement du canon des Autrichiens nous firent croire un instant que nous étions perdus; puis tout à coup on vint nous dire que cette déroute apparente n'était que l'effet d'une manœuvre hardie du premier consul, et qu'une charge du général Desaix avait assuré le gain de la bataille. Mais la victoire coûtait cher à la France et au cœur du premier consul. Desaix, atteint d'une balle, était tombé mort sur le coup, et la douleur des siens n'ayant fait qu'exaspérer leur courage, ils avaient culbuté à la baïonnette l'ennemi déjà coupé par une charge brillante du général Kellermann.

Le premier consul coucha sur le champ de bataille. Malgré la victoire décisive qu'il venait de remporter, il était plein de tristesse, et dit, le soir, devant Hambart et moi, plusieurs choses qui prouvaient la profonde affliction qu'il ressentait de la mort du général Desaix : « que la France
» venait de perdre un de ses meilleurs défenseurs,
» et lui son meilleur ami; que personne ne savait
» tout ce qu'il y avait de vertu dans le cœur de

» Desaix, et de génie dans sa tête. » Il se soulagea ainsi de sa douleur, en faisant à tous et à chacun l'éloge du héros qui venait de mourir au champ d'honneur. « Mon brave Desaix, dit-il encore, » avait toujours souhaité de mourir ainsi. » Puis il ajouta, ayant presque les larmes aux yeux, « Mais la mort devait-elle être si prompte à exau- » cer son vœu! » Il n'y avait pas un soldat dans notre armée victorieuse qui ne partageât un si juste chagrin. Les aides-de-camp du général, Rapp et Savary, restaient plongés dans le plus amer désespoir auprès du corps de leur chef, que, malgré sa jeunesse, ils appelaient leur père, plus encore pour exprimer son inépuisable bonté pour eux, qu'à cause de la gravité de son caractère. Par une suite de son respect pour la mémoire de son ami, le général en chef, quoique son état-major fût au complet, s'attacha ces deux jeunes officiers en qualité d'aides-de-camp.

Le commandant Rapp (il n'avait alors que ce grade) était dès ce temps ce qu'il a été toute sa vie, bon, plein de courage et universellement aimé. Sa franchise, quelquefois un peu brusque, plaisait à l'empereur. J'ai mille fois entendu celui-ci faire l'éloge de son aide-de-camp; il ne l'appelait que *mon brave Rapp*. Ce digne général n'était pas heureux dans les combats, et il était fort rare qu'il prît part à une affaire sans en rapporter quelque blessure. Puisque je suis en train d'anticiper sur les événemens, je dirai ici qu'en Russie, la veille de la bataille de la Moscowa, l'empereur dit devant moi au général Rapp, qui arrivait de Dantzik : « Attention, mon brave ; nous nous battrons de- » main, prenez garde à vous, vous n'êtes pas gâté » par la fortune. — Ce sont, répondit le géné- » ral, les revenant-bons du métier. Comptez, sire, » que je n'en ferai pas moins de mon mieux. »

M. Savary conserva auprès du premier consul cette chaleur de zèle et ce dévouement sans bornes qui l'avaient attaché au général Desaix. S'il lui manquait quelqu'une des qualités du général Rapp, ce n'était certainement pas la bravoure. De tous les hommes qui entouraient l'empereur, aucun n'était plus absolument dévoué à ses moindres volontés. J'aurai lieu sans doute, dans le cours de ces mémoires, de rappeler quelques traits de cet enthousiasme sans exemple, et dont M. le duc de Rovigo fut magnifiquement récompensé ; mais il est juste de dire que lui du moins ne déchira point la main qui l'avait élevé, et qu'il a donné jusqu'à la fin, et même après la fin de son ancien maître (c'est ainsi qu'il se plaît lui-même à appeler l'empereur) l'exemple très-peu suivi de la reconnaissance.

Un arrêté du gouvernement, du mois de juin suivant, décida que le corps de Desaix serait transporté au couvent du grand Saint-Bernard, et qu'il y serait élevé un tombeau ; pour attester les regrets de la France, et en particulier ceux du premier consul, dans un lieu où celui-ci s'était couvert d'une gloire immortelle *.

* Deux monumens ont été élevés dans Paris au brave Desaix ; une statue sur la place des Victoires, et un buste sur la place Dauphine. La statue affectait une pose théâtrale qui ne s'accordait guère avec les manières sérieuses et le naturel parfait de celui dont elle était censée reproduire l'image. D'ailleurs une nudité complète, mal voilée dans ce qu'elle aurait eu de plus *antique* par le ceinturon d'une épée, choquait tous les regards, et excitait la verve des mauvais plaisans. Le grand vainqueur de Waterloo s'est fait représenter, de son vivant, dans Hyde-Park, en *Achille* colossal, et sa grâce (du moins la statue de sa grâce) est exécutée de manière à ce que les curieux ne perdent pas une seule ligne, un seul muscle de son héroïque personne. Pour que rien ne manque à cette parodie, ce sont les *ladies* anglaises, si susceptibles sur l'article de la décence et de la dignité, qui ont élevé ce monument à la gloire de Mylord-Duc.

Pour en revenir à Desaix (c'est revenir de loin), la statue qui lui avait été élevée sur la place des Victoires, a été enlevée sous l'empire, par ordre du gouvernement. Quant au buste que l'on voit encore aujourd'hui sur la place Dauphine, il serait difficile d'imaginer quelque chose de plus mesquin, de plus enfumé et de plus négligé ; c'est ainsi qu'est traitée l'image de Desaix ; en revanche, Pichegru a des statues de bronze.

CHAPITRE V.

Retour à Milan, en marche sur Paris. — Le chanteur Marchesi et le premier consul. — Impertinence et quelques jours de prison. — Madame Grassini. — Rentrée en France par le mont Cenis. — Arcs-de-triomphe. — Cortége de jeunes filles. — Entrée à Lyon. — Couthon et les démolisseurs. — Le premier consul fait relever les édifices de la place Belcour. — La voiture versée. — Illuminations à Paris. — Kléber. — Calomnies contre le premier consul. — Chute de cheval de Constant. — Bonté du premier consul et de madame Bonaparte à l'égard de Constant. — Générosité du premier consul. — Émotion de l'auteur. — Le premier consul outrageusement méconnu. — Le premier consul, Jérôme Bonaparte et le colonel Lacuée. — Amour du premier consul pour madame D..... — Jalousie de madame Bonaparte, et précautions du premier consul. — Curiosité indiscrète d'une femme de chambre. — Menaces et discrétion forcée. — La petite maison de l'allée des Veuves. — Ménagemens du premier consul à l'égard de sa femme. — Mœurs du premier consul, et ses manières avec les femmes.

Cette victoire de Marengo avait rendue certaine la conquête de l'Italie; aussi le premier consul jugeant sa présence plus nécessaire à Paris qu'à la tête de son armée, en donna le commandement en chef au général Masséna, et se prépara à repasser les monts. Nous retournâmes à Milan, où le premier consul fut reçu avec encore plus d'enthousiasme que pendant notre premier séjour. L'établissement d'une république comblait les vœux du plus grand nombre des Milanais, et ils appelaient le premier consul leur sauveur, pour les avoir délivrés du joug des Autrichiens. Il y avait pourtant un parti qui détestait également les changemens, l'armée française qui en était l'instrument, et le jeune chef qui en était l'auteur. Dans ce parti figurait un artiste célèbre, le chanteur Marchesi; à notre premier passage, le premier consul l'avait fait demander, et le musicien s'était fait prier pour se déranger; enfin il s'était présenté, mais avec toute l'importance d'un homme qui se croit blessé dans sa dignité. Le costume très-simple du premier consul, sa petite taille et son visage maigre et payant peu de mine, n'étaient pas faits pour imposer beaucoup au héros de théâtre; aussi le général en chef l'ayant bien accueilli, et fort poliment prié de chanter un air, il avait répondu par ce mauvais calembour, débité d'un ton d'impertinence que relevait encore son accent italien : « *Signor zénéral, si c'est oun bon air qu'il vous*

» *faut, vous en trouverez oun excellent en faisant*
» *oun petit tour de zardin.* » Le signor Marchesi
avait été, pour cette gentillesse, sur-le-champ mis
à la porte, et le soir même un ordre avait été expédié sur lequel on avait mis le chanteur en prison. A notre retour, le premier consul, dont le
canon de Marengo avait fait taire sans doute le
ressentiment contre Marchesi, et qui trouvait
d'ailleurs que la pénitence de l'artiste pour un
pauvre quolibet avait été bien assez longue, l'envoya chercher de nouveau et le pria encore de
chanter; Marchesi cette fois fut modeste, poli, et
chanta d'une manière ravissante; après le concert, le premier consul s'approcha de lui, lui
serra vivement la main, et le complimenta du ton
le plus affectueux. Dès ce moment la paix fut
conclue entre les deux puissances, et Marchesi ne
faisait plus que chanter les louanges du premier
consul.

A ce même concert, le premier consul fut frappé
de la beauté d'une cantatrice fameuse, madame Grassini. Il ne la trouva point cruelle, et au bout de quelques heures le vainqueur de l'Italie comptait une conquête de plus. Le lendemain au matin elle déjeuna
avec le premier consul et le général Berthier dans
la chambre du premier consul. Le général Berthier
fut chargé de pourvoir au voyage de madame Gras-

sini, qui fut envoyée à Paris, et attachée aux concerts de la cour......

Le premier consul partit de Milan le 24, et nous rentrâmes en France par la route du Mont-Cenis. Nous voyagions avec la plus grande rapidité. Partout le premier consul était reçu avec un enthousiasme difficile à décrire. Des arcs de triomphe avaient été élevés à l'entrée de chaque ville, et pour ainsi dire de chaque village, et dans chaque canton une députation de notables venait le haranguer et le complimenter. De longs rangs de jeunes filles, vêtues de blanc et couronnées de fleurs, des fleurs dans les mains, et jetant des fleurs dans la voiture du premier consul, lui servaient seules d'escorte, l'entouraient, le suivaient et le précédaient jusqu'à ce qu'il fût passé, ou, quand il devait s'arrêter, jusqu'à ce qu'il eût mis pied à terre. Ce voyage fut ainsi sur toute la route une fête perpétuelle. A Lyon ce fut un délire : toute la ville sortit à sa rencontre. Il y entra au milieu d'une foule immense et des plus bruyantes acclamations, et descendit à l'hôtel des Célestins. Dans le temps de la terreur, et lorsque les jacobins avaient fait tomber toute leur fureur sur la ville de Lyon, dont ils avaient juré la ruine, les beaux édifices qui ornaient la place Belcour avaient été rasés de fond en comble, et le hideux cul-dejatte Couthon y avait le premier porté le marteau, à la tête de la plus vile canaille des clubs. Le premier consul détestait les jacobins, qui, de leur côté, le haïssaient et le craignaient, et son soin le plus constant était de détruire leur ouvrage, ou, pour mieux dire, de relever les ruines dont ils avaient couvert la France. Il crut donc, et avec raison, ne pouvoir mieux répondre à l'affection des Lyonnais qu'en encourageant de tout son pouvoir la reconstruction des bâtimens de la place Belcour, et, avant son départ, il en posa lui-même la première pierre. La ville de Dijon ne fit pas au premier consul une réception moins brillante.

Entre Villeneuve-le-Roi et Sens, à la descente du pont de Montereau, les huit chevaux, lancés au grand galop, emportant rapidement la voiture (déjà le premier consul voyageait en roi), l'écrou d'une des roues de devant se détacha. Les habitans qui bordaient la route, témoins de cet accident, et prévoyant ce qui allait en résulter, crièrent de toutes leurs forces aux postillons d'arrêter ; mais ceux-ci n'en purent venir à bout. La voiture versa donc rudement. Le premier consul n'eut aucun mal ; le général Berthier eut le visage légèrement égratigné par les glaces, qui s'étaient brisées; deux valets de pied, qui étaient sur le siége, furent vio-

lemment jetés au loin et blessés assez grièvement.
Le premier consul sortit, ou plutôt il fut hissé par
une des portières; du reste cet accident ne l'arrêta
pas: il remonta sur-le-champ dans une autre voiture, et arriva à Paris sans autre mésaventure. Le
2 juillet, dans la nuit, il descendit aux Tuileries,
et dès que, le lendemain, la nouvelle de son retour
eut circulé dans Paris, la population tout entière
remplit les cours et le jardin. On se pressait sous
les fenêtres du pavillon de Flore, dans l'espérance
d'entrevoir le sauveur de la France, le libérateur
de l'Italie. Le soir il n'y eut ni riche ni pauvre qui
ne s'empressât d'illuminer sa maison ou son grenier.

Ce fut peu de temps après son arrivée à Paris
que le premier consul apprit la mort du général
Kléber. Le poignard de Suleyman avait immolé ce
grand capitaine le même jour que le canon de Marengo abattait un autre héros de l'armée d'Egypte.
Cet assassinat causa la plus vive douleur au premier consul. J'en ai été témoin, et je puis l'affirmer;
et pourtant ses calomniateurs ont osé dire qu'il se
réjouit d'un événement, lequel, même à ne le considérer que sous le rapport politique, lui faisait
perdre une conquête qui lui avait coûté tant d'efforts, et à la France tant de sang et de dépenses.
D'autres misérables, plus stupides et plus infâmes
encore, ont été jusqu'à imaginer et répandre le

bruit que le premier consul avait commandé l'assassinat de son compagnon d'armes, de celui qu'il avait mis en sa propre place à la tête de l'armée d'Égypte. Pour ceux-ci je ne saurais qu'une réponse à leur faire, s'il était besoin de leur faire une réponse : c'est qu'ils n'ont jamais connu l'empereur.

Après son retour, le premier consul allait souvent avec sa femme à la Malmaison, où il restait quelquefois plusieurs jours. A cette époque le valet de chambre de service suivait la voiture à cheval. Un jour le premier consul, se rendant à Paris, s'aperçut, à cent pas du château, qu'il avait oublié sa tabatière ; il me dit d'aller la chercher. Je tournai bride, partis au galop, et ayant trouvé la tabatière sur le bureau du premier consul, je me remis du même pas sur sa trace. Il n'était qu'à Ruelle lorsque je rejoignis sa voiture. Mais au moment où j'allais l'atteindre, le pied de mon cheval glissa sur un caillou, il s'abattit et me jeta au loin dans un fossé. La chute fut rude, je restai étendu sur la place, une épaule démise et un bras fortement froissé. Le premier consul fit aussitôt arrêter ses chevaux, donna lui-même les ordres nécessaires pour me faire relever, et indiqua les soins qu'il fallait me donner dans ma position ; je fus transporté, en sa présence, à la caserne de Ruelle, et il voulut, avant de continuer sa route, s'assurer si mon état n'offrait point de danger. Le médecin de la maison fut appelé à Ruelle, où il me remit l'épaule et pansa le bras. De là je fus porté, le plus doucement possible, à la Malmaison. L'excellente madame Bonaparte eut la bonté de venir me voir, et elle me fit prodiguer tous les soins imaginables.

Le jour où je repris mon service, après mon rétablissement, j'étais dans l'antichambre du premier consul, au moment où il sortit de son cabinet. Il vint à moi et me demanda avec intérêt de mes nouvelles. Je lui répondis que, grâce aux soins que mes excellens maîtres m'avaient fait donner, j'étais complétement rétabli. « Allons, tant mieux, me » dit le premier consul. Constant, dépêchez-vous » de reprendre vos anciennes forces. Continuez à » bien me servir, et j'aurai soin de vous. Tenez, » ajouta-t-il en me mettant dans la main trois petits » papiers chiffonnés, voilà pour monter votre garde-» robe ; » et il passa, sans écouter tous les remerciemens que je lui adressais avec beaucoup d'émotion, beaucoup plus pourtant pour sa bienveillance et l'intérêt qu'il avait daigné me témoigner, que pour son présent ; car je ne savais pas en quoi il consistait. Lorsqu'il se fut éloigné, je déroulai mes *chiffons;* c'étaient trois billets de banque, chacun de mille francs! Je fus touché jusqu'aux larmes d'une bonté si parfaite. Il faut se rappeler qu'à cette époque le premier consul n'était pas riche, quoiqu'il fût le premier magistrat de la république. Aussi le souvenir de ce trait généreux me remue profondément encore aujourd'hui. Je ne sais si l'on trouvera bien intéressant des détails qui me sont si personnels ; mais ils me paraissent propres à faire connaître le caractère de l'empereur si outrageusement méconnu, et ses manières habituelles avec les gens de sa maison ; ils feront juger en même temps si la sévère économie qu'il exigeait dans son intérieur, et dont j'aurai lieu moi-même de parler ailleurs, était, comme on l'a dit, une sordide avarice, ou si elle n'était pas plutôt une règle de prudence dont il s'écartait volontiers quand sa bonté ou son humanité l'y poussait.

Je ne sais si ma mémoire ne me trompe pas en me faisant placer ici une circonstance qui prouve l'estime que le premier consul avait pour les braves de son armée, et qu'il aimait à leur témoigner en toute occasion. J'étais un jour dans la chambre à coucher, à l'heure ordinaire de sa toilette, et je remplissais même ce jour-là l'office de premier valet de chambre, Hambart étant pour le moment absent ou incommodé. Il n'y avait dans l'appartement, outre le service, que le brave et modeste colonel Gérard Lacuée, un des aides-de-camp du premier consul. M. Jérôme Bonaparte, alors à peine âgé de dix-sept ans, fut introduit Ce jeune homme donnait à sa famille de fréquens sujets de plainte, et ne craignait que son frère Napoléon, qui le réprimandait, le sermonait et le grondait comme s'il eût été son fils. Il s'agissait à cette époque d'en faire un marin, moins pour lui faire une carrière que pour l'éloigner des tentations séduisantes que la haute fortune de son frère faisait sans cesse naître sous ses pas, et auxquelles il était bien loin de résister. On conçoit qu'il lui en coûtât de renoncer à des plaisirs assez faciles et si enivrans pour un jeune homme; aussi ne manquait-il pas de protester, en toute occasion, de son peu d'aptitude au service de mer, jusque là, dit-on, qu'il se laissa refuser comme incapable par les examinateurs de la marine, quoiqu'il lui eût été aisé, avec un peu de travail et de bonne volonté, de répondre à leurs questions. Cependant il fallut que la volonté du premier consul s'exécutât, et M. Jérôme fut contraint de s'embarquer. Le jour dont je parle, après quelques minutes de conversation et de gronderie, toujours au sujet de la marine, M. Jérôme ayant dit à son frère : « Au lieu de m'envoyer périr d'ennui en mer, » vous devriez bien me prendre pour aide-de-» camp. — Vous, *blanc-bec!* répondit vivement » le premier consul; attendez qu'une balle vous

» ait labouré le visage, et alors nous verrons; » et en même temps il lui montrait du regard le colonel Lacuée, qui rougit et baissa les yeux comme une jeune fille. Il faut savoir, pour comprendre ce que cette réponse avait de flatteur pour lui, qu'il portait au visage la cicatrice d'une balle. Ce brave colonel fut tué en 1805, devant Guntzbourg. L'empereur le regretta vivement. C'était un des officiers les plus intrépides et les plus instruits de l'armée.

Ce fut, je crois, vers cette époque, que le premier consul s'éprit d'une forte passion pour une jeune dame pleine d'esprit et de grâces, madame D..... Madame Bonaparte, soupçonnant cette intrigue, en témoigna de la jalousie, et son époux faisait tout ce qu'il pouvait pour calmer ses défiances conjugales. Il attendait, pour se rendre chez sa maîtresse, que tout fût endormi au château, et poussait même la précaution jusqu'à faire le trajet qui séparait les deux appartemens, avec un pantalon de nuit, sans souliers ni pantoufles. Je vis une fois le jour poindre, sans qu'il fût de retour, et craignant du scandale, j'allai, d'après l'ordre que le premier consul m'en avait donné lui-même, si le cas arrivait, avertir la femme de chambre de Madame D......., pour que, de son côté, elle allât dire à sa maîtresse l'heure qu'il était. Il y avait à peine cinq minutes que ce prudent avis avait été donné, lorsque je vis revenir le premier consul dans une assez grande agitation, dont je connus bientôt la cause : il avait aperçu à son retour une femme de madame Bonaparte, qui le guettait au travers d'une croisée d'un cabinet donnant sur le corridor. Le premier consul, après une vigoureuse sortie contre la curiosité du beau sexe, m'envoya vers la jeune *éclaireuse* du camp ennemi, pour lui intimer l'ordre de se taire, si elle ne voulait point être chassée, et de ne pas recommencer à l'avenir. Je ne sais s'il n'ajouta point à ces terribles menaces un argument plus doux pour *acheter* le silence de la curieuse; mais crainte ou gratification, elle eut le bon esprit de se taire. Toutefois l'amant heureux, craignant quelque nouvelle surprise, me chargea de louer, dans l'allée des Veuves, une petite maison, où Madame D.... et lui se réunissaient de temps en temps.

Tels étaient et tels furent toujours les procédés du premier consul pour sa femme. Il était plein d'égards pour elle, et prenait tous les soins imaginables afin d'empêcher les infidélités qu'il lui faisait d'arriver à sa connaissance; d'ailleurs, ces infidélités passagères ne lui ôtaient rien de la tendresse qu'il lui portait, et quoique d'autres femmes lui aient inspiré de l'amour, aucune n'a eu sa confiance et son amitié au même point que madame

Bonaparte. Il en est de la dureté de l'empereur et de sa brutalité avec les femmes comme des mille et une calomnies dont il a été l'objet. Il n'était pas toujours galant, mais jamais on ne l'a vu grossier; et quelque singulière que puisse paraître cette observation, après ce que je viens de raconter, il professait la plus grande vénération pour une femme de bonne conduite, faisait cas des bons ménages, et n'aimait le cynisme ni dans les mœurs ni dans le langage. Quand il a eu quelques liaisons illégitimes, il n'a pas tenu à lui qu'elles ne fussent secrètes et cachées avec soin.

CHAPITRE VI.

La machine infernale. — Le plus invalide des architectes. — L'heureux hasard. — Précipitation et retard également salutaires. — Hortense légèrement blessée. — Frayeur de madame Murat, et suites obligeantes. — Le cocher Germain. — D'où lui venait le nom de César. — Inexactitudes à son sujet. — Repas offert par cinq cents cochers de fiacre. — L'auteur à Feydeau, pendant l'explosion. — Frayeur. — Course sans chapeau. — Les factionnaires inflexibles. — Le premier consul rentre aux Tuileries. — Paroles du premier consul à Constant. — La garde consulaire. — La maison du premier consul mise en état de surveillance. — Fidélité à toute épreuve. — Les jacobins innocens et les royalistes coupables. — Grande revue. — Joie des soldats et du peuple. — La paix universelle. — Réjouissances publiques et fêtes improvisées. — Réception du corps diplomatique et de lord Cornwallis. — Luxe militaire. — Le diamant *le Régent.*

LE 3 nivôse an IX (21 décembre 1800), l'Opéra donnait, *par ordre*, *la Création* de Haydn, et le premier consul avait annoncé qu'il irait entendre, avec toute sa famille, ce magnifique oratorio. Il dîna ce jour-là avec madame Bonaparte, sa fille, et les généraux Rapp, Lauriston, Lannes et Berthier. Je me trouvai précisément de service; mais le premier consul allant à l'Opéra, je pensai que ma présence serait superflue au château, et je résolus d'aller de mon côté à Feydeau, dans la loge que madame Bonaparte nous accordait, et qui était placée sous la sienne. Après le dîner, que le premier consul expédia avec sa promptitude ordinaire, il se leva de table, suivi de ses officiers, excepté le général Rapp, qui resta avec mesdames Joséphine et Hortense. Sur les sept heures environ, le premier consul monta en voiture avec MM. Lannes, Berthier et Lauriston, pour se rendre à l'Opéra; arrivé au milieu de la rue Saint-Nicaise, le piquet qui précédait la voiture trouva le chemin barré par une charrette qui paraissait abandonnée, et sur laquelle un tonneau était fortement attaché avec des cordes; le chef de l'escorte fit ranger cette charrette le long des maisons, à droite, et le cocher du premier consul, que ce petit retard avait impatienté, poussa vigoureusement ses chevaux, qui partirent comme l'éclair. Il n'y avait pas deux secondes qu'ils étaient passés, lorsque le baril que portait la charrette éclata avec une explosion épouvantable. Des personnes de l'escorte et de la suite du premier consul, aucune ne fut tuée, mais plusieurs reçurent des blessures. Le sort de ceux qui, résidant ou passant dans la rue, se trouvèrent près de l'horrible machine, fut beaucoup plus triste encore; il en périt plus de vingt, et plus de soixante furent grièvement blessés. M. Trepsat, architecte, eut une cuisse cassée; le premier consul, par la suite, le décora et le fit architecte des Invalides, en lui disant qu'il y avait assez long-temps qu'il était le plus invalide des architectes. Tous les carreaux de vitre des Tuileries furent cassés; plusieurs maisons* s'écroulèrent; toutes celles de la rue Saint-Nicaise et même quelques-unes des rues ad-

---

* Le préfet de police adressa aux consuls un rapport dans lequel, après avoir raconté les détails de cet événement affreux, il donnait la liste des morts et celle des blessés. La première était de huit individus; la seconde de vingt-huit.

« Quarante-six maisons, ajoute le rapport, sont extrême-
» ment endommagées.
» Le dégât des immeubles est estimé à la somme de 40,845
» francs.
» Celui des meubles à celle de 123,645 francs.
» Les maisons nationales ne sont point comprises dans cette
» estimation.
» Le cheval, les débris de la voiture et quelques parties des
» tonneaux ont été apportés à la préfecture.

jacentes furent fortement endommagées. Quelques débris volèrent jusque dans l'hôtel du consul Cambacérès. Les glaces de la voiture du premier consul tombèrent par morceaux.

Par le plus heureux hasard, les voitures de suite, qui devaient être immédiatement derrière celle du premier consul, se trouvaient assez loin en arrière, et voici pourquoi : madame Bonaparte, après le dîner, se fit apporter un schall pour aller à l'Opéra ; lorsqu'on le lui présentait, le général Rapp en critiqua gaiement la couleur et l'engagea à en choisir un autre. Madame Bonaparte défendit son schall, et dit au général qu'il se connaissait autant à attaquer une toilette qu'elle-même à attaquer

» Ces débris ont été scrupuleusement recueillis. L'on a pris
» avec le plus grand soin le signalement du cheval. »

M. Dubois avait cru devoir terminer son rapport par un compliment au premier consul, dans lequel il y a pourtant quelque chose de vrai : c'est que l'attentat du 3 nivose avait redoublé l'attachement des Français pour le chef de l'état. Voici l'avant-dernière phrase du rapport :

« Dès les premiers momens de l'explosion, on a fait une en-
» quête sur les lieux mêmes. Des déclarations furent reçues ; et
» au milieu des cris que la douleur arrachait aux malheureuses
» victimes du plus atroce des attentats, le cœur put encore
» éprouver une sensation agréable : ces infortunés s'oubliaient
» pour ne penser qu'au premier consul : c'était pour lui qu'ils
» demandaient vengeance. »

une redoute; cette discussion amicale continua quelque temps sur le même ton. Dans cet intervalle, le premier consul, qui n'attendait jamais, partit en avant, et les misérables assassins, auteurs du complot, mirent le feu à leur machine infernale. Que le cocher du premier consul eût été moins pressé et qu'il eût seulement tardé de deux secondes, c'en était fait de son maître; qu'au contraire madame Bonaparte se fut hâtée de suivre son époux, c'en était fait d'elle et de toute sa suite; ce fut en effet ce retard d'un instant qui lui sauva la vie ainsi qu'à sa fille, à sa belle-sœur madame Murat, et à toutes les personnes qui devaient les accompagner. La voiture où se trouvaient ces dames, au lieu d'être à la file de celle du premier consul, débouchait de la place du Carrousel, au moment où sauta la machine; les glaces en furent aussi brisées. Madame Bonaparte n'eut rien qu'une grande frayeur; mademoiselle Hortense fut légèrement blessée au visage, par un éclat de glace; madame Caroline Murat, qui se trouvait alors fort avancée dans sa grossesse, fut frappée d'une telle peur, qu'on fut obligé de la ramener au château; cette catastrophe influa même beaucoup sur la santé de l'enfant qu'elle portait dans son sein. On m'a dit que le prince Achille Murat est sujet encore aujourd'hui à de fréquentes attaques d'épilepsie. On sait que le premier consul poussa jusqu'à l'Opéra, où il fut reçu avec d'inexprimables acclamations, et que le calme peint sur sa physionomie contrastait fortement avec la pâleur et l'agitation de madame Bonaparte, qui avait tremblé non pas pour elle, mais pour lui.

Le cocher qui conduisit si heureusement le premier consul s'appelait Germain; il l'avait suivi en Egypte, et dans une échauffourée il avait tué de sa main un Arabe, sous les yeux du général en chef, qui, émerveillé de son courage, s'était écrié : « Diable, voilà un brave! c'est un César. » Le nom lui en était resté. On a prétendu que ce brave homme était ivre lors de l'explosion; c'est une erreur, que son adresse même dans cette circonstance dément d'une manière positive. Lorsque le premier consul, devenu empereur, sortait incognito dans Paris, c'était César qui conduisait, mais sans livrée. On trouve dans le *Mémorial de Sainte-Hélène* que l'empereur, parlant de César, dit qu'il était dans un état complet d'ivresse; qu'il avait pris la détonation pour un salut d'artillerie, et qu'il ne sut que le lendemain ce qui s'était passé. Tout cela est inexact, et l'empereur avait été mal informé sur le compte de son cocher. César mena très-vivement le premier consul, parce que celui-ci le lui avait recommandé, et parce qu'il avait cru, de son côté, son honneur intéressé à ne point être mis en retard par l'obstacle que la machine infernale lui avait opposé avant l'explosion. Le soir de l'événement, je vis César, qui était parfaitement *récent* et qui me raconta lui-même une partie des détails que je viens de donner. Quelques jours après, quatre ou cinq cents cochers de fiacre de Paris se cotisèrent pour le fêter, et lui offrirent un magnifique dîner, à 24 fr. par tête.

Pendant que l'infernal complot s'exécutait et coûtait la vie à un si grand nombre de citoyens innocens, sans toutefois atteindre le but que les assassins s'étaient proposé, j'étais, comme je l'ai dit, au théâtre Feydeau, où je me préparais à savourer à loisir toute une soirée de liberté et le plaisir du spectacle, pour lequel j'ai eu toute ma vie une véritable passion; mais à peine m'étais-je installé carrément dans la loge, que tout à coup l'ouvreuse entra précipitamment et dans le plus grand désordre : « Monsieur Constant, s'écria-t-elle, on dit qu'on » vient de faire sauter le premier consul; tout le » monde a entendu un bruit épouvantable; on as- » sure qu'il est mort. » Ces terribles mots sont pour moi comme un coup de foudre; ne sachant plus ce que je faisais, je me précipite dans l'escalier, et sans songer à prendre mon chapeau, je cours comme un fou vers le château. En traversant ainsi la rue Vivienne et le Palais-Royal, je n'y vis aucun mouvement extraordinaire; mais dans la rue Saint-Honoré le tumulte était extrême; je vis emporter sur des brancards quelques morts et quelques blessés que l'on avait d'abord retirés dans les maisons voisines de la rue Saint-Nicaise; mille groupes s'étaient formés; et il n'y avait qu'une voix pour maudire les auteurs encore inconnus de cet exécrable attentat. Mais les uns en accusaient les jacobins, qui, trois mois auparavant, avaient mis le poignard aux mains de Ceracchi, d'Aréna et de Topino-Lebrun; tandis que les autres, moins nombreux pourtant, nommaient les aristocrates, les royalistes comme seuls coupables de cette atrocité. Je n'eus pour prêter l'oreille à ces accusations diverses que le temps nécessaire pour percer une foule immense et serrée; dès que je le pus, je repris ma course, et en deux secondes je fus au Carrousel. Je m'élance au guichet, mais au même instant les deux factionnaires croisent la baïonnette sur ma poitrine. J'ai beau leur crier que je suis valet de chambre du premier consul, ma tête nue, mon air effaré, le désordre de toute ma personne et de mes idées, leur semblent suspects, et ils me refusent obstinément et fort énergiquement l'entrée; je les prie alors de faire demander le concierge du château; il arrive et je suis introduit, ou plutôt je

me précipite dans le château, où j'apprends ce qui venait de se passer. Peu de temps après, le premier consul arriva, et il fut aussitôt entouré de tous ses officiers, de toute sa maison; il n'y avait âme présente qui ne fût dans la plus grande anxiété. Lorsque le premier consul descendit de voiture, il paraissait fort calme et souriait; il avait même comme de la gaieté. En entrant dans le vestibule, il dit à ses officiers, en se frottant les mains : « Eh bien, Mes-
» sieurs, nous l'avons échappé belle! » Ceux-ci frémissaient d'indignation et de colère. Il entra ensuite dans le grand salon du rez-de-chaussée, où grand nombre de conseillers d'état et de fonctionnaires s'étaient déjà rassemblés; à peine avaient-ils commencé à lui adresser leur félicitations, qu'il prit la parole et sur un ton si éclatant, qu'on entendait sa voix hors du salon. On nous dit après ce conseil qu'il avait eu une vive altercation avec M. Fouché, ministre de la police, à qui il avait reproché son ignorance du complot, et qu'il avait hautement accusé les jacobins d'en être les auteurs.

Le soir, à son coucher, le premier consul me demanda en riant si j'avais eu peur. « Plus que vous,
» mon général, » lui répondis-je; et je lui contai comment j'avais appris la fatale nouvelle à Feydeau, et comme quoi j'avais couru sans chapeau

jusqu'au guichet du Carrousel, où les factionnaires avaient voulu s'opposer à mon passage. Il s'amusa des jurons et des épithètes peu flatteuses dont je lui dis qu'ils avaient accompagné leur défense, et finit par me dire : « Après tout, mon cher Con- » stant, il ne faut pas leur en vouloir, ils ne faisaient » qu'exécuter leur consigne. Ce sont de braves gens, » et sur lesquels je puis compter. » Le fait est que la garde consulaire n'était pas moins dévouée à cette époque qu'elle ne l'a été depuis en recevant le nom de garde impériale. Au premier bruit du danger qu'avait couru le premier consul, tous les soldats de cette fidèle milice s'étaient spontanément réunis dans la cour des Tuileries.

Après cette funeste catastrophe, qui porta l'inquiétude dans toute la France et le deuil parmi tant de familles, toutes les polices furent activement employées à la recherche des auteurs du complot. La maison du premier consul fut tout d'abord mise en état de surveillance. Nous étions sans cesse espionnés, sans nous en douter. On savait toutes nos démarches, toutes nos visites, toutes nos allées et venues. On connaissait nos amis, nos liaisons, et on ne manquait pas d'avoir aussi l'œil ouvert sur eux. Mais tel était le dévouement de tous et de chacun à la personne du premier consul, telle était l'affection qu'il savait inspirer à ses entours, que nulle des personnes attachées à son service ne fut même un instant soupçonnée d'avoir trempé dans cet infâme attentat. Ni alors, ni dans aucune autre affaire de ce genre, les gens de sa maison ne se trouvèrent compromis, et jamais le nom du moindre des serviteurs de l'empereur ne s'est trouvé mêlé à des trames criminelles contre une vie si chère et si glorieuse.

Le ministre de la police soupçonnait les royalistes de cet attentat. Le premier consul n'en chargeait que la conscience des jacobins, déjà lourde, il faut l'avouer, de crimes aussi odieux. Cent trente des hommes les plus marquans de ce parti furent déportés sur de simples soupçons et sans forme de procédure. On sait que la découverte, le procès et l'exécution de Saint-Régent et Carbon, les vrais coupables, prouva que les conjectures du ministre étaient plus justes que celles du chef de l'état.

Le 4 nivôse, à midi, le premier consul passa une grande revue sur la place du Carrousel. Une foule innombrable de citoyens s'y étaient réunis pour le voir et lui témoigner leur affection pour sa personne et leur indignation contre des ennemis qui n'osaient l'attaquer que par des assassinats. A peine eut-il commencé à diriger son cheval vers la première ligne des grenadiers de la garde consulaire, que d'innombrables acclamations s'élevèrent de toutes parts. Il parcourut les rangs au pas et très-lentement, se montrant fort sensible et répondant par quelques saluts simples et affectueux à cette effusion de la joie populaire. Les cris de *vive Bonaparte! vive le premier consul!* ne cessèrent qu'après qu'il eut remonté dans ses appartemens.

Les conspirateurs qui s'obstinaient avec tant d'acharnement à attaquer les jours du premier consul n'auraient pu choisir une époque où les circonstances eussent été plus contraires à leurs projets qu'en 1800 et 1801 ; car alors on aimait le premier consul non-seulement pour ses hauts faits militaires, mais encore et surtout pour les espérances de paix qu'il donnait à la France. Ces espérances furent bientôt réalisées. Au premier bruit qui se répandit que la paix avait été conclue avec l'Autriche, la plupart des habitans de Paris se rendirent sous les fenêtres du pavillon de Flore. Des bénédictions, des cris de reconnaissance et de joie se firent entendre ; puis des musiciens rassemblés pour donner une sérénade au chef de l'état finirent par se former en orchestres, et les danses durèrent toute la nuit. Je n'ai rien vu de plus singulier ni de plus gai que le coup d'œil de cette fête improvisée.

Lorsque, au mois d'octobre, la paix d'Amiens ayant été conclue avec l'Angleterre, la France se trouva délivrée de toutes les guerres qu'elle soutenait depuis tant d'années et au prix de tant de sacrifices, on ne saurait se faire une idée des transports qui éclatèrent de toutes parts. Les décrets qui ordonnaient soit le désarmement des vaisseaux de guerre, soit l'organisation des places fortes sur le pied de paix, étaient accueillis comme des gages de bonheur et de sécurité. Le jour de la réception de lord Cornwallis, ambassadeur d'Angleterre, le premier consul déploya la plus grande pompe. « Il faut, » avait-il dit la veille, montrer à ces orgueilleux Bre- » tons que nous ne sommes pas réduits à la besace.» Le fait est que les Anglais, avant de mettre le pied sur le continent français, s'étaient attendus à ne trouver partout que ruines, disette et misère. On leur avait peint la France entière sous le jour le plus triste, et ils s'étaient crus au moment de débarquer en Barbarie. Leur surprise fut extrême quand ils virent combien de maux le premier consul avait déjà réparés en si peu de temps, et toutes les améliorations qu'il se proposait d'opérer encore. Ils répandirent dans leur pays le bruit de ce qu'ils appelaient eux-mêmes les prodiges du premier consul, et des milliers de leurs compatriotes s'empressèrent de venir en juger par leurs propres yeux. Au moment où lord Cornwallis entra dans la grande salle des ambassadeurs, avec les personnes de sa suite, la vue de tous ces Anglais dut être frappée de l'aspect du premier consul, entouré de ses deux collègues, de tout le corps diplomatique et d'une cour militaire déjà brillante. Au milieu de tous ces riches uniformes, le sien était remarquable par sa simplicité; mais le diamant appelé *le Régent*, qui avait été mis en gage sous le directoire, et depuis quelques jours dégagé par le premier consul, étincelait à la garde de son épée.

CHAPITRE VII.

Le roi d'Etrurie. — Madame de Montesson. — Le monarque peu travailleur. — Conversation à son sujet entre le premier et le second consul. — Un mot sur le retour des Bourbons. — Intelligence et conversation de don Louis. — Traits singuliers d'économie. — Présent de cent mille écus et gratification royale de *six francs*. — Dureté de don Louis envers ses gens. — Hauteur vis-à-vis d'un diplomate, et dégoût des occupations sérieuses. — Le roi d'Etrurie installé par le futur roi de Naples. — La reine d'Etrurie. — Son peu de goût pour la toilette. — Son bon sens. — Sa bonté. — Sa fidélité à remplir ses devoirs. — Fêtes magnifiques chez M. de Talleyrand. — Chez madame de Montesson. — A l'hôtel du ministre de l'intérieur, le jour anniversaire de la bataille de Marengo. — Départ de Leurs Majestés.

Au mois de mai 1801 arriva à Paris, pour de là se rendre dans son nouveau royaume, le prince de

Toscane, don Louis Ier, que le premier consul venait de faire roi d'Etrurie. Il voyageait sous le nom de comte de Livourne, avec son épouse l'infante d'Espagne Marie-Louise, troisième fille de Charles IV. Malgré l'incognito que, d'après le titre modeste qu'il avait pris, il paraissait vouloir garder, peut-être à cause du peu d'éclat de sa petite cour, il fut aux Tuileries accueilli et traité en roi. Ce prince était d'une assez faible santé, et tombait, dit-on, du haut-mal. On l'avait logé à l'hôtel de l'ambassade d'Espagne, ancien hôtel Montesson, et il avait prié madame de Montesson, qui habitait l'hôtel voisin, de lui permettre de faire rétablir une communication condamnée depuis longtemps. Il se plaisait beaucoup, ainsi que la reine d'Etrurie, dans la société de cette dame, veuve du duc d'Orléans, et y passait presque tous les jours plusieurs heures de suite. Bourbon lui-même, il aimait sans doute à entendre tous les détails que pouvait lui donner sur les Bourbons de France une personne qui avait vécu à leur cour et dans l'intimité de leur famille, à laquelle elle tenait même par des liens qui, pour n'être point officiellement reconnus, n'en étaient pas moins légitimes et avoués. Madame Montesson recevait chez elle tout ce qu'il y avait de plus distingué à Paris. Elle avait réuni les débris des sociétés les plus recherchées autrefois, et que la révolution avait dispersées. Amie de madame Bonaparte, elle était aimée et vénérée par le premier consul, qui désirait que l'on pensât et que l'on dît du bien de lui dans le salon le plus noble et le plus élégant de la capitale. D'ailleurs il comptait sur les souvenirs et sur le ton exquis de cette dame pour établir dans son palais et dans sa société, dont il songeait dès lors à faire *une cour*, les usages et l'étiquette pratiqués chez les souverains.

Le roi d'Etrurie n'était pas un grand travailleur, et, sous ce rapport, il ne plaisait guère au premier consul, qui ne pouvait souffrir le désœuvrement. Je l'entendis un jour, dans une conversation avec son collègue M. Cambacérès, traiter fort sévèrement son royal protégé (absent, cela va sans dire). « Voilà un bon prince, disait-il, qui ne
» prend pas grand souci de ses très-chers et amés
» sujets. Il passe son temps à caqueter avec de
» vieilles femmes, à qui il dit tout haut beaucoup
» de bien de moi, tandis qu'il gémit tout bas de
» devoir son élévation au chef de cette maudite
» république française. Cela ne s'occupe que de
» promenades, de chasse, de bals et de spectacles.
« — On prétend, observa M. Cambacérès, que
» vous avez voulu dégoûter les Français des rois
» en leur en montrant un tel échantillon, comme

» les Spartiates dégoûtaient leurs enfans de l'ivro-
» gnerie en leur faisant voir un esclave ivre. —
» Non pas, non pas, mon cher, repartit le pre-
» mier consul; je n'ai point envie qu'on se dégoûte
» de la royauté; mais le séjour de sa majesté le
» roi d'Etrurie contrariera ce bon nombre d'hon-
» nêtes gens qui travaillent à faire revenir le goût
» des Bourb ns. »

Don Louis ne méritait peut-être pas d'être traité avec tant de rigueur, quoiqu'il fût, il faut en convenir, doué de peu d'esprit, moins encore d'agrémens. Lorsqu'il dînait aux Tuileries, il ne répondait qu'avec embarras aux questions les plus simples que lui adressait le premier consul; hors la pluie et le beau temps, les chevaux, les chiens et autres sujets d'entretien de cette force, il n'était rien sur quoi il pût donner une réponse satisfaisante. La reine sa femme lui faisait souvent des signes pour le mettre sur la bonne voie, et lui soufflait même ce qu'il aurait dû dire ou faire; mais cela ne faisait que rendre plus choquant son défaut absolu de présence d'esprit. On s'égayait assez généralement à ses dépens, mais on avait soin pourtant de ne pas le faire en présence dn premier consul, qui n'aurait point souffert que l'on manquât d'égards vis-à-vis d'un hôte à qui lui-même il en témoignait beaucoup. Ce qui donnait le plus matière aux plaisanteries dont le prince était l'objet, c'était son excessive économie; elle allait à un point véritablement inimaginable; on en citait mille traits, dont voici peut-être le plus curieux.

Le premier consul lui envoya plusieurs fois, durant son séjour, de magnifiques présens, des tapis de la Savonnerie, des étoffes de Lyon, des porcelaines de Sèvres; dans de telles occasions, Sa Majesté ne refusait rien, sinon de donner quelque légère gratification aux porteurs de tous ces objets précieux. On lui apporta, un jour, un vase du plus grand prix (il coûtait, je crois, cent mille écus); il fallut douze ouvriers pour le placer dans l'appartement du roi. Leur besogne finie, les ouvriers attendaient que Sa Majesté leur fît témoigner sa satisfaction, et ils se flattaient de lui voir déployer une générosité vraiment royale. Cependant le temps s'écoule, et ils ne voient point arriver la récompense espérée. Enfin ils s'adressent à un de messieurs les chambellans, et le prient de mettre leur juste réclamation aux pieds du roi d'Etrurie. Sa Majesté, qui n'avait pas encore cessé de s'extasier sur la beauté du cadeau et sur la magnificence du premier consul, fut on ne peut plus surprise d'une pareille demande. C'était un présent, disait-elle; donc elle avait à recevoir et non à donner. Ce ne fut qu'après bien des instances que le chambellan obtint pour chacun des ouvriers un écu de six francs, que ces braves gens refusèrent.

Les personnes de la suite du prince prétendaient qu'à cette aversion outrée pour la dépense il joignait une extrême sévérité à leur égard. Toutefois la première de ces deux dispositions portait probablement les gens du roi d'Etrurie à exagérer la seconde. Les maîtres par trop économes ne manquent jamais d'être jugés sévères, et en même temps sévèrement jugés, par leurs serviteurs. C'est peut-être (soit dit en passant) d'après quelque jugement de ce genre que s'est accrédité parmi de certaines personnes le bruit calomnieux qui représentait l'empereur comme pris souvent d'humeur de battre; et pourtant l'économie de l'empereur Napoléon n'était que l'amour de l'ordre le plus parfait dans les dépenses de sa maison. Ce qu'il y a de certain pour S. M. le roi d'Etrurie, c'est qu'il ne sentait pas au fond tout l'enthousiasme ni toute la reconnaissance qu'il témoignait au premier consul. Celui-ci en eut plus d'une preuve; voilà pour la sincérité. Quant au talent de gouverner et de régner, le premier consul dit à son lever à M. Cambacérès, dans ce même entretien dont j'ai tout à l'heure rapporté quelques mots, que l'ambassadeur d'Espagne se plaignait de la hauteur du prince à son égard, de sa complète ignorance, et du dégoût que lui inspirait toute espèce d'occupation sérieuse. Tel était le roi qui allait gouverner une partie de l'Italie. Ce fut le général Murat qui l'installa dans son royaume, sans se douter, selon toute apparence, qu'un trône lui était réservé, à lui-même, à quelques lieues de celui sur lequel il faisait asseoir don Louis.

La reine d'Etrurie était, au jugement du premier consul, plus fine et plus avisée que son auguste époux. Cette princesse ne brillait ni par la grâce ni par l'élégance; elle se faisait habiller dès le matin pour toute la journée, et se promenait dans son jardin, un diadème ou des fleurs sur la tête, et en robe à queue dont elle balayait le sable des allées. Le plus souvent aussi elle portait dans ses bras un de ses enfans encore dans les langes, et qui était sujet à tous les inconvéniens d'un maillot. On conçoit que, lorsque venait le soir, la toilette de sa majesté était un peu dérangée. De plus, elle était loin d'être jolie, et n'avait pas les manières qui convenaient à son rang. Mais, ce qui certainement faisait plus que compensation à tout cela, elle était très-bonne, très-aimée de ses gens, et remplissait avec scrupule tous ses devoirs d'épouse et de mère; aussi le premier consul, qui faisait si grand cas des vertus domestiques, professait-il pour elle la plus haute et la plus sincère estime.

Durant tout le mois que leurs majestés séjournèrent à Paris, ce ne fut qu'une suite de fêtes. M. de Talleyrand leur en offrit une à Neuilly d'une richesse et d'une splendeur admirables. J'étais de service, et j'y suivis le premier consul. Le château et le parc étaient illuminés d'une brillante profusion de verres de couleur. Il y eut d'abord un concert, à la fin duquel le fond de la salle fut enlevé comme un rideau de théâtre, et laissa voir la principale place de Florence, le palais ducal, une fontaine d'eau jaillissante, et des Toscans se livrant aux jeux et aux danses de leur pays, et chantant des couplets en l'honneur de leurs souverains. M. de Talleyrand vint prier leurs majestés de daigner se mêler à leurs sujets; et à peine eurent-elles mis le pied dans le jardin qu'elles se trouvèrent comme dans un lieu de féerie: les bombes lumineuses, les fusées, les feux du Bengale éclatèrent en tous sens et sous toutes les formes; des colonnades des arcs de triomphe et des palais de flammes s'élevaient, s'éclipsaient et se succédaient sans relâche. Plusieurs tables furent servies dans les appartemens, dans les jardins, et tous les spectateurs purent successivement s'y asseoir. Enfin un bal magnifique couronna dignement cette soirée d'enchantemens ; il fut ouvert par le roi d'Etrurie et madame Leclerc (Pauline Borghèse).

Madame de Montesson offrit aussi à leurs majestés un bal auquel assista toute la famille du premier consul. Mais de tous ces divertissemens celui dont j'ai le mieux gardé souvenir est la soirée véritablement merveilleuse que donna M. Chaptal, ministre de l'intérieur. Le jour qu'il choisit était le 14 juin, anniversaire de la bataille de Marengo. Après le concert, le spectacle, le bal, et une nouvelle représentation de la ville et des habitans de Florence, un splendide souper fut servi dans le jardin, sous des tentes militaires, décorées de drapeaux, de faisceaux d'armes et de trophées. Chaque dame était accompagnée et servie à table par un officier en uniforme. Lorsque le roi et la reine d'Etrurie sortirent de leur tente, un ballon fut lancé, qui emporta dans les airs le nom de MARENGO en lettres de feu.

Leurs majestés voulurent visiter, avant de partir, les principaux établissemens publics. Elles allèrent au conservatoire de musique, à une séance de l'Institut, à laquelle elles n'eurent pas l'air de comprendre grand'chose, et à la Monnaie, où une médaille fut frappée en leur honneur. M. Chaptal reçut les remercîmens de la reine pour la manière dont il avait accueilli et traité les nobles hôtes, comme savant à l'Institut, comme ministre dans son hôtel, et dans les visites qu'ils avaient faites dans divers établissemens de la capitale. La veille de son départ, le roi eut un long entretien secret avec le premier consul. Je ne sais ce qui s'y passa; mais, en en sortant, ils n'avaient l'air satisfaits ni l'un ni l'autre. Toutefois leurs majestés durent emporter, au total, la plus favorable idée de l'accueil qui leur avait été fait.

CHAPITRE VIII.

Passion d'un fou pour mademoiselle Hortense de Beauharnais. — Mariage de M. Louis Bonaparte et d'Hortense. — Chagrins. — Caractère de M. Louis. — Atroce calomnie contre l'empereur et sa belle-fille. — Penchant d'Hortense avant son mariage. — Le général Duroc épouse mademoiselle Hervas d'Alménara. — Portrait de cette dame. — Le piano brisé et la montre mise en pièces. — Mariage et tristesse. — Infortunes d'Hortense, avant, pendant et après ses grandeurs. — Voyage du premier consul à Lyon. — Fêtes et félicitations. — Les Soldats d'Egypte. — Le légat du pape. — Les députés de la consulte. — Mort de l'archevêque de Milan. — Couplets de circonstance. — Les poëtes de l'empire. — Le premier consul et son maître d'écriture. — M. l'abbé Dupuis, bibliothécaire de la Malmaison.

Dans toutes les fêtes offertes par le premier consul à leurs majestés le roi et la reine d'Etrurie, mademoiselle Hortense avait brillé de cet éclat de jeunesse et de grâce qui faisaient d'elle l'orgueil de sa mère et le plus bel ornement de la cour naissante du premier consul.

Environ dans ce temps, elle inspira la plus violente passion à un monsieur d'une très-bonne famille, mais dont le cerveau était déjà, je crois, un peu dérangé, même avant qu'il se fût mis ce fol amour en tête. Ce malheureux rôdait sans cesse autour de la Malmaison; et dès que mademoiselle Hortense sortait, il courait à côté de la voiture, et, avec les plus vives démonstrations de tendresse, il jetait par la portière, des fleurs, des boucles de ses cheveux et des vers de sa composition. Lorsqu'il rencontrait mademoiselle Hortense à pied, il se jetait à genoux devant elle avec mille gestes passionnés, l'appelant des noms les plus touchans. Il la suivait, malgré tout le monde, jusque dans la cour du château, et se livrait à toutes ses folies. Dans le premier temps, mademoiselle Hortense, jeune et gaie comme elle l'était, s'amusa des simagrées de son adorateur. Elle lisait les vers qu'il lui adressait, et les donnait à lire aux dames qui l'accompagnaient. Une telle poésie était de nature à leur prêter à rire; aussi ne s'en faisaient-elles point faute; mais après ces premiers transports de gaîté, mademoiselle Hortense, bonne et charmante comme sa mère, ne manquait jamais de dire, d'un visage et d'un ton compatissant;

« Ce pauvre homme, il est bien à plaindre! » A la fin pourtant, les importunités du pauvre insensé se multiplièrent au point de devenir insupportables. Il se tenait, à Paris, à la porte des théâtres, quand mademoiselle Hortense devait s'y rendre, et se prosternait à ses pieds, suppliant, pleurant, riant et gesticulant tout à la fois. Ce spectacle amusait trop la foule pour continuer plus longtemps d'amuser mademoiselle de Beauharnais; Carrat fut chargé d'écarter le malheureux, qui fut mis, je crois, dans une maison de santé.

Mademoiselle Hortense eût été trop heureuse si elle n'avait connu l'amour que par les burlesques effets qu'il produisait sur une cervelle dérangée. Elle n'en voyait ainsi qu'un côté plaisant et comique. Mais le moment arriva où elle dut sentir tout ce qu'il y a de douloureux et d'amer dans les mécomptes de cette passion. En janvier 1802 elle fut mariée à M. Louis Bonaparte, frère du premier consul. Cette alliance était convenable sous le rapport de l'âge, M. Louis ayant à peine vingt-quatre ans, et mademoiselle de Beauharnais n'en ayant pas plus de dix-huit; et pourtant elle fut pour les deux époux la source de longs et interminables chagrins. M. Louis était pourtant bon et sensible, plein de bienveillance et d'esprit, studieux et ami des lettres, comme tous ses frères, hormis un seul;

mais il était d'une faible santé, souffrant presque sans relâche, et d'une disposition mélancolique. Les frères du premier consul avaient tous dans les traits plus ou moins de ressemblance avec lui, et M. Louis encore plus que les autres, surtout du temps du consulat, et avant que l'empereur Napoléon n'eût pris de l'embonpoint. Toutefois aucun des frères de l'empereur n'avait ce regard imposant et incisif, et ce geste rapide et impérieux qui lui venait d'abord de l'instinct et ensuite de l'habitude du commandement. M. Louis avait des goûts pacifiques et modestes. On a prétendu qu'il avait, à l'époque de son mariage, un vif attachement pour une personne dont on n'a pu découvrir le nom, qui, je crois, est encore un mystère. Mademoiselle Hortense était extrêmement jolie, d'une physionomie expressive et mobile. De plus elle était pleine de grâce, de talens et d'affabilité; bienveillante et aimable comme sa mère, elle n'avait pas cette excessive facilité, ou, pour tout dire, cette faiblesse de caractère qui nuisait parfois à madame Bonaparte. Voilà pourtant la femme que de mauvais bruits, semés par de misérables libellistes, ont si outrageusement calomniée! Le cœur se soulève de dégoût et d'indignation, lorsqu'on voit se débiter et se répandre des absurdités aussi révoltantes. S'il fallait en croire ces honnêtes inventeurs, le premier consul aurait séduit la fille de sa femme avant de la donner en mariage à son propre frère. Il n'y a qu'à énoncer un tel fait pour en faire comprendre toute la fausseté. J'ai connu mieux que personne les amours de l'empereur; dans ces sortes de liaisons clandestines, il craignait le scandale, haïssait les fanfaronnades de vice, et je puis affirmer sur l'honneur que jamais les désirs infâmes qu'on lui a prêtés n'ont germé dans son cœur. Comme tous ceux, et, parce qu'il connaissait plus intimement sa belle-fille, plus que tous ceux qui approchaient de mademoiselle de Beauharnais, il avait pour elle la plus tendre affection; mais ce sentiment était tout-à-fait paternel, et mademoiselle Hortense y répondait par cette crainte respectueuse qu'une fille bien née éprouve en présence de son père. Elle aurait obtenu de son beau-père tout ce qu'elle aurait voulu, si son extrême timidité ne l'eût empêchée de demander; mais, au lieu de s'adresser directement à lui, elle avait d'abord recours à l'intercession du secrétaire et des entours de l'empereur. Est-ce ainsi qu'elle s'y serait prise, si les mauvais bruits semés par ses ennemis et par ceux de l'empereur avaient eu le moindre fondement?

Avant ce mariage, mademoiselle Hortense avait de l'inclination pour le général Duroc, à peine âgé de trente ans, bien fait de sa personne, et favori du chef de l'état, qui le connaissant prudent et réservé, lui avait confié d'importantes missions diplomatiques. Aide-de-camp du premier consul, général de division et gouverneur des Tuileries, il vivait depuis long-temps dans la familiarité intime de la Malmaison et dans l'intérieur du premier consul. Pendant les absences qu'il était obligé de faire, il entretenait une correspondance suivie avec mademoiselle Hortense, et pourtant l'indifférence avec laquelle il laissa faire le mariage de celle-ci avec M. Louis prouve qu'il ne partageait que faiblement l'affection qu'il avait inspirée. Il est certain qu'il aurait eu pour femme mademoiselle de Beauharnais, s'il eût voulu accepter les conditions auxquelles le premier consul lui offrait la main de sa belle-fille ; mais il s'attendait à quelque chose de mieux, et sa prudence ordinaire lui manqua au moment où elle aurait dû lui montrer un avenir facile à prévoir, et fait pour combler les vœux d'une ambition même plus exaltée que la sienne. Il refusa donc nettement, et les instances de madame Bonaparte, qui déjà avaient ébranlé son mari, eurent décidemment le dessus. Madame Bonaparte, qui se voyait traitée avec fort peu d'amitié par les frères du premier consul, cherchait à se créer dans cette famille des appuis contre les orages que l'on amassait sans cesse contre elle pour lui ôter le cœur de son époux. C'était dans ce dessein qu'elle travaillait de toutes ses forces au mariage de sa fille avec un de ses beaux-frères.

Le général Duroc se repentit probablement par la suite de la précipitation de ses refus, lorsque les couronnes commencèrent à pleuvoir dans l'auguste famille à laquelle il avait été le maître de s'allier; lorsqu'il vit Naples, l'Espagne, la Westphalie, la Haute-Italie, les duchés de Parme, de Lucques, etc., devenir les apanages de la nouvelle dynastie impériale; lorsque la belle et gracieuse Hortense elle-même, qui l'avait tant aimé, monta à son tour sur un trône qu'elle aurait été si heureuse de partager avec l'objet de ses premières affections. Pour lui, il épousa mademoiselle Hervas d'Alménara, fille du banquier de la cour d'Espagne, petite femme très-brune, très-maigre, très-peu gracieuse; mais en revanche, de l'humeur la plus acariâtre, la plus hautaine, la plus exigeante, la plus capricieuse. Comme elle devait avoir en mariage une énorme dot, le premier consul la fit demander pour son premier aide-de-camp. Madame D.... s'oubliait, m'a-t-on dit, au point de battre ses gens et de s'emporter même de la façon la plus étrange contre des personnes qui n'étaient nullement dans sa dépendance. Lorsque M. Dubois venait accorder son piano, si malheureusement elle se trouvait présente, comme elle ne pouvait supporter le bruit qu'exigeait cette opération, elle chassait l'accordeur avec la plus grande violence. Elle brisa un jour, dans un de ces singuliers accès, toutes les touches de son instrument; une autre fois, M. Mugnier, horloger de l'empereur, et le premier de Paris dans son art, avec M. Bréguet, lui ayant apporté une montre d'un très-grand prix, que madame la duchesse de Frioul avait elle-même commandée, ce bijou ne lui plut pas, et, dans sa colère, en présence de M. Mugnier, elle jeta la montre sous ses pieds, se mit à danser dessus, et la réduisit en pièces. Jamais elle ne voulut l payer, et le maréchal se vit obligé d'en acquitter le prix. Ainsi le refus mal entendu du général Duroc, et les calculs peu désintéressés de madame Bonaparte causèrent le malheur de deux ménages.

Au reste le portrait que je viens de tracer et que je crois vrai, quoique peu flatté, n'est que celui d'une jeune femme gâtée comme une fille unique, vive comme une Espagnole et élevée avec indulgence et même avec cette négligence absolue qui nuisent à l'éducation de toutes les compatriotes de mademoiselle d'Alménara. Le temps a calmé cette vivacité de jeunesse, et madame la duchesse de Frioul a donné, depuis, l'exemple du dévouement le plus tendre à tous ses devoirs, et d'une grande force d'âme dans les affreux malheurs qu'elle a eu à subir. Pour la perte de son époux, toute douloureuse quelle était, la gloire avait du moins quelques consolations à offrir à la veuve du grand maréchal. Mais quand une jeune fille, seule héritière d'un grand nom et d'un titre illustre, est enlevée tout-à-coup par la mort, à toutes les espérances et à tout l'amour de sa mère, qui oserait parler à celle-ci de consolations? S'il peut y en avoir quelqu'une (ce que je ne crois pas), ce doit être le souvenir des soins et des tendresses prodigués jusqu'à la fin par un cœur maternel. Ce souvenir, dont l'amertume est mêlée de quelque douceur, ne peut manquer à madame la duchesse de Frioul.

La cérémonie religieuse du mariage eut lieu le 7 janvier dans la maison de la rue de la Victoire, et le mariage du général Murat avec mademoiselle Caroline Bonaparte, qui n'avait été contracté que par-devant l'officier de l'état civil, fut consacré le même jour. Les deux époux (M. Louis et sa femme) étaient fort tristes; celle-ci pleurait amèrement pendant la cérémonie, et ses larmes ne se séchèrent point après. Elle était loin de chercher les regards de son époux, qui, de son côté, était trop fier et trop ulcéré pour la poursuivre de ses empressemens. La bonne Joséphine faisait tout ce qu'elle pouvait pour les rapprocher. Sentant que cette union, qui commençait si mal, était son ouvrage, elle aurait voulu concilier son propre intérêt, ou du moins ce qu'elle regardait comme tel, avec le bonheur de sa fille. Mais ses efforts comme ses avis et ses prières n'y pouvaient rien. J'ai vu cent fois madame Louis Bonaparte chercher la solitude de son appartement et le sein d'une amie pour y verser ses larmes. Elles lui échappaient même au milieu du salon du premier consul, où l'on voyait avec chagrin cette jeune femme brillante et gaie, qui si souvent en avait fait gracieusement les honneurs et déridé l'étiquette, se retirer dans un coin, ou dans l'embrasure d'une fenêtre, avec quelqu'une des personnes de son intimité pour lui confier tristement ses contrariétés. Pendant cet entretien, d'où elle sortait les yeux rouges et humides, son mari se tenait pensif et taciturne au bout opposé du salon.

On a reproché bien des torts à Sa Majesté la reine de Hollande, et tout ce qu'on a dit ou écrit contre cette princesse est empreint d'une exagération haineuse. Une si haute fortune attirait sur elle tous les regards, et excitait une malveillance jalouse; et pourtant ceux qui lui ont porté envie n'auraient pas manqué de se trouver eux-mêmes à plaindre, s'ils eussent été mis à sa place, à condition de partager ses chagrins. Les malheurs de la reine Hortense avaient commencé avec sa vie. Son père, mort sur l'échafaud révolutionnaire, sa mère jetée en prison, elle s'était trouvée, encore enfant, isolée et sans autre appui que la fidélité d'anciens domestiques de sa famille. Son frère, le noble et digne prince Eugène, avait été obligé, dit-on, de se mettre en apprentissage; elle eut quelques années de bonheur, ou du moins de repos, tout le temps qu'elle fut confiée aux soins maternels de madame de Campan, et après sa sortie de pension. Mais le sort était loin de la tenir quitte : ses penchans contrariés, un mariage malheureux, ouvrirent pour elle une nouvelle suite de chagrins. La mort de son premier fils, que l'empereur voulait adopter, et qu'il avait désigné pour son successeur à l'empire, le divorce de sa mère, la mort cruelle de sa plus chère amie, madame de Brocq*,

* Mademoiselle Adèle Auguié, sœur de madame la maréchale Ney, avait épousé le général de Brocq, grand maréchal de la cour de Hollande. Sa majesté la reine Hortense étant aux eaux d'Aix en Savoie, en 1812, se plaisait à faire, avec son amie, des excursions sur les montagnes les plus escarpées. Dans une de ces courses un torrent se trouva sur leur passage, et il n'y avait pour le franchir qu'une planche fragile. La reine, conduite par son écuyer, passa la première, et elle se retournait

entraînée sous ses yeux dans un précipice, le renversement du trône impérial, qui lui fit perdre son titre et son rang de reine, perte qui lui fut pourtant moins sensible que l'infortune de celui qu'elle regardait comme son père; enfin les continuelles tracasseries de ses débats domestiques, de fâcheux procès, et la douleur qu'elle eut de se voir enlever son fils aîné par l'ordre de son mari; telles ont été les principales catastrophes d'une vie qu'on aurait pu croire destinée à beaucoup de bonheur.

Le lendemain du mariage de mademoiselle Hortense, le premier consul partit pour Lyon, où l'attendaient les députés de la république Cisalpine, rassemblés pour l'élection d'un président. Partout, sur son passage, il fut accueilli au milieu

---

pour encourager madame de Brocq, lorsqu'elle la vit glisser et tomber à pic dans le précipice. A cette horrible vue, la reine poussa des cris perçans. Son désespoir ne la priva point pourtant de sa présence d'esprit. Elle donna des ordres, multiplia les prières et les promesses. Mais tout secours était inutile. Le corps de la jeune femme avait été fracassé dans sa chute, et un certain temps s'écoula avant qu'on ne pût retirer de l'eau le cadavre froid et mutilé. Ces tristes restes furent rapportés à Saint-Leu, dont tous les habitans furent plongés dans la plus profonde douleur. Madame de Brocq était chargée de distribuer les nombreux bienfaits de la reine. Elle méritait les larmes que sa mort fit répandre.

des fêtes et des félicitations que l'on s'empressait de lui adresser, pour la manière miraculeuse dont il avait échappé aux complots de ses ennemis. Ce voyage ne différait en rien des voyages qu'il fit dans la suite avec le titre d'empereur. Arrivé à Lyon, il reçut la visite de toutes les autorités, des corps constitués, des députations des départemens voisins, des membres de la consulte italienne. Madame Bonaparte, qui était de ce voyage, accompagna son mari au spectacle, et elle partagea avec lui les honneurs de la fête magnifique qui lui fut offerte par la ville de Lyon. Le jour où la consulte élut et proclama le premier consul président de la république italienne, il passa en revue, sur la place des Brotteaux, les troupes de la garnison, et reconnut dans les rangs plusieurs soldats de l'armée d'Egypte, avec lesquels il s'entretint quelque temps. Dans toutes ces occasions, le premier consul portait le même costume qu'il avait à la Malmaison, et que j'ai décrit ailleurs. Il se levait de bonne heure, montait à cheval, et visitait les travaux publics, entre autres ceux de la place Belcour, dont il avait posé la première pierre à son retour d'Italie. Il parcourait les Brotteaux, inspectait, examinait tout, et, toujours infatigable, travaillait en rentrant comme s'il eût été aux Tuileries. Rarement il changeait de toilette;

cela ne lui arrivait que lorsqu'il recevait à sa table les autorités, ou les principaux habitans. Il accueillait toutes les demandes avec bonté. Avant de partir, il fit présent au maire de la ville d'une écharpe d'honneur, et au légat du Pape, d'une riche tabatière ornée de son portrait. Les députés de la consulte reçurent aussi des présens, et ils ne restèrent pas en arrière pour les rendre. Ils offrirent à madame Bonaparte de magnifiques parures en diamans et en pierreries, et les bijoux les plus précieux.

Le premier consul, en arrivant à Lyon, avait été vivement affligé de la mort subite d'un digne prélat qu'il avait connu dans sa première campagne d'Italie.

L'archevêque de Milan était venu à Lyon, malgré son grand âge, pour voir le premier consul qu'il aimait avec tendresse, au point que, dans la conversation, on avait entendu le vénérable vieillard, s'adressant au jeune général, lui dire : mon fils. Les paysans de Pavie s'étant révoltés, parce qu'on les avait fanatisés en leur faisant croire que les Français voulaient détruire leur religion, l'archevêque de Milan, pour leur prouver que leurs craintes étaient sans fondement, s'était souvent montré en voiture avec le général Bonaparte.

Ce prélat avait supporté parfaitement le voyage

il paraissait bien portant et assez gai. M. de Talleyrand, qui était arrivé à Lyon quelques jours avant le premier consul, avait donné à dîner aux députés cisalpins et aux principaux notables de la ville. L'archevêque de Milan était à sa droite. A peine assis, et au moment où il se penchait du côté de M. de Talleyrand pour lui parler, il était tombé mort dans son fauteuil.

Le 12 janvier, la ville de Lyon offrit au premier consul et à madame Bonaparte, un bal magnifique suivi d'un concert. A huit heures du soir, les trois maires, accompagnés des commissaires de la fête, vinrent chercher leurs illustres hôtes au palais du Gouvernement. Il me semble avoir encore devant les yeux cet amphithéâtre immense, magnifiquement décoré, et illuminé de lustres et de bougies sans nombre, ces banquettes drapées des plus riches tapis des manufactures de la ville, et couvertes de milliers de femmes brillantes, quelques-unes de beauté et de jeunesse, et toutes, de parure. La salle de spectacle avait été choisie pour lieu de la fête. A l'entrée du premier consul et de madame Bonaparte, qui s'avançait donnant le bras à l'un des maires, il s'éleva comme un tonnerre d'applaudissemens et d'acclamations. Tout à coup la décoration du théâtre disparut, et la place Bonaparte (l'ancienne place Belcour), parut telle qu'elle avait été restaurée par ordre du premier consul. Au milieu s'élançait une pyramide surmontée de la statue du premier consul qui y était représenté s'appuyant sur un *lion*. Des trophées d'armes et des bas-reliefs figuraient, sur une des faces, la bataille d'Arcole, sur l'autre celle de Marengo.

Lorsque les premiers transports excités par ce spectacle qui rappelait à la fois les bienfaits et les victoires du héros de la fête, se furent calmés, il se fit un grand silence et l'on entendit une musique délicieuse, mêlée de chants tous à la gloire du premier consul, de son épouse, des guerriers qui l'entouraient, et des représentans des républiques italiennes. Les chanteurs et les musiciens étaient des amateurs de Lyon. Mademoiselle Longue, M. Gerbet, directeur des postes, et M. Théodore, négociant, qui avaient chanté, chacun sa partie, d'une manière ravissante, reçurent les félicitations du premier consul et les plus gracieux remercîmens de madame Bonaparte.

Ce que je remarquai le plus dans les couplets qui furent chantés en cette occasion et qui ressemblaient à tous les couplets de circonstance imaginables, c'est que le premier consul y était encensé dans les termes dont tous les poëtes de l'empire se sont servis dans la suite. Toutes les exagérations de la flatterie étaient épuisées dès le consulat; dans les années qui suivirent, il fallut nécessairement se répéter. Ainsi, dans les couplets de Lyon, le premier consul était *le dieu de la victoire, le triomphateur du Nil et de Neptune, le sauveur de la patrie, le pacificateur du monde, l'arbitre de l'Europe.* Les soldats français étaient transformés *en amis et compagnons d'Alcide*, etc. C'était couper l'herbe sous le pied aux chantres à venir.

La fête de Lyon se termina par un bal qui dura jusqu'au jour. Le premier consul y resta deux heures, pendant lesquelles il s'entretint avec les magistrats de la ville.

Tandis que les habitans les plus considérables offraient à leurs hôtes ce magnifique divertissement, le peuple, malgré le froid, se livrait sur les places publiques, à la danse et au plaisir. Vers minuit, un très-beau feu d'artifice avait été tiré sur la place Bonaparte.

Après quinze ou dix-huit jours passés à Lyon, nous reprîmes la route de Paris. Le premier consul et sa femme continuèrent de résider de préférence à la Malmaison. Ce fut, je crois, peu de temps après le retour du premier consul, qu'un homme fort peu richement vêtu sollicita une audience; il le fit entrer dans son cabinet, et lui demanda qui il était. — « Général, lui répondit le solliciteur intimidé en sa présence, c'est moi qui ai eu l'honneur de vous donner des leçons d'écriture à l'école de Brienne. — Le beau f.... élève que vous avez fait là ! interrompit vivement le premier consul, je vous en fais mon compliment! » Puis il se mit à rire le premier de sa vivacité, et adressa quelques paroles bienveillantes à ce brave homme, dont un tel compliment n'avait point rassuré la timidité. Peu de jours après, le maître reçut du plus mauvais, sans doute, de tous ses élèves de Brienne (on sait comment l'empereur écrivait), une pension qui suffisait à ses besoins.

Un autre des anciens professeurs du premier consul, M. l'abbé Dupuis, avait été placé par lui à la Malmaison, en qualité de bibliothécaire particulier. Il y résidait toujours, et y est mort. C'était un homme modeste, et qui passait pour instruit. Le premier consul le visitait souvent dans son appartement, et il avait pour lui toutes les attentions et tous les égards imaginables.

CHAPITRE IX.

Proclamation de la loi sur les cultes. — Conversation à ce sujet. — La consigne. — Les plénipotentiaires pour le concordat. — L'abbé Bernier et le cardinal Caprara. — Le chapeau rouge et le bonnet rouge. — Costume du premier consul et de ses collègues. — Le premier *Te Deum* chanté à Notre-Dame. — Dispositions diverses des spectateurs. — Le calendrier républicain. — La barbe et la chemise blanche. — Le général *Abdallah*-Menou. — Son courage à tenir tête aux Jacobins. — Son pavillon. — Sa mort romanesque. — Institution de l'ordre de la légion d'honneur. — Le premier consul à Ivry. — Les inscriptions de 1802 et l'inscription de 1814. — Le maire d'Ivry et le maire d'Evreux. — Naïveté d'un haut fonctionnaire. — Les *cinq-z-enfans*. — Arrivée à Rouen du premier consul. — M. Beugnot et l'archevêque Cambacérès. — Le maire de Rouen dans la voiture du premier consul. — Le général Soult et le général Moncey. — Le premier consul fait déjeuner à sa table un caporal. — Le premier consul au Havre et à Honfleur. — Départ du Havre pour Fécamp. — Arrivée du premier consul à Dieppe. — Retour à Saint-Cloud.

Le jour de la proclamation faite par le premier consul, de la loi sur les cultes, il se leva de bonne heure, et fit entrer le service pour faire sa toilette. Pendant qu'on l'habillait, je vis entrer dans sa chambre M. Joseph Bonaparte avec le consul Cambacérès.

— Eh bien! dit à celui-ci le premier consul, nous allons à la messe ; que pense-t-on de cela dans Paris?

— Beaucoup de gens, répondit M. Cambacérès, se proposent d'aller à la première représentation et de siffler la pièce, s'ils ne la trouvent pas amusante.

— Si quelqu'un s'avise de siffler, je le fais mettre à la porte par les grenadiers de la garde consulaire.

— Mais si les grenadiers se mettent à siffler comme les autres?

— Pour cela, je ne le crains pas. Mes vieilles moustaches iront ici à Notre-Dame, tout comme au Caire ils allaient à la mosquée. Ils me regarderont faire, et en voyant leur général se tenir grave et décent, ils feront comme lui, en se disant : *C'est la consigne!*

— J'ai peur, dit M. Joseph Bonaparte, que les officiers-généraux ne soient pas si accommodans. Je viens de quitter Augereau qui jette feu et flamme contre ce qu'il appelle vos capucinades. Lui et quelques autres ne seront pas faciles à ramener au giron de notre sainte mère l'église.

— Bah! Augereau est comme cela. C'est un braillard qui fait bien du tapage, et s'il a quelque petit cousin imbécille, il le mettra au séminaire pour que j'en fasse un aumônier. A propos, poursuivit le premier consul en s'adressant à son collègue, quand votre frère ira-t-il prendre possession de son siége de Rouen? Savez-vous qu'il a là le plus bel archevêché de France. Il sera cardinal avant un an; c'est une affaire convenue.

Le deuxième consul s'inclina. Dès ce moment, il avait auprès du premier consul bien plutôt l'air de son courtisan que de son égal.

Les plénipotentiaires qui avaient été chargés de discuter et signer le concordat étaient MM. Joseph Bonaparte, Crétet et l'abbé Bernier. Celui-ci, que j'ai vu quelquefois aux Tuileries, avait été chef de chouans, et il n'y avait rien qui n'y parût. Le premier consul, dans cette même conversation dont je viens de rapporter le commencement, s'entretint avec ses deux interlocuteurs, des conférences sur le concordat. « L'abbé Bernier, dit le
» premier consul, faisait peur aux prélats ita-
» liens par la véhémence de sa logique. On au-
» rait dit qu'il se croyait au temps où il condui-
» sait les Vendéens à la charge contre les *bleus*.
» Rien n'était plus singulier que le contraste de ses
» manières rudes et disputeuses, avec les formes

» polies et le ton mielleux des prélats. Le cardinal
» Caprara est venu il y a deux jours, d'un air ef-
» faré, me demander s'il est vrai que l'abbé Ber-
» nier s'est fait, pendant la guerre de la Vendée,
» un autel pour célébrer la messe, avec des cada-
» vres de républicains. Je lui ai répondu que je
» n'en savais rien, mais que cela était possible.
» Général premier consul, s'est écrié le cardinal
» épouvanté, ce n'est pas *oun* chapeau rouge, mais
» *oun* bonnet rouge qu'il faut à cet homme!

» J'ai bien peur, continua le premier consul,
» que cela ne nuise à l'abbé Bernier pour la bar-
» rette. »

Ces messieurs quittèrent le premier consul lorsque sa toilette fut terminée, et ils allèrent se préparer eux-mêmes pour la cérémonie. Le premier consul porta ce jour-là le costume des consuls, qui était un habit écarlate, sans revers, avec une large broderie de palmes en or sur toutes les coutures. Son sabre, qu'il avait apporté d'Égypte, était suspendu à son côté pas un baudrier assez étroit, mais du plus beau travail et brodé richement. Il garda son col noir, ne voulant point mettre une cravate de dentelle. Du reste il était comme ses collègues, en culotte et en souliers. Un chapeau français, avec des plumes flottantes, aux trois couleurs, complétait ce riche habillement.

Ce fut un spectacle singulier pour les Parisiens, que la première célébration de l'office divin, à Notre-Dame. Beaucoup de gens y couraient comme à une représentation théâtrale. Beaucoup aussi, surtout parmi les militaires, y trouvaient plutôt un sujet de raillerie que d'édification. Et quant à ceux qui, pendant la révolution, avaient contribué de toutes leurs forces au renversement du culte que le premier consul venait de rétablir, ils avaient peine à cacher leur indignation et leur chagrin. Le bas peuple ne vit, dans le *Te Deum* qui fut chanté ce jour-là pour la paix et le concordat, qu'un aliment de plus, offert à sa curiosité. Mais, dans la classe moyenne, un grand nombre de personnes pieuses, qui avaient vivement regretté la suppression des pratiques de dévotion dans lesquelles elles avaient été élevées, se trouvèrent heureuses du retour à l'ancien culte. D'ailleurs, il n'y avait alors aucun symptôme de superstition ou de rigorisme capable d'effrayer les ennemis de l'intolérance. Le clergé avait grand soin de ne pas se montrer trop exigeant; il demandait fort peu, ne damnait personne, et le représentant du saint-père, le cardinal-légat, plaisait à tout le monde, excepté peut-être à quelques vieux prêtres chagrins, par son indulgence, la grâce mondaine de ses manières, et le laissez-aller de sa conduite. Ce prélat était tout-à-fait d'accord avec le premier consul, qui aimait beaucoup sa conversation.

Il est certain aussi que, à part tout sentiment religieux, la fidélité du peuple à ses anciennes habitudes lui faisait retrouver avec plaisir le repos et la célébration du dimanche. Le calendrier républicain était sans doute savamment supputé; mais on l'avait tout d'abord frappé de ridicule, en remplaçant la légende des saints de l'ancien calendrier par les jours de l'âne, du porc, du navet, de l'oignon, etc... De plus, s'il était habilement calculé, il n'était pas du tout commodément divisé, et je me rappelle à ce sujet le mot d'un homme de beaucoup d'esprit, et qui, malgré la désapprobation que renfermaient ses paroles, aurait pourtant désiré l'établissement du système républicain partout ailleurs que dans l'almanach. Lorsque fut publié le décret de la Convention qui ordonnait l'adoption du calendrier républicain : — *Ils ont beau faire, dit M***, ils ont affaire à deux ennemis qui ne céderont pas : la barbe et la chemise blanche.* Le fait est qu'il y avait, pour la classe ouvrière, et pour toutes les classes occupées d'un travail pénible, trop d'intervalle d'un *décadi* à l'autre. Je ne sais si c'était l'effet d'une routine enracinée ; mais le peuple, habitué à travailler six jours de suite, et à se reposer le septième, trouvait trop longues neuf journées de travail consécutives. Aussi, la suppression des *décadis* fut-elle universellement approuvée. L'arrêté qui fixa au dimanche les publications de mariage ne le fut pas autant, quelques personnes craignant de voir renaître les anciennes prétentions du clergé sur l'état civil.

Peu de jours après le rétablissement solennel du culte catholique, je vis arriver aux Tuileries un officier-général qui aurait peut-être autant aimé l'établissement de la religion de Mahomet, et le changement de Notre-Dame en mosquée. C'était le dernier général en chef de l'armée d'Egypte, lequel s'était, dit-on, fait musulman au Caire, le ci-devant baron de Menou. Malgré le dernier échec que les Anglais lui avaient tout récemment fait essuyer en Egypte, le général *Abdallah* Menou fut bien reçu du premier consul, qui le nomma bientôt après gouverneur-général du Piémont. Le général Menou était d'une bravoure à toute épreuve, et il avait montré le plus grand courage même ailleurs que sur les champs de bataille, et au milieu des circonstances les plus difficiles. Après la journée du 10 août, bien qu'appartenant au parti républicain, on l'avait vu suivre Louis XVI à l'assemblée, et il avait été dénoncé comme royaliste par les jacobins. En 1795, le faubourg Saint-Antoine s'étant levé en masse, et avancé contre la Convention, le général Menou avait cerné et désarmé les séditieux; mais il avait résisté aux ordres atroces des commissaires de la Convention, qui voulaient que le faubourg entier fût incendié, pour punir les habitans de leurs continuelles insurrections. Quelque temps après, ayant encore refusé aux conventionnels de mitrailler les sections de Paris, il avait été traduit devant une commission qui n'aurait pas manqué de faire tomber sa tête, si le général Bonaparte, qui l'avait remplacé dans le commandement de l'armée de l'intérieur, n'eût pas usé de tout son crédit pour lui sauver la vie. Des actes si multipliés de courage et de générosité suffisent bien, et au delà, pour faire pardonner à ce brave officier l'orgueil, d'ailleurs fort légitime, avec lequel il se vantait d'avoir armé les gardes nationales, et fait substituer au drapeau blanc, le drapeau tricolore, qu'il appelait *mon pavillon*. Du gouvernement du Piémont, il passa à celui de Venise, et mourut, en 1810, d'amour, malgré ses soixante ans, pour une actrice qu'il avait suivie de Venise à Reggio.

L'institution de l'ordre de la Légion-d'Honneur précéda de peu de jours la proclamation du consulat à vie. Cette proclamation donna lieu à une fête qui fut célébrée le 15 août. C'était le jour anniversaire de la naissance du premier consul, et l'on profita de l'occasion pour fêter, pour la première fois, cet anniversaire. Ce jour-là le premier consul prit ses trente-trois ans.

Au mois d'octobre suivant, je suivis le premier consul dans son voyage en Normandie. Nous nous arrêtâmes à Ivry, dont le premier consul visita le champ de bataille. Il dit, en y arrivant : « *Honneur à la mémoire du meilleur Français qui se soit assis sur le trône de France !* » Et il ordonna le rétablissement de la colonne qu'on avait érigée en souvenir de la victoire remportée par Henri IV.

Le lecteur me saura peut-être gré de rapporter ici les inscriptions qui furent gravées sur les quatre faces de la pyramide.

Première inscription.

Napoléon Bonaparte, premier consul, à la mémoire de Henri IV, victorieux des ennemis de l'État, aux champs d'Ivry, le 14 mars 1590.

Deuxième inscription.

Les grands hommes aiment la gloire de ceux qui leur ressemblent.

Troisième inscription.

L'an XI de la République française, le 7 brumaire, Napoléon Bonaparte, premier consul, après avoir parcouru cette plaine, a ordonné la réédification du monument destiné à consacrer le souvenir de Henri IV et de la victoire d'Ivry.

Quatrième inscription.

Les malheurs éprouvés par la France, à l'époque de la bataille d'Ivry, étaient le résultat de l'appel fait par les différens partis français aux nations espagnole et anglaise. Toute famille, tout parti qui appelle les puissances étrangères à son secours, a mérité et méritera, dans la postérité la plus reculée, la malédiction du peuple français.

Toutes ces inscriptions ont été effacées et remplacées par celle-ci : *C'est ici le lieu de l'ente où se tint Henri IV, le jour de la bataille d'Ivry, le 14 mars 1590.*

M. Lédier, maire d'Ivry, accompagnait le premier consul dans cette excursion. Le premier consul causa long-temps avec lui et en parut très-satisfait. Le maire d'Évreux ne lui donna pas une aussi bonne idée de ses moyens; aussi l'interrompit-il brusquement au milieu d'une espèce de compliment que ce digne magistrat essayait de lui faire, en lui demandant s'il connaissait son confrère le maire d'Ivry. « Non, général, répondit le maire. — Eh bien, tant pis pour vous, je vous engage à faire sa connaissance. »

Ce fut aussi à Évreux qu'un administrateur, d'un grade élevé, eut l'avantage d'amuser madame Bonaparte et sa suite par une naïveté que le premier consul tout seul ne trouva point divertissante, parce qu'il n'aimait pas de telles naïvetés venant d'un homme en place. M. de Ch.......... faisait à l'épouse du premier consul les honneurs du chef-lieu, et il y mettait, malgré son âge, beaucoup d'empressement et d'activité. Madame Bonaparte, entre autres questions que lui dictait sa bienveillance et sa grâce accoutumées, lui demanda s'il était marié, et s'il avait de la famille. — Oh! Madame, je le crois bien, répondit M. de Ch....... avec un sourire et en s'inclinant; j'ai cinq-z-enfans. » — Ah! mon Dieu! s'écria madame Bonaparte, quel régiment! c'est extraordinaire. Comment, Monsieur, *seize enfans?* — Oui, Madame, cinq-z-enfans, cinq-z-enfans, » répéta l'administrateur qui ne voyait là rien de bien merveilleux, et qui ne s'étonnait que de l'étonnement manifesté par madame Bonaparte. A la fin, quelqu'un expliqua à celle-ci l'erreur que lui faisait commettre *la liai-*

son dangereuse de M. de Ch........, et ajouta le plus sérieusement qu'il put : « Daignez, Madame, excuser M. de Ch........ ; la révolution a interrompu le cours de ses études. » Il avait plus de soixante ans.

D'Évreux nous partîmes pour Rouen, où nous arrivâmes sur les trois heures après midi. M. Chaptal, ministre de l'intérieur, M. Beugnot, préfet du département, et M. Cambacérès', archevêque de Rouen, vinrent à la rencontre du premier consul jusqu'à un certaine distance de la ville. Le maire, M. Fontenay, l'attendait aux portes, dont il lui présenta les clefs. Le premier consul les tint quelque temps dans ses mains, et les rendit ensuite au maire, en disant assez haut pour être entendu par la foule qui entourait sa voiture : « Citoyens, je ne puis mieux confier les clefs de la » ville qu'au digne magistrat qui jouit, à tant de » titres, de ma confiance et de la vôtre. » Il fit monter M. Fontenay dans sa voiture, en exprimant *qu'il voulait honorer Rouen dans la personne de son maire.*

Madame Bonaparte était dans la voiture de son mari; le général Moncey, inspecteur-général de la gendarmerie, était à cheval à la portière de droite. Dans la seconde voiture étaient le général Soult et deux aides-de-camp; dans une troisième le général Bessières et M. de Luçay; dans une quatrième le général Lauriston. Venaient ensuite les voitures de service. Nous étions, Hambard, Hébert et moi, dans la première.

J'essayerais vainement de donner une idée de l'enthousiasme des Rouennais à l'arrivée du premier consul. Les forts de la halle et les bateliers en grand costume nous attendaient en dehors de la ville; et quand la voiture qui renfermait les deux augustes personnages fut à leur portée, ces braves gens se mirent en file deux à deux, et précédèrent ainsi la voiture jusqu'à l'hôtel de la préfecture, où le premier consul descendit.

Le préfet et le maire de Rouen, l'archevêque et le général commandant la division, dînèrent avec le premier consul, qui fut de la plus aimable gaîté pendant le repas, et mit beaucoup de sollicitude à s'informer de la situation des manufactures, des découvertes nouvelles dans l'art de fabriquer, enfin de tout ce qui pouvait se rapporter à la prospérité de cette ville essentiellement industrielle.

Le soir, et presque toute la nuit, une foule immense entoura l'hôtel, et remplit les jardins de la préfecture, qui étaient illuminés et ornés de transparens allégoriques à la louange du premier consul. Chaque fois qu'il se montrait sur la terrasse du jardin, l'air retentissait d'applaudissemens et d'acclamations qui paraissaient le flatter vivement.

Le lendemain matin, après avoir fait à cheval le tour de la ville, et visité les sites magnifiques dont elle est entourée, le premier consul entendit la messe, qui fut célébrée, à onze heures, par l'archevêque dans la chapelle de la préfecture. Une heure après, il eut à recevoir le conseil général du département, le conseil de préfecture, le conseil municipal, le clergé de Rouen, et les tribunaux. Il lui fallut entendre une demi-douzaine de discours, tous à peu près conçus dans les mêmes termes, et auxquels il répondit de manière à donner aux orateurs la plus haute opinion de leur propre mérite. Tous ces corps, en quittant le premier consul, furent présentés à madame Bonaparte, qui les accueillit avec sa grâce ordinaire.

Le soir, il y eut réception chez madame Bonaparte pour les femmes des fonctionnaires. Le premier consul assistait à cette réception, dont on profita pour lui présenter plusieurs personnes nouvellement amnistiées, qu'il reçut avec bienveillance.

Au reste, même affluence, mêmes illuminations, mêmes acclamations que la veille. Toutes les figures avaient un air de fête qui me réjouissait et contrastait singulièrement, à mon avis, avec les horribles maisons en bois, les rues sales et étroites et les constructions gothiques qui distinguaient alors la ville de Rouen.

Le lundi, 1ᵉʳ novembre, à sept heures du matin, le premier consul monta à cheval, escorté d'un détachement des jeunes gens de la ville, formant une garde volontaire. Il passa le pont de bateaux, et parcourut le faubourg Saint-Sever. Au retour de cette promenade, nous trouvâmes le peuple qui l'attendait à la tête du pont, et le reconduisit à l'hôtel de la préfecture, en faisant éclater la joie la plus vive.

Après le déjeuner, il y eut grand'messe par monseigneur l'archevêque, à l'occasion de la fête de la Toussaint; puis vinrent les sociétés savantes, les chefs d'administration et les juges-de-paix, avec leurs discours. L'un de ceux-ci renfermait une phrase remarquable : ces bons magistrats, dans leur enthousiasme, demandaient au premier consul la permission de le surnommer le *grand juge-de-paix de l'Europe*. A la sortie de l'appartement du consul, je remarquai celui qui avait porté la parole; il avait les larmes aux yeux, et répétait avec orgueil la réponse qui venait de lui être faite. Je regrette de n'avoir point retenu son nom; c'était, m'a-t-on dit, un des hommes les plus recommandables de Rouen. Sa figure inspirait la confiance et portait une expression de franchise qui prévenait en sa faveur.

Le soir, le premier consul se rendit au théâtre. La salle, pleine jusqu'en haut, offrait un coup-d'œil charmant. Les autorités municipales avaient fait préparer une fête superbe, que le premier consul trouva fort de son goût; il en fit ses complimens à plusieurs reprises au préfet et au maire. Après avoir vu l'ouverture du bal, il fit deux ou trois tours dans la salle, et se retira, entouré de l'état-major de la garde nationale.

La journée du mardi fut employée en grande partie par le premier consul à visiter les ateliers des nombreuses fabriques de la ville. Le ministre de l'intérieur, le préfet, le maire, le général commandant la division, l'inspecteur-général de la gendarmerie et l'état-major de la garde consulaire l'accompagnaient. Dans une manufacture du faubourg Saint-Sever, le ministre de l'intérieur lui présenta le doyen des ouvriers, connu pour avoir tissé en France la première pièce de velours. Le premier consul, après avoir complimenté cet honorable vieillard, lui accorda une pension. D'autres récompenses ou encouragemens furent également distribués à plusieurs personnes que des inventions utiles recommandaient à la reconnaissance publique,

Le mercredi matin de bonne heure nous partîmes pour Elbeuf, où nous arrivâmes à dix heures, précédés par une soixantaine de jeunes gens des familles les plus distinguées de la ville, qui, à l'exemple de ceux de Rouen, aspiraient à l'honneur de former la garde du premier consul.

La campagne autour de nous était couverte d'une multitude innombrable, accourue de toutes les communes environnantes. Le premier consul descendit à Elbeuf chez le maire, et se fit servir à déjeuner. Ensuite il visita la ville en détail, prit des renseignemens partout, et, sachant qu'un des premiers besoins des citoyens était la construction d'un chemin d'Elbeuf à une petite ville voisine, nommée Romilly, il donna l'ordre au ministre de l'intérieur d'y faire travailler aussitôt.

A Elbeuf, comme à Rouen, le premier consul fut comblé d'hommages et de bénédictions. Nous étions de retour dans cette dernière ville à quatre heures après midi.

Le commerce de Rouen avait préparé une fête dans le local de la bourse. Le premier consul et sa femme s'y rendirent après dîner. Il s'arrêta fort long-temps au rez-de-chaussée de ce grand bâtiment, où étaient exposés les magnifiques échantillons des produits de l'industrie départementale. Il examina tout, et le fit examiner à madame Bonaparte, qui voulut acheter plusieurs pièces d'étoffe.

Le premier consul monta ensuite au premier étage ; là, dans un beau salon, étaient réunies cent dames et demoiselles, presque toutes jolies, femmes ou filles des principaux négocians de Rouen, qui l'attendaient pour le complimenter. Il s'assit dans ce cercle charmant, et y resta un quart d'heure environ, puis il passa dans une autre salle, où l'attendait la représentation d'un petit proverbe, mêlé de couplets, exprimant, comme on pense bien, l'attachement et la reconnaissance des Rouennais.

Ce proverbe fut suivi d'un bal.

Le jeudi soir, le premier consul annonça qu'il partirait pour le Havre, le lendemain à la pointe du jour. Effectivement, à cinq heures du matin je fus éveillé par Hébert, qui me dit qu'on partait à six heures. J'eus un mauvais réveil, qui me rendit malade toute la journée : j'aurais donné beaucoup pour dormir quelques heures de plus.... Enfin, il fallut se mettre en route. Avant de monter en voiture, le premier consul fit présent à monseigneur l'archevêque d'une tabatière avec son portrait. Il en donna une aussi au maire, sur laquelle était le chiffre *Peuple Français*.

Nous nous arrêtâmes à Caudebec pour déjeuner. Le maire de cette ville présenta au premier consul un caporal qui avait fait la campagne d'Italie

(son nom était, je crois, Roussel), et avait reçu un sabre d'honneur pour prix de sa belle conduite à Marengo. Il se trouvait à Caudebec en congé de semestre, et demanda au premier consul la permission de se tenir en faction à la porte de l'appartement où se tenaient les augustes voyageurs. Elle lui fut accordée, et lorsque le premier consul et madame Bonaparte se mirent à table, Roussel fut appelé et invité à déjeuner avec son ancien général. Au Havre et à Dieppe, le premier consul invita ainsi à sa table tous ceux, soldats ou marins, qui avaient obtenu des fusils, des sabres ou des haches d'abordage d'honneur. Le premier consul s'arrêta une demi-heure à Bolbec, montrant beaucoup d'attention et d'intérêt à examiner les produits de l'industrie de l'arrondissement, complimentant les gardes d'honneur qui venaient au devant de lui, sur leur bonne tenue; remerciant le clergé des prières qu'il adressait pour lui au ciel, et laissant pour les pauvres entre ses mains et celles du maire des marques de son passage. A l'arrivée du premier consul au Havre, la ville était illuminée. Le premier consul et son nombreux cortége marchaient entre deux rangées d'ifs, de colonnes de feux de toute espèce; les bâtimens qui se trouvaient dans le port semblaient une forêt enflammée; ils étaient surchargés de verres de couleur jusqu'au haut de leurs mâts. Le premier consul ne reçut, le jour de son arrivée au Havre, qu'une partie des autorités de la ville; il se coucha peu de temps après, se disant fatigué; mais dès six heures du matin, le lendemain, il était à cheval, et jusqu'à plus de deux heures il parcourut la plage, les coteaux d'Ingouville jusqu'à plus d'une lieue, les rives de la Seine, jusqu'à la hauteur du Hoc; et il fit le tour extérieur de la citadelle. Vers trois heures, le premier consul commença à recevoir les autorités. Il s'entretint avec elles, dans le plus grand détail, des travaux qu'il y avait à faire, pour que leur port, qu'il appelait toujours le port de Paris, parvînt au plus haut degré de prospérité. Il fit au sous-préfet, au maire, aux deux présidens des tribunaux, au commandant de la place, et au chef de la dixième demi-brigade d'infanterie légère, l'honneur de les inviter à sa table.

Le soir, le premier consul se rendit au théâtre, où l'on joua une petite pièce de circonstance, bonne comme toutes les pièces de circonstance, mais dont le premier consul, et surtout madame Bonaparte, surent bon gré aux auteurs. Les illuminations étaient plus brillantes encore que la veille. Je me rappelle surtout que le plus grand nombre des transparens portaient pour inscription ces mots : 18 *brumaire an VIII.*

Le dimanche, à sept heures du matin, après avoir visité l'arsenal de marine et tous les bassins, le premier consul s'embarqua sur un petit canot, par un très-beau temps, et se tint en rade pendant quelques heures. Il avait pour cortége un grand nombre de canots remplis d'hommes et de dames élégantes, et de musiciens qui exécutaient les airs favoris du premier consul. Quelques heures se passèrent encore en réceptions de négocians avec lesquels le premier consul dit hautement qu'il avait eu le plus grand plaisir à conferer sur le commerce du Havre avec les colonies. Il y eut le soir une fête préparée par le commerce, à laquelle le premier consul assista une demi-heure. Le lundi, à cinq heures du matin, il s'embarqua sur un lougre, et se rendit à Honfleur. Au moment du départ, le temps était un peu menaçant; quelques personnes avaient engagé le premier consul à ne pas s'embarquer. Madame Bonaparte, aux oreilles de laquelle ce bruit parvint, accourut auprès de son mari, le suppliant de ne pas partir; mais il l'embrassa en riant et l'appelant peureuse, et monta sur le navire qui l'attendait. Il était à peine embarqué que le vent se calma soudain et le temps fut magnifique. A son retour au Havre, le premier consul passa une revue sur la place de la Citadelle, et visita les établissemens d'artillerie. Il reçut encore jusqu'au soir un grand nombre de fonctionnaires publics et de négocians, et le lendemain, à six heures du matin, nous partîmes pour Dieppe.

Au moment où nous arrivâmes à Fécamp, la ville présentait un spectacle extrêmement curieux. Tous les habitans de la ville et des villes et villages voisins suivaient le clergé en chantant un *Te Deum* pour l'anniversaire du 18 brumaire. Ces voix innombrables, s'élevant au ciel pour prier pour lui, frappèrent vivement le premier consul. Il répéta plusieurs fois, pendant le déjeuner, qu'il avait éprouvé plus d'émotion de ces chants sous la voûte du ciel, que ne lui en avaient jamais fait éprouver les musiques les plus brillantes.

Nous arrivâmes à Dieppe, à six heures du soir; le premier consul ne se coucha qu'après avoir reçu toutes les félicitations, qui certes étaient bien sincères là, comme alors dans toute la France. Le lendemain, à huit heures, le premier consul se rendit sur le port, où il resta long-temps à regarder rentrer la pêche, puis visita le faubourg du Pollet, et les travaux des bassins que l'on commençait. Il admit à sa table le sous-préfet, le maire, et trois marins de Dieppe qui avaient obtenu des haches d'abordage d'honneur, pour s'être distingués au combat de Boulogne. Le premier consul ordonna la construction d'une écluse dans l'arrière port, et la continuation d'un canal de navigation qui devait s'étendre jusqu'à Paris, et dont il n'a été fait jusqu'à présent que quelques toises. De Dieppe nous allâmes à Gisors et à Beauvais; et enfin, le premier consul et sa femme rentrèrent à Saint-Cloud, après une absence de quinze jours, pendant lesquels on s'était activement occupé de restaurer cette ancienne résidence royale, que le premier consul s'était décidé à accepter, comme je l'expliquerai tout à l'heure.

CHAPITRE X.

Influence du voyage en Normandie sur l'esprit du premier consul. — La génération de l'empire. — Les mémoires et l'histoire. — Premières dames et premiers officiers de Madame Bonaparte. — Mesdames de Rémusat, de Tallouet, de Luçay, de Lauriston. — Mademoiselle d'Alberg, et Mademoiselle de Luçay. — Sagesse à la cour. — MM. de Rémusat, de Cramayel, de Luçay, Didelot. — Le palais refusé, puis accepté. — Les colifichets. — Les serviteurs de Marie-Antoinette, mieux traités sous le consulat que depuis la restauration. — Incendie au château de Saint-Cloud. — La chambre de veille. — Le lit bourgeois. — Comment le premier consul descendait la nuit chez sa femme. — Devoir et triomphe conjugal. — Le galant pris sur le fait. — Sévérité excessive envers une demoiselle. — Les armes d'honneur et les *troupiers*. — Le baptême de sang. — Le premier consul conduisant la charrue. — Les laboureurs et les conseillers d'état. — Le grenadier de la république devenu laboureur. — Audience du premier consul. — L'auteur l'introduit dans le cabinet du général. — Bonne réception et conversation curieuse.

Le voyage du premier consul dans les départemens les plus riches et les plus éclairés de France, avait dû aplanir dans son esprit bien des difficultés qu'il avait peut-être craint de rencontrer d'abord dans l'exécution de ses projets. Partout il avait été reçu comme un monarque; et non-seulement lui, mais madame Bonaparte elle-même avait été accueillie avec tous les honneurs ordinairement réservés aux têtes couronnées. Il n'y a eu aucune différence entre les hommages qui leur furent rendus alors, et ceux dont ils ont été entourés depuis et même sous l'empire, lors des voyages que leurs Majestés firent dans leurs états à diverses époques. Voilà pourquoi je suis entré dans quelques détails sur celui-ci; s'ils paraissent trop longs ou trop dépourvus de nouveauté à quelques lecteurs, je les prie de se souvenir que je n'écris pas seulement pour ceux qui *ont vu* l'empire. La génération qui fut témoin de tant de grandes choses et qui a pu envisager de près, et dès ses commencemens, le plus grand homme de ce siècle, fait déjà place à d'autres générations qui ne peuvent et ne pourront juger que sur le dire de celle qui les a précédées. Ce qui est familier pour celle-ci, qui a jugé par ses yeux, ne l'est pas pour les autres, qui ont besoin qu'on leur raconte ce qu'elles n'ont pu voir. De plus, les détails négligés comme futiles et communs par l'histoire, qui fait profession de gravité, conviennent parfaitement à de simples *souvenirs*, et font parfois bien connaître et juger cette époque. Il me semble, par exemple, que l'empressement de toute la population et des autorités locales auprès du premier consul et de madame Bonaparte, pendant leur voyage en Normandie, montre assez que le chef de l'état n'aura point à craindre une bien grande opposition, du moins de la part de la nation, lorsqu'il lui plaira de changer de titre et de se proclamer empereur.

Peu de temps après notre retour, une décision des consuls accorda à madame Bonaparte quatre dames *pour lui aider à faire les honneurs du palais*. C'étaient mesdames : de Rémusat, de Tallouet, de Luçay et de Lauriston. Sous l'empire, elles devinrent dames du palais; madame de Luçay faisait souvent rire les personnes de la maison par de petits traits de parcimonie; mais elle était bonne et obligeante. Madame de Rémusat était une femme du plus grand mérite et d'excellent conseil. Elle paraissait un peu haute, et cela se remarquait d'autant plus que M. de Rémusat était plein de bonhomie.

Dans la suite, il y eut une dame d'honneur, madame de La Rochefoucault, dont j'aurai occasion de parler plus tard;

Une dame d'atours, madame de Luçay, qui fut

remplacée par madame de La Vallette, si glorieusement connue depuis par son dévouement à son époux;

Vingt-quatre dames du palais, françaises, parmi lesquelles : mesdames de Rémusat, de Tallouet, de Lauriston, Ney, d'Arberg, Louise d'Arberg, depuis madame la comtesse de Lobau, de Walsh-Sérent, de Colbert, Lannes, Savary, de Turenne, Octave de Ségur, de Montalivet, de Marescot, de Bouillé, Solar, Lascaris, de Brignolé, de Canisy, de Chevreuse, Victor de Mortemart, de Montmorency, Matignon et Maret;

Douze dames du palais, italiennes;

Ces dames prenaient le service tous les mois, de manière qu'il y eût toujours ensemble une Italienne et deux Françaises. L'empereur ne voulait pas d'abord de demoiselles parmi les dames du palais, mais il se relâcha de cette règle pour mademoiselle Louise d'Arberg, depuis madame la comtesse de Lobau, et mademoiselle de Luçay, qui a épousé M. le comte Philippe de Ségur, auteur de la belle histoire de la campagne de Russie. Ces deux demoiselles, par leur conduite prudente et réservée, ont prouvé que l'on peut être très-sage, même à la cour;

Quatre dames d'annonce, mesdames Soustras,

Ducrest-Villeneuve, Félicité Longroy et Eglé Marchery;

Deux premières femmes de chambre, mesdames Roy et Marco de Saint-Hilaire, qui avaient sous leur direction la grande garderobe et le coffre aux bijoux;

Quatre femmes de chambre ordinaires;

Une lectrice;

En hommes, le personnel de la maison de Sa Majesté l'impératrice se composa dans la suite de :

Un premier écuyer, M. le sénateur Harville, remplissant les fonctions de chevalier d'honneur;

Un premier chambellan, M. le général de division Nansouty;

Un second chambellan, introducteur des ambassadeurs, M. de Beaumont;

Quatre chambellans ordinaires, M. de Courtomer, Degrave, Galard de Béarn, Hector d'Aubusson de La Feuillade;

Quatre écuyers cavalcadours, MM. Corbineau, Berckheim, d'Audenarde et Fouler;

Un intendant général de la maison de Sa Majesté, M. Hinguerlot;

Un secrétaire des commandemens, M. Deschamps;

Deux premiers valets de chambre, MM. Frère et Douville;

Quatre valets de chambre ordinaires;

Quatre huissiers de la chambre;

Deux premiers valets de pied, MM. Lespérance et d'Argens;

Six valets de pied ordinaires;

Les officiers de bouche et de santé étaient ceux de la maison de l'empereur. En outre, six pages de l'empereur étaient toujours de service auprès de l'impératrice.

Le premier aumônier était M. Ferdinand de Rohan, ancien archevêque de Cambray.

Une autre décision de la même époque fixa les attributions des préfets du palais. Les quatre premiers préfets du palais consulaire furent MM. de Rémusat, de Cramayel, plus tard nommé introducteur des ambassadeurs et maître des cérémonies; de Luçay, et Didelot, depuis préfet du Cher.

La Malmaison ne suffisait plus au premier consul, dont la maison, comme celle de madame Bonaparte, devenait de jour en jour plus nombreuse. Une demeure beaucoup plus étendue était devenue nécessaire, et le choix du premier consul s'était fixé sur Saint-Cloud.

Les habitans de Saint-Cloud avaient adressé une pétition au corps législatif, pour que le premier consul voulût bien faire de leur château sa résidence d'été, et l'assemblée s'était empressée de la transmettre au premier consul, en l'appuyant même de ses prières, et de comparaisons qu'elle croyait flatteuses. Le général s'y refusa formellement, en disant que quand il se serait acquitté des fonctions dont le peuple l'avait chargé, il s'honorerait d'une récompense décernée par le peuple; mais que tant qu'il serait chef du gouvernement, il n'accepterait jamais rien. Malgré le ton de détermination de cette réponse, les habitans de Saint-Cloud, qui avaient le plus grand intérêt à ce que leur demande fût accueillie, la renouvelèrent lorsque le premier consul fut nommé consul à vie, et il consentit cette fois à l'accepter. Les dépenses pour les réparations et l'ameublement furent immenses, et surpassèrent de beaucoup les calculs qu'on lui avait faits, encore fut-il mécontent des meubles et des ornemens. Il se plaignit à M. Charvet, concierge de la Malmaison, qu'il avait nommé concierge de ce nouveau palais, et qu'il avait chargé de présider à la distribution des pièces et de surveiller l'ameublement, *qu'on lui avait fait des appartemens comme pour une fille entretenue; qu'il n'y avait que des colifichets, des papillottes, et rien de sérieux.* Il donna encore en cette occasion une preuve de son empressement à faire le bien, sans s'inquiéter de préjugés qui avaient encore beaucoup de force. Sachant qu'il y avait à Saint-Cloud un grand nombre d'anciens serviteurs de la reine Marie-Antoinette, il chargea M. Charvet de leur proposer, soit leurs anciennes places, soit des pensions; la plupart reprirent leurs places. En 1814, on fut bien loin d'agir aussi généreusement. Tous les employés furent renvoyés, ceux même qui avaient servi Marie-Antoinette.

Il n'y avait pas long-temps que le premier consul s'était installé à Saint-Cloud, lorsque ce château, redevenu *résidence souveraine* à frais énormes, faillit être la proie des flammes. Il y avait un corps-de-garde sous le vestibule du centre du palais. Une nuit que les soldats avaient fait du feu outre mesure, le poêle devint si brûlant qu'un fauteuil qui se trouvait adossé à une des bouches qui chauffaient le salon prit feu, et la flamme se communiqua promptement à tous les meubles. L'officier du poste s'en étant aperçu, prévint aussitôt le concierge, et ils coururent à la chambre du général Duroc, qu'ils réveillèrent. Le général se leva en toute hâte, et recommandant aussitôt le plus grand silence, on organisa une chaîne. Il se mit lui-même dans le bassin, ainsi que le concierge, passant des seaux d'eau aux soldats, et en deux ou trois heures le feu, qui avait déjà dévoré tous les meubles, fut éteint. Ce ne fut que le lendemain matin que le premier consul, Joséphine, Hortense, tous les habitans enfin du château, apprirent cet accident, et témoignèrent tous, le premier consul surtout, leur satisfaction de l'attention qu'on avait mise à ne pas les réveiller. Pour prévenir, ou au moins rendre moins dangereux à l'avenir de pareils accidens, le premier consul fit organiser une garde de nuit à Saint-Cloud, et, dans la suite, dans toutes ses résidences. On appelait cette garde *chambre de veille*.

Dans les premiers temps que le premier consul habitait le palais de Saint-Cloud, il couchait dans le même lit que sa femme. Plus tard, l'étiquette survint, et, sous ce rapport, refroidit un peu la tendresse conjugale. En effet, le premier consul finit par habiter un appartement assez éloigné de celui de madame Bonaparte. Pour se rendre chez elle, il fallait qu'il traversât un grand corridor de service. A droite et à gauche habitaient les dames du palais, les dames de service, etc. Lorsque le premier consul voulait passer la nuit avec sa femme, il se déshabillait chez lui, d'où il sortait en robe de chambre et coiffé d'un madras. Je marchais devant lui, un flambeau à la main. Au bout de ce corridor était un escalier de quinze à seize marches, qui conduisait à l'appartement de madame Bonaparte. C'était une grande joie pour elle quand elle recevait la visite de son mari ; toute la maison en était instruite le lendemain. Je la vois encore dire à tout venant, en frottant ses petites mains : « *Je me suis levée tard aujourd'hui, mais, voyez-vous, c'est que Bonaparte est venu passer la nuit avec moi.* » Ce jour-là elle était plus aimable encore que de coutume; elle ne rebutait personne, et on en obtenait tout ce qu'on voulait. J'en ai fait pour ma part bien des fois l'épreuve.

Un soir que je conduisais le premier consul à une de ces visites conjugales, nous aperçûmes dans le corridor un jeune homme bien mis qui sortait de l'appartement d'une des femmes de madame Bonaparte. Il cherchait à s'esquiver, mais le premier consul lui cria d'une voix forte : *Qui est là? où allez-vous? que faites-vous? quel est votre nom?* C'était tout simplement un valet de chambre de madame Bonaparte. Stupéfait de ces interrogations précipitées, il répondit d'une voix effrayée qu'il venait de faire une commission pour madame Bonaparte. « C'est bien, reprit le premier consul, mais que je ne vous y reprenne pas. » Persuadé que le galant profiterait de la leçon, le général ne chercha point à savoir son nom ni celui de sa belle.

Cela me rappelle qu'il fut beaucoup plus sévère à l'égard d'une autre femme de chambre de madame

Bonaparte. Elle était jeune et très-jolie, et inspira des sentimens fort tendres à deux aides-de-camp, MM. R... et E... Ils soupiraient sans cesse à sa porte, lui envoyaient des fleurs et des billets doux. La jeune fille, du moins telle fut l'opinion générale de la maison, ne les payait d'aucun retour. Joséphine l'aimait beaucoup, et pourtant le premier consul s'étant aperçu des galanteries de ces messieurs, se montra fort en colère, et fit chasser la pauvre demoiselle, malgré ses pleurs et malgré les prières de madame Bonaparte et celles du brave et bon colonel R..., qui jurait naïvement que la faute était toute de son côté, que la pauvre petite ne méritait que des éloges, et ne l'avait point écouté. Tout fut inutile contre la résolution du premier consul, qui répondit à tout en disant : « Je ne veux point de désordre chez moi, point de scandale. »

Lorsque le premier consul faisait quelque distribution d'armes d'honneur, il y avait aux Tuileries un banquet auquel étaient admis indistinctement, quels que fussent leurs grades, tous ceux qui avaient eu part à ces récompenses. A ces dîners, qui se donnaient dans la grande galerie du château, il y avait quelquefois deux cents convives. C'était le général Duroc qui était le maître des cérémonies, et le premier consul avait soin de lui recommander d'entremêler les simples soldats, les colonels, les généraux, etc. C'était surtout les premiers qu'il ordonnait aux domestiques de bien soigner, de bien faire boire et manger. Ce sont les repas les plus longs que j'aie vu faire à l'empereur; il y était d'une amabilité, d'un laissez-aller parfaits; il faisait tous ses efforts pour mettre ses convives à leur aise; mais pour un grand nombre d'entre eux, il avait bien de la peine à y parvenir. Rien n'était plus drôle que de voir ces bons *troupiers*, se tenant à deux pieds de la table, n'osant approcher ni de leur serviette ni de leur pain; rouges jusqu'aux oreilles, et le cou tendu du côté de leur général, comme pour recevoir le mot d'ordre. Le premier consul leur faisait raconter le haut fait qui leur valait la récompense nationale, et riait quelquefois aux éclats de leurs singulières narrations. Il les engageait à bien manger, buvant quelquefois à leur santé; mais pour quelques-uns, ses encouragemens échouaient contre leur timidité, et les valets de pied leur enlevaient successivement leurs assiettes sans qu'ils y eussent touché. Cette contrainte ne les empêchait pas d'être pleins de joie et d'enthousiasme en quittant la table. « Au revoir, mes braves, leur disait le premier consul, baptisez-moi bien vite ces nouveau-nés-là » (montrant du doigt leurs sabres d'honneur). Dieu sait s'ils s'y épargnaient.

Cette bienveillance du premier consul pour de simples soldats me rappelle une anecdote arrivée à la Malmaison, et qui répond encore à ces reproches de hauteur et de dureté qu'on lui a faits.

Le premier consul sortit un jour de grand matin, vêtu de sa redingote grise et accompagné du général Duroc, pour se promener du côté de la machine de Marly. Comme ils marchaient en causant, ils virent un laboureur qui traçait un sillon en venant de leur côté. — Dites donc, mon brave homme (dit le premier consul en s'arrêtant), votre sillon n'est pas droit, vous ne savez donc pas votre métier? — Ce n'est toujours pas vous, mes beaux messieurs, qui me l'apprendrez; vous seriez encore assez embarrassés pour en faire autant. — Parbleu non! — Vous croyez : eh bien! essayez, reprit le brave homme en cédant sa place au premier consul. Celui-ci prit le manche de la charrue, et, poussant les chevaux, voulut commencer la leçon; mais il ne fit pas un seul pas en droite ligne, tant il s'y prenait mal. — Allons, allons, dit le paysan en mettant sa main sur celle du général, pour reprendre sa charrue, votre besogne ne vaut rien : chacun son métier; promenez-vous, c'est votre affaire. Mais le premier consul ne continua pas sa promenade sans payer la leçon de morale qu'il venait de recevoir du laboureur : le général Duroc lui remit deux ou trois louis pour le dédommager de la perte de temps qu'on lui avait causée. Le paysan, étonné de cette générosité, quitte sa charrue pour aller conter son aventure, et rencontre en chemin une femme à laquelle il conte qu'il croit bien avoir rencontré deux *gros messieurs*, à en juger par ce qu'il avait encore dans sa main. La fermière, mieux avisée, lui demanda quel était le costume des promeneurs, et d'après la description qu'il lui en fit, elle devina que c'était le premier consul et quelqu'un des siens. Le bon homme fut quelque temps interdit; mais le lendemain, il se prit d'une belle résolution, et s'étant paré de ses plus beaux habits, il se présenta à la Malmaison, demandant à parler au premier consul, pour le remercier, disait-il, du beau cadeau qu'il lui avait fait la veille (1).

* L'auteur du *Mémorial* cite de l'Empereur à Sainte-Hélène un trait pareil à celui que je rapporte ici. Sa Majesté professait la plus haute estime pour les cultivateurs et se plaisait à les consulter même sur des matières étrangères à leurs occupations, mais sur lesquelles leur bon sens et leur expérience pouvaient ouvrir un avis salutaire. Il avait coutume de dire *qu'il exposait aux paysans les difficultés de son Conseil d'État, et rapportait au Conseil d'Etat les observations des paysans.*

J'allai avertir le premier consul de cette visite, et il me donna l'ordre d'introduire le laboureur. Celui-ci, pendant que j'étais sorti pour l'annoncer, avait, suivant sa propre expression, *pris son courage à deux mains*, pour se préparer à cette grande entrevue. Je le retrouvai debout au milieu de l'antichambre (car il n'avait osé s'asseoir sur les banquettes, qui, bien que des plus simples, lui paraissaient magnifiques); et songeant à ce qu'il allait dire au premier consul pour lui témoigner sa reconnaissance. Je marchai devant lui, il me suivait en posant avec précaution le pied sur le tapis, et lorsque je lui ouvris la porte du cabinet, il me fit des civilités pour me faire entrer le premier. Lorsque le premier consul n'avait rien de secret à dire ou à dicter, il laissait assez volontiers la porte de son cabinet ouverte. Il me fit signe cette fois de ne point la fermer, de sorte que je pus voir et entendre tout ce qui se passait.

L'honnête laboureur commença, en entrant dans le cabinet, par saluer *le dos* de M. de Bourrienne, qui ne pouvait le voir, occupé qu'il était à écrire sur une petite table de travail placée dans l'embrasure de la fenêtre. Le premier consul le regardait faire ses saluts, renversé en arrière dans son fauteuil, dont, suivant une vieille habitude, il *travaillait* un des bras avec la pointe de son canif. A la fin pourtant il prit ainsi la parole :

— Eh bien, mon brave (le paysan se retourna, le reconnut et salua de nouveau). Eh bien, poursuivit le premier consul, la moisson a été belle cette année?

— Mais, sauf votre respect, citoyen mon général, pas trop mauvaise comme çà.

— Pour que la terre rapporte, reprit le premier consul, il faut qu'on la remue, n'est-il pas vrai? Les beaux messieurs ne valent rien pour cette besogne-là.

—Sans vous offenser, mon général, les bourgeois ont la main trop douce pour manier une charrue. Il faut une *poigne* solide pour remuer ces outils-là.

— C'est vrai, répondit en souriant le premier consul. Mais grand et fort comme vous êtes, vous avez dû manier autre chose qu'une charrue. Un bon fusil de munition, par exemple, ou bien la poignée d'un bon sabre.

Le laboureur se redressa avec un air de fierté : « — Général, dans le temps j'ai fait comme les au-
» tres. J'étais marié depuis cinq ou six ans, lorsque
» ces b..... de Prussiens (pardon, mon général),
» entrèrent à Landrecies. Vint la réquisition; on
» me donna un fusil et une giberne à la maison
» commune, et marche! Ah dame, nous n'étions
» pas équipés comme ces grands gaillards que je
» viens de voir en entrant dans la cour. »

Il voulait parler des grenadiers de la garde consulaire.

— Pourquoi avez-vous quitté le service? reprit le premier consul, qui paraissait prendre beaucoup d'intérêt à cette conversation.

— Ma foi, mon général, à chacun son tour. Il y avait des coups de sabre pour tout le monde. Il m'en tomba un là (le digne laboureur se baissa montrant sa tête, et écartant ses cheveux), et après quelques semaines d'ambulance, on me donna mon congé pour revenir à ma femme et à ma charrue.

— Avez-vous des enfans?

— J'en ai trois, mon général; deux garçons et une fille.

— Il faut faire un militaire de l'aîné de vos garçons. S'il se conduit bien, je me chargerai de lui. Adieu, mon brave; quand vous aurez besoin de moi, revenez me voir. Là-dessus, le premier consul se leva, se fit donner, par M. de Bourrienne, quelques louis qu'il ajouta à ceux que le laboureur avait déjà reçus de lui, et me chargea de le reconduire. Nous étions déjà dans l'antichambre, lorsque le premier consul rappela le paysan pour lui dire :

— Vous étiez à Fleurus?

— Oui, mon général.

— Pourriez-vous me dire le nom de votre général en chef?

— Je le crois bien, parbleu! c'était le général Jourdan.

— C'est bien; au revoir. Et j'emmenai le vieux soldat de la république, enchanté de sa réception.

CHAPITRE XI.

L'envoyé du bey de Tunis et les chevaux arabes. — Mauvaise foi de l'Angleterre. — Voyage à Boulogne. — En Flandre et en Belgique. — Courses continuelles. — L'auteur fait le service de premier valet de chambre. — Début de Consta comme barbier du premier consul. — Apprentissage. — Mentons plébéiens. — Le regard de l'aigle. — Le premier consul difficile à raser. — Constant l'engage à se raser lui-même. — Ses motifs pour tenir à persuader le premier consul. — Confiance et sécurité imprudente du premier consul. — La première leçon. — Les taillades. — Légers reproches. — Gaucherie du premier consul tenant son rasoir. — Les chefs et les harangues. — Arrivée du premier consul à Boulogne. — Préludes de la formation du camp de Boulogne. — Discours de vingt pères de famille. — Combat naval gagné par l'amiral Bruix contre les Anglais. — Le dîner et la victoire. — Les Anglais et la *Côte de Fer*. — Projet d'attentat sur la personne du premier consul. — Rapidité du voyage. — Le ministre de la police. — Présens offerts par les villes. — Travaux ordonnés par le premier consul. — Munificence. — Le premier consul mauvais cocher. — Pâleur de Cambacérès. — L'évanouissement. — Le précepte de l'évangile. — Le sommeil sans rêves. — L'ambassadeur ottoman. — Les cachemires. — Le musulman en prières et au spectacle.

Au commencement de cette année (1803), arriva à Paris un envoyé de Tunis, qui fit hommage au premier consul, de la part du bey, de dix chevaux arabes. Le bey avait alors à craindre la colère de l'Angleterre, et il cherchait à se faire de la France une alliée puissante et capable de le protéger; il ne pouvait mieux s'adresser, car tout annonçait la rupture de cette paix d'Amiens dont toute l'Europe s'était tant réjouie. L'Angleterre ne tenait aucune de ses promesses et n'exécutait aucun des articles du traité; de son côté, le premier consul, révolté d'une si mauvaise foi et ne voulant pas en être la dupe, armait publiquement et ordonnait le complétement des cadres et une nouvelle levée de cent vingt mille conscrits. La guerre fut officiellement déclarée au mois de juin; mais il y avait déjà eu des hostilités auparavant.

A la fin de ce mois, le premier consul fit un voyage à Boulogne, et visita la Picardie, la Flandre et la Belgique, pour organiser l'expédition qu'il méditait contre les Anglais, et mettre les côtes du nord en état de défense. De retour au mois d'août à Paris, il en repartit en novembre pour une seconde visite à Boulogne. Ces courses multipliées auraient été trop fortes pour M. Hambard, premier valet de chambre, qui était depuis long-temps malade. Aussi lorsque le premier consul avait été sur le point de partir pour sa première tournée dans le nord, M. Hambard lui avait demandé la permission de ne pas en être, alléguant, ce qui était trop vrai, le mauvais état de sa santé. « Voilà comme » vous êtes, dit le premier consul, toujours ma-» lade et plaignant! Et si vous restez ici, qui donc » me rasera? — Mon général, répondit M. Ham-» bard, Constant sait raser aussi bien que moi. » J'étais présent et occupé dans ce moment même à habiller le premier consul. Il me regarda et me dit : «— Eh bien! monsieur le drôle, puisque vous » êtes si habile, vous allez faire vos preuves sur-» le-champ; nous allons voir comment vous vous » y prendrez. » Je connaissais la mésaventure du pauvre Hébert, que j'ai rapportée précédemment, et ne voulant pas en éprouver une pareille, je m'étais fait depuis long-temps apprendre à raser. J'avais payé des leçons à un perruquier pour qu'il m'enseignât son métier, et je m'étais même, à mes momens de loisir, mis en apprentissage chez lui, où j'avais indistinctement fait la barbe à toutes ses pratiques. Le menton de ces braves gens avait eu passablement à souffrir avant que j'eusse assez de légèreté dans la main pour oser approcher mon rasoir du menton consulaire. Mais à force d'expériences réitérées *sur les barbes du commun*, j'étais arrivé à un degré d'adresse qui m'inspirait la plus grande confiance. Aussi, sur l'ordre du premier consul, j'apprête l'eau chaude et la savonnette, j'ouvre hardiment un rasoir, et je commence l'opération. Au moment où j'allais porter le rasoir sur le visage du premier consul, il se lève brusquement, se retourne, et fixe ses deux yeux sur moi avec une expression de sévérité et d'interrogation que je ne pourrais rendre. Voyant que je ne me troublais pas, il se rassit en me disant avec plus de douceur : « Continuez; » ce que je fis avec assez d'adresse pour le rendre très-satisfait. Lorsque j'eus fini : « Dorénavant, me dit-il, c'est vous qui » me raserez. » Et depuis lors, en effet, il ne voulut plus avoir d'autre barbier que moi. Dès lors aussi mon service devint beaucoup plus actif; car tous les jours j'étais obligé de paraître pour raser le premier consul, et je puis assurer que ce n'était pas chose facile à faire. Pendant la cérémonie de la barbe, il parlait souvent, lisait les journaux, s'agitait sur sa chaise, se retournait brusquement, et j'étais obligé d'user de la plus grande précaution pour ne point le blesser. Heureusement ce malheur ne m'est jamais arrivé. Quand par hasard il ne parlait pas, il restait immobile et raide comme une statue; et l'on ne pouvait lui faire baisser, ni lever, ni pencher la tête, comme il eût été nécessaire, pour accomplir plus aisément la tâche. Il avait aussi une manie singulière, qui était de ne se faire savonner et raser d'abord qu'une moitié du visage. Je ne pouvais passer à l'autre moitié que lorsque la première était finie. Le premier consul trouvait cela plus commode.

Plus tard, quand je fus devenu son premier valet de chambre, alors qu'il daignait me témoigner la plus grande bonté, et que j'avais mon franc-parler avec lui autant que son rang le permettait, je pris la liberté de l'engager à se raser lui-même ; car, comme je viens de le dire, ne voulant pas se faire raser par d'autres que moi, il était obligé d'attendre que l'on m'eût fait avertir, à l'armée surtout où ses levers n'étaient pas réguliers. Il se refusa long-temps à suivre mon conseil, et toutes les fois que j'y revenais : — Ah ! ah ! monsieur le paresseux ! me disait-il en riant ; vous seriez bien aise que je fisse la moitié de votre besogne ? Enfin j'eus le bonheur de le convaincre du désintéressement et de la sagesse de mes avis. Le fait est que je tenais beaucoup à le persuader ; car, me figurant quelquefois ce qui serait nécessairement arrivé si une absence indispensable, une maladie ou un motif quelconque m'eût tenu éloigné du premier consul, je ne pouvais penser, sans frémir, que sa vie aurait été à la merci du premier venu. Pour lui, je suis presque sûr qu'il n'y songeait pas ; car, quelques contes qu'on ait faits sur sa méfiance, il est certain qu'il ne prenait aucune précaution contre les piéges que pouvait lui tendre la trahison. Sa sécurité, sur ce point, allait même jusqu'à l'imprudence. Aussi tous ceux qui l'aimaient, et c'étaient tous ceux dont il était entouré, cherchaient-ils à remédier à ce défaut de précaution par toute la vigilance dont ils étaient capables. Je n'ai pas besoin de dire que c'était surtout cette même sollicitude pour la précieuse vie de mon maître, qui m'avait engagé à insister sur le conseil que je lui avais donné de se raser lui-même.

Les premières fois qu'il essaya de mettre mes leçons en pratique, c'était une chose plus inquiétante encore que risible de voir l'empereur (il l'était alors), qui, en dépit des principes que je venais de lui donner en les lui démontrant par des exemples réitérés, ne savait pas tenir son rasoir, le saisir à poignée par le manche, et l'appliquer perpendiculairement sur sa joue sans le coucher. Il donnait brusquement un coup de rasoir, ne manquait pas de se faire une taillade, et retirait sa main au plus vite en s'écriant : — Vous le voyez bien, drôle! vous êtes cause que je me suis coupé! Je prenais alors le rasoir, et finissais l'opération. Le lendemain, même scène que la veille, mais avec moins de sang répandu. Chaque jour ajoutait à l'adresse de l'empereur; et il finit, à force de leçons, par être assez habile pour se passer de moi. Seulement il se coupait encore de temps en temps, et alors il recommençait à m'adresser de petits reproches; mais en plaisantant et avec bonté. Au reste, de la manière dont il s'y prenait et qu'il ne voulait pas changer, il était bien impossible qu'il ne lui arrivât pas souvent de se tailler le visage; car il se rasait de haut en bas, et non de bas en haut comme tout le monde, et cette mauvaise méthode, que tous mes efforts ne purent jamais changer, ajoutée à la brusquerie habituelle de ses mouvemens, faisait que je ne pouvais m'empêcher de frémir chaque fois que je lui voyais prendre son rasoir.

Madame Bonaparte accompagna le premier consul dans le premier de ces voyages. Ce ne fut, comme dans celui de Lyon, que fêtes et triomphes continuels.

Pour l'arrivée du premier consul, les habitans de Boulogne avaient élevé des arcs-de-triomphe, depuis la porte dite de Montreuil jusqu'au grand chemin qui conduisait à sa baraque, que l'on avait faite au camp de droite. Chaque arc-de-triomphe était en feuillage, et l'on y lisait les noms des combats et batailles rangées où il avait été victorieux. Ces dômes et ces arcades de verdure et de fleurs offraient un coup-d'œil admirable. Un arc-de-triomphe, beaucoup plus haut que les autres, s'élevait au milieu de la rue de l'Écu (grande rue); l'élite des citoyens s'était rassemblée à l'entour; plus de cent jeunes personnes parées de fleurs, des enfans, de beaux vieillards et un grand nombre de braves, que le devoir militaire n'avait pas retenus au camp, attendaient avec impatience l'arrivée du premier consul. A son approche, le canon de réjouissance annonça aux Anglais, dont la flotte ne s'éloignait pas des eaux de Boulogne, l'apparition de Napoléon sur le rivage, où se rassemblait la formidable armée qu'il avait résolu de jeter sur l'Angleterre.

Le premier consul, monté sur un petit cheval gris, qui avait la vivacité de l'écureuil, mit pied à terre, et, suivi de son brillant état-major, il adressa ces paternelles paroles aux autorités de la ville : « Je viens pour assurer le bonheur de la France; » les sentimens que vous manifestez, toutes vos » marques de reconnaissance me touchent; je » n'oublierai pas mon entrée à Boulogne, que j'ai » choisi pour le centre de réunion de mes armées. » Citoyens, ne vous effrayez pas de ce rendez-vous; » c'est celui des défenseurs de la patrie, et bientôt » des vainqueurs de la fière Angleterre. » Le premier consul continua sa marche, entouré de toute la population, qui ne le quitta qu'à la porte de sa baraque, où plus de trente généraux le reçurent.

Le bruit du canon, des cloches, les cris d'allégresse ne cessèrent qu'avec ce beau jour.

Le lendemain de notre arrivée, le premier consul visita le Pont de Briques, petit village situé à une demi-lieue de Boulogne; un fermier lui lut le compliment suivant :

« Général, nous sommes ici vingt pères de fa-
» mille qui vous offrons une vingtaine de gros
» gaillards qui sont et seront toujours à vos ordres;
» emmenez-les, général, ils sont capables de vous
» donner un bon coup de main lorsque vous irez
» en Angleterre. Quant à nous, nous remplirons
» un autre devoir; nos bras travailleront à la terre
» pour que le pain ne manque pas aux braves
» qui doivent écraser les Anglais. »

Napoléon remercia en souriant le franc campagnard, jeta un coup d'œil sur une petite maison de campagne, bâtie au bord de la grande route, et s'adressant au général Berthier, il dit : « Voilà
» où je veux que mon quartier-général soit établi.»
Puis il piqua son cheval et s'éloigna. Un général et quelques officiers restèrent pour faire exécuter l'ordre du premier consul, qui dans la nuit même de son arrivée à Boulogne revint coucher au Pont de Briques.

On me raconta à Boulogne les détails d'un combat naval, que s'étaient livré, peu de temps avant notre arrivée, la flottille française, commandée par l'amiral Bruix, et l'escadre anglaise avec laquelle Nelson bloquait le port de Boulogne. Je les rapporterai tels qu'ils m'ont été dits, ayant trouvé des plus curieuses la manière commode dont l'amiral français dirigeait les opérations de ses marins.

Deux cents bâtimens environ, tant canonnières que bombardes, bateaux plats et péniches, formaient la ligne de défense; la côte et les forts étaient hérissés de batteries. Quelques frégates se détachèrent de la station ennemie, et, précédées de deux ou trois bricks, vinrent se ranger en bataille devant la ligne et à la portée du canon de notre flottille. Alors le combat s'engagea, les boulets arrivèrent de toutes parts. Nelson, qui avait promis la destruction de la flottille, fit renforcer sa ligne de bataille de deux autres rangs de vaisseaux et de frégates; ainsi placés par échelons, ils combattirent avec une grande supériorité de forces. Pendant plus de sept heures, la mer, couverte de feu et de fumée, offrit à toute la population de Boulogne le superbe et épouvantable spectacle d'un combat naval où plus de dix-huit cents coups de canon partaient à la fois. Le génie de Nelson ne put rien contre nos marins et nos soldats. L'amiral Bruix était dans sa baraque, placée près du sémaphore des signaux.

De là, il combattait Nelson, en buvant avec son état-major et quelques dames de Boulogne qu'il avait invitées à dîner. Les convives chantaient les premières victoires du premier consul, tandis que l'amiral, sans quitter la table, faisait manœuvrer la flottille au moyen des signaux qu'il ordonnait. Nelson, impatient de vaincre, fit avancer toutes ses forces navales; mais, contrarié par le vent que les Français avaient sur son escadre, il ne put tenir la promesse qu'il avait faite à Londres de brûler notre flottille. Loin de là, plusieurs de ses bâtimens furent fortement endommagés, et l'amiral Bruix voyant s'éloigner les Anglais, cria victoire, en versant le champagne à ses convives. La flottille française avait peu souffert, tandis que l'escadre ennemie était abîmée par le feu continuel de nos batteries sédentaires. Ce jour-là, les Anglais reconnurent qu'il leur serait impossible d'approcher de la côte de Boulogne, qu'ils ont depuis surnommée la *Côte de Fer*.

Lorsque le premier consul quitta Boulogne, il devait passer à Abbeville et y rester vingt-quatre heures. Le maire de cette ville n'avait rien négligé pour l'y recevoir dignement. Abbeville était superbe ce jour-là. On était allé enlever, avec leurs racines, les plus beaux arbres d'un bois voisin, pour former des avenues dans toutes les rues où le premier consul devait passer. Quelques habitans, propriétaires de magnifiques jardins, en avaient retiré leurs arbustes les plus rares pour les ranger sur son passage; des tapis de la manufacture de MM. Hecquet-Dorval étaient étendus par terre, pour être foulés par ses chevaux. Une circonstance imprévue troubla tout-à-coup la fête; un courrier que le ministre de la police avait expédié, arriva au moment où nous approchions de la ville. Le ministre avertissait le premier consul qu'on voulait l'assassiner à deux lieues de là; le jour et l'heure étaient indiqués.

Pour déjouer l'attentat qu'on méditait contre sa personne, le premier consul traversa la ville au galop, et, suivi de quelques lanciers, il se rendit sur le terrain où il devait être attaqué; là, il fit une halte d'environ une demi-heure, y mangea quelques biscuits d'Abbeville et repartit. Les assassins furent trompés; ils ne s'étaient préparés que pour le lendemain.

Le premier consul et madame Bonaparte continuèrent leur tournée à travers la Picardie, la Flandre et les Pays-Bas. Chaque jour arrivaient au premier consul des offres de bâtimens de guerre faites par les divers conseils généraux. On continuait à le haranguer, à lui présenter les clefs des villes comme s'il eût exercé la puissance royale. Amiens,

Dunkerque, Lille, Bruges, Gand, Bruxelles, Liége, Namur se distinguèrent par l'éclat de la réception qu'ils firent aux illustres voyageurs. Les habitans de la ville d'Anvers firent présent au premier consul de six chevaux bais magnifiques. Partout aussi le premier consul laissa des marques utiles de son passage. Par ses ordres, des travaux furent aussitôt commencés pour nettoyer et améliorer le port d'Amiens. Il visita dans cette ville, et dans les autres lorsqu'il y avait lieu, l'exposition des produits de l'industrie, encourageant les fabricans par ses conseils et les favorisant par ses arrêtés. A Liége, il fit mettre à la disposition du préfet de l'Ourthe une somme de 300,000 francs pour la réparation des maisons brûlées par les Autrichiens, dans ce département, pendant les premières guerres de la révolution. Anvers lui dut son port intérieur, un bassin et des chantiers de construction. A Bruxelles, il ordonna la jonction du Rhin, de la Meuse et de l'Escaut par un canal. Il fit jeter à Givet un pont de pierre sur la Meuse, et, à Sédan, madame veuve Rousseau reçut de lui une somme de 60,000 francs pour le rétablissement de sa fabrique détruite par un incendie. Enfin, je ne saurais énumérer tous les bienfaits publics ou particuliers que le premier consul et madame Bonaparte semèrent sur leur route.

Peu de temps après notre retour à Saint-Cloud, le premier consul, se promenant en voiture dans le parc avec sa femme et M. Cambacerès, eut la fantaisie de conduire à grandes guides les quatre chevaux attelés à sa calèche, et qui étaient de ceux qui lui avaient été donnés par les habitans d'Anvers. Il se plaça donc sur le siége, et prit les rênes des mains de César, son cocher, qui monta derrière la voiture. Ils se trouvaient en ce moment dans l'allée du fer à cheval, qui conduit à la route du pavillon Breteuil et de Ville-d'Avray. Il est dit, dans le Mémorial de Sainte-Hélène, que *l'aide-de-camp, ayant gauchement traversé les chevaux, les fit emporter.* César, qui me conta en détail cette fâcheuse aventure, peu de minutes après que l'accident avait eu lieu, ne me dit pas un mot de l'aide-de-camp; et, en conscience, il n'était pas besoin, pour faire verser la calèche, d'une autre gaucherie que de celle d'un cocher aussi peu expérimenté que l'était le premier consul. D'ailleurs, les chevaux étaient jeunes et ardens, et César lui-même avait besoin de toute son adresse pour les conduire. Ne sentant plus sa main, ils partirent au galop; et César, voyant la nouvelle direction qu'ils prenaient vers la droite, se mit à crier, *à gauche!* d'une voix de stentor. Le consul Cambacerès, encore plus pâle qu'à l'ordinaire, s'inquiétait peu de rassurer madame Bonaparte alarmée ; mais il criait de toutes ses forces : — Arrêtez! arrêtez! vous allez nous briser! Cela pouvait fort bien arriver; mais le premier consul n'entendait rien, et d'ailleurs il n'était plus maître des chevaux. Arrivé, ou plutôt emporté avec une rapidité extrême jusqu'à la grille, il ne put prendre le milieu, accrocha une borne et versa lourdement. Heureusement les chevaux s'arrêtèrent. Le premier consul, jeté à dix pas sur le ventre, s'évanouit et ne revint à lui que lorsqu'on le toucha pour le relever. Madame Bonaparte et le second consul n'eurent que de légères contusions; mais la bonne Joséphine avait horriblement souffert d'inquiétude pour son mari. Pourtant, quoiqu'il eût été rudement froissé, il ne voulut point être saigné, et se contenta de quelques frictions d'eau de Cologne, son remède favori. Le soir, à son coucher, il parla avec gaîté de sa mésaventure, de la frayeur extrême qu'avait montrée son collègue, et finit en disant « *Il faut rendre à César ce qui est à César;* qu'il garde son fouet, et que chacun fasse son métier. » Il convenait toutefois, malgré ses plaisanteries, qu'il ne s'était jamais cru lui-même si près de la mort, et que même il se tenait pour avoir été bien mort pour quelques secondes. Je ne me souviens pas si c'est à cette occasion, ou dans un autre moment, que j'ai entendu dire à l'empereur que *la mort n'était qu'un sommeil sans rêves.*

Au mois d'octobre de cette année, le premier consul reçut en audience publique Haled-Effendi, ambassadeur de la Porte Ottomane.

L'arrivée de l'ambassadeur Turc fit sensation aux Tuileries, parce qu'il apportait une grande quantité de cachemires au premier consul, qu'on était sûr qu'ils seraient distribués, et que chaque femme se flattait d'être favorablement traitée. Je crois que sans son costume étranger, et surtout sans ses cachemires, il aurait produit peu d'effet sur des gens déjà habitués à voir des princes souverains faire la cour au chef du gouvernement, chez lui et chez eux. Son costume même n'était pas plus remarquable que celui de Roustan, auquel on était accoutumé, et quant à ses saluts, ils n'étaient guère plus bas que ceux des courtisans ordinaires du premier consul. A Paris, on dit que l'enthousiasme dura plus long-temps. *C'est si drôle d'être Turc!* Quelques dames eurent l'honneur de voir manger l'ambassadeur barbu; il fut poli et même galant avec elles, et leur fit quelques cadeaux qui furent très-vantés. Il n'avait pas les mœurs trop musulmanes et ne fut pas très-effrayé de voir, sans un voile sur le visage, nos jolies Parisiennes. Un jour, qu'il passa presque entier à Saint-Cloud, je le vis faire sa prière. C'était dans la cour d'honneur, sur un large parapet bordé d'une balustrade en pierre. L'ambassadeur fit étendre des tapis du côté des appartemens qui, depuis, furent ceux du roi de Rome, et là il fit ses génuflexions, aux yeux de plusieurs personnes de la maison qui, par discrétion, se tinrent derrière les croisées. Le soir il assista au spectacle. On donnait, je crois, *Zaïre* ou *Mahomet*; il n'y comprit rien.

CHAPITRE XII.

Nouveau voyage à Boulogne. — Visite de la flottille, et revue des troupes. — Jalousie de la ligne contre la garde. — Le premier consul au camp. — Colère du général contre les soldats. — Ennuis des officiers et plaisirs du camp. — Timidité des Boulonnaises. — Jalousie des maris. — Visites des Parisiennes, des Abbevilloises, des Dunkerquoises et des Amiennoises, au camp de Boulogne. — Soirées chez la maîtresse du colonel Joseph Bonaparte. — Les généraux Soult, Saint-Hilaire et Andréossy. — La femme adroite et les deux amans heureux. — Curiosité du premier consul. — Le premier consul pris pour un commissaire des guerres. — Commencement de la faveur du général Bertrand. — L'ordonnateur Arcambal et les deux visiteurs. — Le premier consul épiant son frère, qui feint de ne pas le reconnaître. — Le premier consul et les jeux innocens. — Le premier consul n'a rien à donner pour gage. — Billet doux du premier consul. — Combat naval. — Le premier consul commande une manœuvre et se trompe. — Erreur reconnue et silence du général. — Le premier consul pointe les canons et fait rougir les boulets. — Combat de deux Picards. — Explosion continuelle. — Dîner au bruit du canon. — Frégate anglaise démâtée, et le brick coulé bas.

Au mois de novembre de cette année, le premier consul retourna à Boulogne pour visiter la flottille et passer la revue des troupes qui s'y étaient déjà rassemblées, dans les camps destinés à l'armée avec laquelle il se proposait de descendre en Angleterre. J'ai conservé quelques notes, et encore plus de souvenirs sur mes différens séjours à Boulogne. Jamais l'empereur ne déploya autre part une plus grande puissance militaire. Jamais on ne vit réunies sur un même point, de plus belles troupes ni de plus prêtes à marcher au moindre signe de leur chef. Il n'est donc pas suprenant que j'aie retrouvé dans ma mémoire sur cette époque, des détails que personne, je crois, n'a encore imaginé de publier. Personne aussi, si je ne me trompe, n'a pu être mieux en état que moi de les connaître. Au reste, le lecteur va être à même d'en juger.

Dans les différentes revues que passait le premier consul, il semblait vouloir exciter l'enthousiasme des soldats et leur attachement à sa personne, par l'attention avec laquelle il saisissait toutes les occasions de flatter leur amour-propre.

Un jour, ayant particulièrement remarqué l'excellente tenue des 36e, 57e régimens de ligne et 10e d'infanterie légère, il fit sortir des rangs tous les chefs, depuis les caporaux jusqu'aux colonels, et se mettant au milieu d'eux, il leur témoigna sa satisfaction en leur rappelant les occasions où, sous le feu du canon, il avait été à même de faire sur ces trois braves régimens des remarques avantageuses. Il complimenta les sous-officiers sur la bonne éducation des soldats, et les capitaines et les chefs de bataillon sur l'ensemble et la précision des manœuvres. Enfin, chacun eut sa part d'éloges.

Cette flatteuse distinction n'excita point la jalousie des autres corps de l'armée; chaque régiment avait eu dans cette journée sa part plus ou moins grande de complimens, et quand la revue fut terminée, ils regagnèrent paisiblement leurs cantonnemens. Mais les soldats des 36°, 57° et 10°, tout fiers d'avoir été favorisés si spécialement, allèrent dans l'après-midi porter leur triomphe dans une guinguette fréquentée par les grenadiers de la garde à cheval. On commença par boire tranquillement, en parlant de campagnes, de villes prises, du premier consul, enfin de la revue du matin : alors, des jeunes gens de Boulogne qui s'étaient mêlés aux buveurs, s'avisèrent de chanter des couplets de composition toute récente, dans lesquels on portait aux nues la bravoure, les exploits des trois régimens, sans y mêler un mot pour le reste de l'armée, pas même pour la garde; et c'était dans la guinguette favorite des grenadiers de la garde, que ces couplets étaient chantés!

Ceux-ci gardèrent d'abord un morne silence; mais bientôt, poussés à bout, ils protestèrent à haute voix contre ces couplets, qu'ils trouvaient, disaient-ils, détestables. La querelle s'engagea d'une façon très-vive, on cria beaucoup, on se dit des injures, puis on se sépara, sans trop de bruit pourtant, en se donnant rendez-vous pour le lendemain, à quatre heures du matin, aux environs de Marquise, petit village qui est à deux lieues de Boulogne. Il était fort tard, le soir, quand les soldats quittèrent la guinguette.

Plus de deux cents grenadiers de la garde se rendirent séparément au lieu du rendez-vous, et trouvèrent le terrain occupé par un nombre à peu près égal de leurs adversaires des 36°, 57° et 10°. Sans explications, sans tapage, ils mirent tous le sabre à la main, et se battirent pendant plus d'une heure avec un sang-froid effrayant. Un nommé Martin, grenadier de la garde, homme d'une taille gigantesque, tua de sa main sept ou huit soldats du 10°. Ils se seraient probablement massacrés tous, si le général Saint-Hilaire, prévenu trop tard de cette sanglante querelle, n'eût pas fait aussitôt partir un régiment de cavalerie, qui mit fin au combat. Les grenadiers avaient perdu dix hommes, et les soldats de la ligne treize : les blessés étaient de part et d'autre en très-grand nombre.

Le premier consul alla au camp le lendemain, fit amener devant lui les provocateurs de cette terrible scène, et leur dit d'une voix sévère : « Je » sais pourquoi vous vous êtes battus; plusieurs » braves ont succombé dans une lutte indigne » d'eux et de vous. Vous serez punis. J'ai ordonné » qu'on imprimât les couplets, cause de tant de » malheurs. Je veux qu'en apprenant votre puni- » tion, les Boulonnais sachent que vous avez dé- » mérité de vos frères d'armes. »

Cependant les troupes, et surtout les officiers, commençaient à s'ennuyer de leur séjour à Boulogne, ville moins propre que toute autre, peut-être, à leur rendre supportable une existence inactive. On ne murmurait pas néanmoins, parce que jamais, où était le premier consul, les murmures n'avaient pu trouver place; mais on pestait tout bas de se voir retenu au camp ou dans le port, ayant l'Angleterre devant soi, à neuf ou dix lieues de distance. Les plaisirs étaient rares à Boulogne; les Boulonnaises, jolies femmes en général, mais extrêmement timides, n'osaient pas former de réunions chez elles, dans la crainte de déplaire à leurs maris, gens fort jaloux, comme le sont tous les Picards. Il y avait pourtant un beau salon, dans lequel on aurait pu facilement donner des bals et des soirées ; mais, quoiqu'elles en eussent bien envie, ces dames n'osaient pas s'en servir; il fallut qu'un certain nombre de belles Parisiennes, touchées du triste sort de tant de braves et beaux officiers, vinssent à Boulogne pour charmer les ennuis d'un si long repos. L'exemple des Parisiennes piqua les Abbevilloises, les Dunkerquoises, les Amiennoises, et bientôt Boulogne fut rempli d'étrangers et d'étrangères qui venaient faire les honneurs de la ville.

Entre toutes ces dames, celle qui se faisait principalement remarquer par un excellent ton, beaucoup d'esprit et de beauté, était une Dunkerquoise nommée madame F..., excellente musicienne, pleine de gaîté, de grâces et de jeunesse; il était impossible que madame F... ne fît point tourner bien des têtes. Le colonel Joseph, frère du premier consul, le général Soult, qui fut depuis maréchal, les généraux Saint-Hilaire et Andréossy, et quelques autres grands personnages, furent à ses pieds. Deux seulement, dit-on, réussirent à s'en faire aimer, et de ces deux, l'un était le colonel Joseph, qui passa bientôt dans la ville pour l'amant préféré de madame F... La belle Dunkerquoise donnait souvent des soirées, auxquelles le colonel Joseph ne manquait jamais d'assister. Parmi tous ses rivaux, et certes il en avait bon nombre, un seul lui portait ombrage : c'était le général en chef

Soult. Cette rivalité ne nuisait point aux intérêts de madame F...; en habile tacticienne, elle provoquait adroitement la jalousie de ses deux soupirans, en acceptant tour à tour de chacun d'eux les complimens, les bouquets de roses, et mieux que cela quelquefois.

Le premier consul, informé des amours de son frère, eut un soir la fantaisie d'aller s'égayer au petit salon de madame F..., qui était tout bonnement une chambre au premier étage de la maison d'un menuisier, dans la rue des Minimes. Pour ne pas être reconnu, il s'habilla en bourgeois, et mit une perruque et des lunettes. Il mit dans sa confidence le général Bertrand, qui était déjà en grande faveur auprès de lui, et qui eut soin de faire aussi tout ce qui pouvait le rendre méconnaissable.

Ainsi déguisés, le premier consul et son compagnon se présentèrent chez madame F..., et demandèrent monsieur l'ordonnateur Arcambal. Le plus sévère incognito fut recommandé à M. Arcambal par le premier consul, qui n'aurait pas voulu, pour tout au monde, être reconnu. M. Arcambal promit le secret. Les deux visiteurs furent annoncés sous le titre de commissaires des guerres.

On jouait à la bouillotte : l'or couvrait les tables, et le jeu et le punch absorbaient à un tel point l'attention des joyeux habitués qu'aucun d'eux ne prit garde aux personnages qui venaient d'entrer. Quant à la maîtresse du logis, elle n'avait jamais vu de près le premier consul ni le général Bertrand; en conséquence, il n'y avait rien à craindre de son côté. Je crois bien que le colonel Joseph reconnut son frère, mais il ne le fit pas voir.

Le premier consul, évitant de son mieux les regards, épiait ceux de son frère et de madame F... Convaincu de leur intelligence, il se disposait à quitter le salon de la jolie Dunkerquoise, lorsque celle-ci, tenant beaucoup à ce que le nombre de ses convives ne diminuât pas encore, courut aux deux faux commissaires des guerres, et les retint gracieusement, en leur disant qu'on allait jouer aux petits jeux, et qu'ils ne s'en iraient pas avant d'avoir donné des gages. Le premier consul ayant consulté des yeux le général Bertrand, trouva plaisant de rester pour jouer aux jeux *innocens*.

Effectivement, au bout de quelques minutes, sur la demande de madame F..., les joueurs désertèrent la bouillotte, et vinrent se ranger en cercle autour d'elle. On commença par danser la boulangère; puis les jeux *innocens* allèrent leur train. Le tour vint au premier consul de donner un gage. Il fut d'abord très-embarrassé, n'ayant sur lui qu'un morceau de papier sur lequel il avait crayonné les noms de quelques colonels; il confia pourtant ce papier à madame F..., en la priant de ne point l'ouvrir. La volonté du premier consul fut respectée, et le papier, jusqu'à ce que le gage eût été racheté, resta fermé sur les genoux de la belle dame. Ce moment arriva, et l'on imposa au grand capitaine la singulière pénitence de faire le *portier*, tandis que madame F..., avec le colonel Joseph, feraient le *voyage à Cythère* dans une pièce voisine. Le premier consul s'acquitta de bonne grâce du rôle qu'on lui faisait jouer ; puis, après les gages rendus, il fit signe au général Bertrand de le suivre. Ils sortirent, et bientôt le menuisier, qui demeurait au rez-de-chaussée, monta pour remettre un petit billet à madame F... Ce billet était ainsi conçu :

« Je vous remercie, madame, de l'aimable accueil que vous m'avez fait. Si vous venez un jour dans ma baraque, je ferai encore le portier, si bon vous semble ; mais cette fois je ne laisserai point à d'autres le soin de vous accompagner dans le voyage à Cythère.

« *Signé* BONAPARTE. »

La jolie Dunkerquoise lut tout bas le billet ; mais elle ne laissa point ignorer aux donneurs de gages qu'ils avaient reçu la visite du premier consul. Au bout d'une heure on se sépara, et madame F... resta seule à réfléchir sur la visite et le billet du grand homme.

Ce fut durant ce même séjour qu'il y eut dans la rade de Boulogne un combat terrible pour protéger l'entrée dans le port, d'une flottille composée de vingt ou trente bâtimens, qui venaient d'Ostende, de Dunkerque et de Nieuport, chargés de munitions pour la flotte nationale.

Une magnifique frégate, portant du canon de trente-six, un cottre et un brick de premier rang s'étaient détachés de la croisière anglaise, afin de couper le chemin à la flottille batave; mais on les reçut de manière à leur ôter l'envie d'y revenir.

Le port de Boulogne était défendu par cinq forts : le fort de la Crèche, le fort en Bois, le fort Musoir, la tour Croï et la tour d'Ordre, tous garnis de canons et d'obusiers avec un luxe extraordinaire. La ligne d'embossage qui barrait l'entrée se composait de deux cent cinquante chaloupes canonnières et autres bâtimens; la division des canonnières impériales en faisait partie.

Chaque chaloupe portait trois pièces de canon de vingt-quatre, deux pièces de chasse et une de retraite. Cinq cents bouches à feu jouaient donc sur l'ennemi, indépendamment de toutes les batteries des forts. Toutes les pièces de canon tiraient plus de trois coups par minute.

Le combat commença à une heure après midi. Il faisait un temps superbe. Au premier coup de canon, le premier consul quitta le quartier-général du *Pont de Briques*, et vint au galop, suivi de son état-major, pour donner ses ordres à l'amiral Bruix. Bientôt, voulant observer par lui-même les mouvemens de défense, et contribuer à les diriger, il se jeta, suivi de l'amiral et de quelques officiers, dans un canot que des marins de la garde conduisaient.

C'est ainsi que le premier consul se porta au milieu des bâtimens qui formaient la ligne d'embossage, à travers mille dangers et une grêle d'obus, de bombes et de boulets. Ayant l'intention de débarquer à Wimereux après avoir parcouru la ligne, il fit tourner vers la tour Croï, disant qu'il fallait la doubler. L'amiral Bruix, effrayé du péril qu'on allait courir inutilement, représenta au premier consul l'imprudence de cette manœuvre : « Que gagnerons-nous, disait-il, à doubler ce fort? » rien, que des boulets..... Général, en le tournant » nous arriverions aussi tôt. » Le premier consul n'était pas de l'avis de l'amiral; il s'obstinait à vouloir doubler la tour; l'amiral, au risque d'être disgracié, donna des ordres contraires aux marins;

et le premier consul se vit obligé de passer derrière le fort, très-irrité et faisant à l'amiral des reproches qui cessèrent bientôt : car à peine le canot était-il passé, qu'un bateau de transport, qui avait doublé la tour Croï, fut écrasé et coulé bas par trois ou quatre obus.

Le premier consul se tut, en voyant combien l'amiral avait eu raison, et le reste du chemin se fit sans encombre jusqu'au petit port de Wimereux. Arrivé là, il monta sur la falaise pour encourager les canonniers. Il leur parlait à tous, leur frappait sur l'épaule, les engageant à bien pointer. « Cou-
» rage, mes amis, disait-il, songez que vous com-
» battez des gaillards qui tiendront long-temps ;
» renvoyez-les avec les honneurs de la guerre. »
Et regardant la belle résistance et les manœuvres majestueuses de la frégate, il demandait : « Croyez-
» vous, mes enfans, que le capitaine soit anglais ?
» je ne le pense pas. »

Les artilleurs, enflammés par les paroles du premier consul redoublaient d'ardeur et de vitesse. « Tenez, mon général, s'écria l'un d'eux, à la fré-
» gate, le beaupré va *descendre!* » Il avait bien dit, le mât de beaupré fut coupé en deux par le boulet. « Donnez vingt francs à ce brave, » dit le premier consul en s'adressant aux officiers qui l'avaient suivi.

A côté des batteries de Wimereux était une forge pour faire rougir les boulets. Le premier consul regardait travailler les forgerons, et leur donnait des conseils. « Ce n'est pas assez rouge, » mes enfans; il faut leur envoyer plus rouge que » ça..... allons! allons! » L'un d'eux l'avait connu lieutenant d'artillerie, et disait à ses camarades : « Il s'entend joliment à ces petites choses-là...... » tout comme aux grandes, allez ! »

Ce jour-là, deux soldats sans armes, qui, placés sur la falaise, regardaient les manœuvres, se prirent de querelle d'une manière très-plaisante. « *Tiens, dit l'un, vois-tu l'pio caporal, là-bas?* (ils étaient tous deux Picards.) — *Mais non, je ne l'vois point. — Tu ne l'vois point dans son canot? — Ah! si... mais il n'y pens' point, bien sûr; s'il y arrivait queuq' tape, il ferait pleurer toute l'armée. Pourquoi qu'i s'expose comme ça? — Dame, c'est sa place. — Mais, non. — Mais, si. — Mais, non..... Voyons, qu'est-ce que tu ferais d'main, toi, si l'pio caporal était f....— Eh! puisqu'j'te dis qu'ç'est sa place,* etc.; et n'ayant point, à ce qu'il paraît, d'argumens assez forts de part et d'autre, ils en vinrent à se battre à coups de poing. On eut beaucoup de peine à les séparer.

Le combat avait commencé à une heure après midi; à dix heures du soir environ, la flottille batave entra dans le port au milieu du feu le plus horrible que j'aie jamais vu. Dans cette obscurité, les bombes qui se croisaient en tous sens formaient au dessus du port et de la ville un berceau de feu. L'explosion continuelle de toute cette artillerie était répétée par les échos des falaises avec un fracas épouvantable; et, chose singulière, personne dans la ville n'avait peur. Les Boulonnais avaient pris l'habitude du danger; ils s'attendaient tous les jours à quelque chose de terrible; ils avaient toujours sous les yeux des préparatifs d'attaque ou de défense; ils étaient devenus soldats à force d'en voir. Ce jour-là, on dîna au bruit du canon, mais tout le monde dîna : l'heure du repas ne fut ni avancée ni reculée. Les hommes allaient à leurs affaires, les femmes s'occupaient de leur ménage, les jeunes filles touchaient du piano...... Tous voyaient avec indifférence les boulets passer au dessus de leurs têtes, et les curieux que l'envie de voir le combat avait attirés sur les falaises, ne paraissaient guère plus émus qu'on ne l'est ordinairement en voyant jouer une pièce militaire chez Franconi.

J'en suis encore à me demander comment trois vaisseaux ont pu supporter pendant plus de neuf heures un choc aussi violent. Au moment où la flottille entra dans le port, le cutter anglais avait coulé bas, le brick avait été brûlé par les boulets rouges, il ne restait que la frégate, avec ses mâtures fracassées, ses voiles déchirées, et pourtant elle tenait encore, immobile comme un roc. Elle était si près de la ligne d'embossage, que les marins pouvaient, de part et d'autre, se reconnaître et se compter. Derrière elle, à distance raisonnable se trouvaient plus de cent voiles anglaises. Enfin, à dix heures passées, un signal parti de l'amiral anglais fit virer de bord la frégate, et le feu cessa. La ligne d'embossage ne fut pas fortement endommagée dans ce long et terrible combat, parce que les bordées de la frégate portaient presque toujours dans les mâtures, et jamais dans le corps des chaloupes. Le brick et le cutter firent plus de mal.

CHAPITRE XIII.

Retour à Paris du premier consul. — Arrivée du prince Camille Borghèse. — Pauline Bonaparte et son premier mari, le général Leclerc. — Amour du général pour sa femme. — Portrait du général Leclerc. — Départ du général pour Saint-Domingue. — Le premier consul ordonne aussi le départ de sa sœur. — Révolte de Christophe et de Dessalines. — Arrivée au Cap, du général et de sa femme. — Courage de madame Leclerc. — Insurrection des noirs. — Les débris de l'armée de Brest, et douze mille nègres révoltés. — Valeur héroïque du général en chef, atteint d'une maladie mortelle. — Courage de madame Leclerc. — Noblesse et intrépidité. — Pauline sauvant son fils. — Mort du général Leclerc. — Mariage de Pauline. — Chagrin de Lafon, et réponse de mademoiselle Duchesnois. — M. Jules de Canouville, et la princesse Borghèse. — Disgrâce de la princesse auprès de l'empereur. — Générosité de la princesse pour son frère. — La seule amie qui lui reste. — Les diamans de la princesse dans la voiture de l'empereur à la bataille de Waterloo.

Le premier consul quitta Boulogne pour retourner à Paris, où il voulait assister au mariage d'une de ses sœurs. Le prince Camille Borghèse, descendant de la plus noble famille de Rome, y était déjà arrivé pour épouser madame Pauline Bonaparte, veuve du général Leclerc, mort de la fièvre jaune à Saint-Domingue.

Je me souviens d'avoir vu ce malheureux général, chez le premier consul, quelque temps avant son départ pour la funeste expédition qui lui coûta la vie, et à la France la perte de tant de braves soldats, et un argent énorme. Le général Leclerc, dont le nom est aujourd'hui à peu près oublié, ou même, en quelque sorte, voué au mépris, était un homme doux et bienveillant. Il était passionnément amoureux de sa femme, dont la légèreté, pour ne pas dire plus, le désolait, et le jetait dans une mélancolie profonde et habituelle qui faisait peine à voir. La princesse Pauline (qui était loin encore d'être princesse) l'avait pourtant épousé librement et par choix ; ce qui ne l'empêchait pas de tourmenter son mari par des caprices sans fin, et en lui répétant cent fois le jour qu'il était trop heureux d'avoir pour femme une sœur du premier consul. Je suis convaincu qu'avec ses goûts simples et son humeur pacifique, le général Leclerc aurait mieux aimé beaucoup moins d'éclat et plus de repos.

Le premier consul avait exigé que sa sœur accompagnât le général à Saint-Domingue. Il lui avait fallu obéir et quitter Paris, où elle tenait le sceptre de la mode, et éclipsait toutes les femmes par son élégance et sa coquetterie, autant que par son incomparable beauté, pour aller braver un climat dangereux et les féroces compagnons de Christophe et de Dessalines. A la fin de l'année 1801, le vaisseau amiral *l'Océan* avait mis à la voile, de Brest, conduisant au Cap le général Leclerc, sa femme et leur fils.

Arrivée au Cap, la conduite de madame Leclerc fut au dessus de tout éloge. Dans plus d'une occasion, mais particulièrement dans celle que je vais essayer de rappeler, elle déploya un courage digne de son nom et de la situation de son mari. Je tiens ces détails d'un témoin oculaire, que j'ai connu à Paris au service de la princesse Pauline.

Le jour de la grande insurrection des noirs, en septembre 1802, les bandes de Christophe et de Dessalines, composées de plus de 12,000 nègres exaspérés par leur haine contre les blancs, et par la certitude que s'ils succombaient, il ne leur serait point fait de quartier, vinrent donner l'assaut à la ville du Cap, qui n'était défendue que par un millier de soldats. C'étaient les seuls restes de cette nombreuse armée qui était sortie de Brest, un an auparavant, si brillante et si pleine d'espérance.

Cette poignée de braves, la plupart minés par la fièvre, ayant à sa tête le général en chef de l'expédition, déjà souffrant lui-même de la maladie dont il mourut, repoussa avec des efforts inouïs et une valeur héroïque les attaques multipliées des noirs.

Pendant le combat, où la fureur, sinon le nombre et la force, était égale des deux côtés, madame Leclerc était avec son fils, et sous la garde d'un ami dévoué qui n'avait à ses ordres qu'une faible compagnie d'artillerie, dans la maison où son mari avait fixé sa résidence, au pied des mornes qui bordent la côte. Le général en chef, craignant que cette résidence ne fût surprise par un parti ennemi, et ne pouvant d'ailleurs prévoir l'issue de la lutte qu'il soutenait au haut du cap où se livraient les assauts les plus acharnés des noirs, envoya l'ordre de transporter à bord de la flotte française sa femme et son fils. Pauline n'y voulut point consentir. Toujours fidèle à la fierté que lui inspirait son nom (mais cette fois il y avait dans sa fierté autant de grandeur que de noblesse), elle dit aux dames de la ville qui s'étaient réfugiées auprès d'elle, et la conjuraient de s'éloigner, en lui faisant une effrayante peinture des horribles traitemens auxquels des femmes seraient exposées de la part des nègres : « Vous pou- » vez partir, vous. Vous n'êtes point sœur de Bo- » naparte. »

Cependant le danger devenant plus pressant de minute en minute, le général Leclerc envoya un aide-de-camp à la résidence, et il lui fut enjoint, en cas d'un nouveau refus de Pauline, de l'enlever de force, et de la porter à bord malgré elle. L'officier se vit obligé d'exécuter cet ordre à la rigueur. Madame Leclerc fut retenue de force dans un fauteuil porté par quatre soldats. Un grenadier marchait à côté d'elle, portant dans son bras le fils de son général; et pendant cette scène de fuite et de terreur, l'enfant, déjà digne de sa mère, jouait avec le panache de son conducteur. Suivie de son cortége de femmes tremblantes et en pleurs, dont son courage était le seul rempart pendant ce trajet périlleux, Pauline fut ainsi transportée jusqu'au bord de la mer. Mais, au moment où on allait la déposer dans la chaloupe, un autre aide-de-camp de son mari lui apporta la nouvelle de la déroute des noirs. « Vous le voyez bien, dit-elle en retournant à la » résidence; j'avais raison de ne pas vouloir m'em- » barquer. » Elle n'était pourtant pas encore hors de tout danger. Une troupe de nègres, faisant partie de l'armée qui venait d'être si miraculeusement repoussée, et cherchant elle-même à opérer sa retraite dans les moles, rencontra la faible escorte de madame Leclerc. Les insurgés firent mine de vouloir l'attaquer; il fallut les écarter à coups de fusil tirés presque à bout portant. Au milieu de cette échaufourée, Pauline conserva une imperturbable présence d'esprit.

On ne manqua point de rapporter au premier consul toutes ces circonstances, qui faisaient tant d'honneur à madame Leclerc; son amour-propre en fut flatté, et je crois que ce fut au prince Borghèse qu'il dit un jour à son lever : « Pauline était » prédestinée à épouser un Romain; car, de la tête » aux pieds, elle est toute Romaine. »

Malheureusement ce courage, qu'un homme aurait pu lui envier, n'était pas accompagné chez la princesse Pauline de ces vertus, moins brillantes et plus modestes, mais aussi plus nécessaires à une femme, et que l'on a droit d'attendre d'elle, plutôt que l'audace et que le mépris du danger.

Je ne sais s'il est vrai, comme on l'a écrit quelque part, que madame Leclerc, lorsqu'elle fut obligée de partir pour Saint-Domingue, avait de l'affection pour un acteur du Théâtre-Français. Je ne pourrais pas dire non plus si en effet mademoiselle Duchesnois eut la naïveté de s'écrier devant cent personnes, à propos de ce départ : « Lafon ne s'en con- » solera pas; il est capable d'en mourir! » Mais ce que j'ai pu savoir par moi-même, des faiblesses de cette princesse, me porterait assez à croire cette anecdote.

Tout Paris a connu la faveur particulière dont elle honora M. Jules de Canouville*, jeune et bril-

---

* M. Bousquet, célèbre dentiste, fut appelé à Neuilly (résidence de la princesse Pauline), afin de visiter la bouche et de nettoyer les dents de Son Altesse Impériale. Introduit près d'elle, il se prépare à commencer son opération. « Monsieur, » dit un charmant jeune homme en robe de chambre, négli- » gemment couché sur un canapé, prenez bien garde, je vous » prie, à ce que vous allez faire. Je tiens extrêmement aux dents » de ma Paulette, et je vous rends responsable de tout acci- » dent. — Soyez tranquille, mon prince; je puis assurer votre » altesse impériale qu'il n'y aura aucun danger. » Pendant tout le temps que M. Bousquet fut occupé à arranger cette jolie bouche, les recommandations continuèrent; enfin, ayant terminé ce qu'il avait à faire, il passa par le salon de service, où se trouvaient réunies les dames du palais, les chambellans, etc., qui attendaient le moment d'entrer chez la princesse. On s'empressa de demander des nouvelles à M. Bousquet. « Son Altesse » impériale est très-bien, et doit être heureuse du tendre atta- » chement que lui porte son auguste époux, et qu'il vient de » lui témoigner devant moi, d'une manière si touchante. Son » inquiétude était extrême, je ne réussissais que difficilement » à le rassurer sur les suites de la chose du monde la plus » simple. Je dirai partout ce dont je viens d'être témoin. Il » est doux d'avoir de tels exemples de tendresse conjugale à » citer dans un rang si élevé. J'en suis vraiment pénétré. » On ne cherchait point à arrêter l'honnête M. Bousquet dans les expressions de son enthousiasme; l'envie de rire empêchait de prononcer une parole; et il partit convaincu que nulle part il n'existait un meilleur ménage que celui de la princesse et du prince

lant colonel, beau, brave, d'une tournure parfaite et d'une étourderie qui lui valait ses innombrables succès auprès de certaines femmes, quoiqu'il usât fort peu de discrétion avec elles. La liaison de la princesse Pauline avec cet aimable officier fut la plus durable qu'elle ait jamais formée. Par malheur ils n'étaient pas plus réservé l'un que l'autre, et leur mutuelle tendresse acquit en peu de temps une scandaleuse publicité. J'aurai occasion plus tard de raconter, en son lieu, l'aventure qui causa la disgrâce, l'éloignement et peut-être la mort du colonel de Canouville, dont toute l'armée pleura la perte si prématurée et surtout si cruelle, puisque ce ne fut pas d'un boulet ennemi qu'il fut frappé[*].

Au reste, quelle qu'ait été la faiblesse de la princesse Pauline pour ses amans, et quoique l'on en

---

Borghèse... Ce dernier était en Italie, et le beau jeune homme était M. de Canouville.

J'emprunte cette curieuse anecdote aux *Mémoires de Joséphine*, dont l'auteur, qui a vu et observé la cour de Navarre et de Malmaison, avec tant de vérité et un si bon jugement, est, m'a-t-on dit, une femme, et ne peut être, en effet, qu'une femme fort spirituelle, et qui s'est trouvée mieux placée que personne pour connaître l'intérieur de S. M. l'impératrice.

[*] Il fut tué par le boulet d'une pièce française, que l'on déchargeait après une action, dans laquelle il avait montré le plus brillant courage.

pût citer les plus incroyables exemples, sans toutefois sortir de la vérité, son dévouement admirable à la personne de S. M. l'empereur, en 1814, doit faire traiter ses fautes avec indulgence.

Cent fois l'étourderie de sa conduite, et surtout son manque d'égards et de respect pour l'impératrice Marie-Louise, avait irrité l'empereur contre la princesse Borghèse. Il finissait toujours par lui pardonner. Cependant à l'époque de la chute de son auguste frère, elle était de nouveau dans sa disgrâce. Informée que l'île d'Elbe avait été assignée pour prison à l'empereur, elle courut s'y enfermer avec lui, abandonnant Rome et l'Italie, dont les plus beaux palais étaient à elle. Avant la bataille de Waterloo, Sa Majesté, dans ce moment de crise, retrouva toujours fidèle le cœur de sa sœur Pauline. Craignant pour lui le manque d'argent, elle lui envoya ses plus riches parures de diamans, dont le prix était énorme. Elles se trouvaient dans la voiture de l'empereur, qui fut prise à Waterloo, et exposée à la curiosité des habitans de Londres. Mais les diamans ont été perdus, du moins pour leur légitime propriétaire.

CHAPITRE XIV.

Arrestation du général Moreau. — Constant envoyé en observateur. — Le général Moreau marié par madame Bonaparte. — Mademoiselle Hulot. — Madame Hulot. — Hautes prétentions. — Opposition de Moreau. — Ses railleries. — Intrigues et complots des mécontens. — Témoignages d'affection donnés par le premier consul au général Moreau. — Ce que dit et fait l'empereur le jour de l'arrestation des aides-de-camp de Moreau. — Le compagnon d'armes du général Foy. — Enlèvement. — Rigueur excessive envers le colonel Delélée. — Ruse d'un enfant. — Mesures arbitraires. — Inflexibilité de l'empereur. — Les députés de Besançon et le maréchal M..... — Terreur panique et fermeté. — Les amis de cour. — Une audience solennelle aux Tuileries. — Réception des Bisontins. — Réponse courageuse. — Réparation. — Changement à vue. — Les anciens camarades. — Le chef d'état-major de l'armée de Portugal. — Mort prématurée. — Surveillance exercée sur les gens de la maison de l'empereur à chaque nouvelle conspiration. — Le gardien du portefeuille. — Registres des concierges. — Jalousie de l'empereur excitée par un nom suspect.

Le jour de l'arrestation du général Moreau, le premier consul était dans une grande agitation.

La matinée se passa en allées et venues de ses émissaires et des agens de la police. Des mesures avaient été prises pour que l'arrestation se fît à la même heure, soit à Gros-Bois, soit à l'hôtel du général, rue du Faubourg-Saint-Honoré. Le premier consul se promenait fort soucieux dans sa chambre. Il me fit venir et m'ordonna d'aller devant la maison du général Moreau (celle de Paris) observer si l'arrestation avait lieu, s'il y avait du tumulte, et de revenir promptement lui faire mon rapport. J'obéis; mais rien d'extraordinaire ne se passait dans l'hôtel, et je ne vis que quelques limiers de police se promenant dans la rue, l'œil sur la porte de la maison habitée par l'homme qu'on leur avait marqué pour leur proie. Ma présence pouvant être remarquée, je m'éloignai, et en retournant au château, j'appris que le général Moreau avait été arrêté sur la route en revenant à Paris de la terre de Gros-Bois, qu'il vendit quelques mois plus tard au maréchal Berthier, avant de partir pour les Etats-Unis. Je pressai le pas et courus annoncer au premier consul la nouvelle de l'arrestation. Il la savait déjà et ne me répondit rien. Il était toujours pensif et rêveur, comme dans la matinée.

Puisque je me trouve amené à parler du général Moreau, je rappellerai par quelles fatales circonstances il fut poussé à flétrir sa gloire. Madame Bonaparte l'avait marié à mademoiselle Hulot, son amie, et, comme elle, créole de l'île de France. Cette jeune personne, douce, aimable et pleine des qualités qui font la bonne épouse et la bonne mère, aimait passionément son mari ; elle était fière de ce nom glorieux, qui l'entourait de respects et d'honneurs. Mais, par malheur, elle avait la plus grande déférence pour sa mère, dont l'ambition était grande, et qui ne désirait pas moins que de voir sa fille assise sur un trône. L'empire qu'elle avait sur madame Moreau ne tarda pas à s'étendre au général lui-même, qui, dominé par ses conseils, devint sombre, rêveur, mélancolique, et perdit pour jamais cette tranquillité d'esprit qui le distinguait. Dès lors la maison du général fut ouverte aux intrigues, aux complots; tous les mécontens, et le nombre en était grand, s'y donnèrent rendez-vous ; dès lors le général prit à tâche de désapprouver tous les actes du premier consul : il s'opposa au rétablissement du culte, il traita d'enfantillage et de ridicule momerie l'institution de la Légion-d'honneur. Ces inconséquences graves, et bien d'autres encore, arrivèrent, comme bien on pense, aux oreilles du premier consul, qui refusa d'abord d'y ajouter foi; mais comment aurait-il pu rester sourd à des propos qui revenaient tous les jours avec plus de force, et sans doute envenimés par la malveillance ?

A mesure que les discours imprudens du général contribuaient à le perdre dans l'esprit du premier consul, sa belle-mère, par une obstination dangereuse, l'encourageait dans son opposition, persuadée, disait-elle, que l'avenir ferait justice du présent; elle ne croyait pas si bien dire. Le général donna tête baissée dans l'abîme qui s'ouvrait devant lui. Combien sa conduite fut en opposition avec son caractère! Il avait pour les Anglais une aversion prononcée, il détestait les chouans et tout ce qui tenait à l'ancienne noblesse. D'ailleurs un homme comme le général Moreau, après avoir si glorieusement servi sa patrie, n'était pas fait pour porter les armes contre elle. Mais on l'abusait, il s'abusait lui-même en se croyant propre à jouer un grand rôle politique. Il fut perdu par la flatterie d'un parti qui soulevait le plus d'inimitiés qu'il pouvait contre le premier consul, en éveillant la jalousie de ses anciens compagnons d'armes.

J'ai vu plus d'un témoignage d'affection donné par le premier consul au général Moreau. Dans le cours d'une visite de celui-ci aux Tuileries, et pendant qu'il s'entretenait avec le premier consul, survint le général Carnot, qui arrivait de Versailles avec une paire de pistolets d'un travail précieux, et dont la manufacture de Versailles faisait hommage au premier consul. Prendre ces deux belles armes des mains du général Carnot, les admirer un moment et les offrir ensuite au général Moreau en lui disant : « Tenez ; ma foi, ils ne pouvaient venir » plus à propos, » tout cela se fit plus vite que je ne puis l'écrire. Le général fut on ne peut plus flatté de cette preuve d'amitié, et remercia vivement le premier consul.

Le nom et le procès du général Moreau me rappellent l'histoire d'un brave officier, qui se trouva compromis dans cette malheureuse affaire, et ne sortit de peine, après plusieurs années de disgrâce, que par le courage avec lequel il osa s'exposer au courroux de l'empereur. L'authenticité des détails que je vais rapporter pourrait être attestée, au besoin, par des personnes vivantes, que j'aurai occasion de nommer dans mon récit, et dont aucun lecteur ne songerait à récuser le témoignage.

La disgrâce du général Moreau s'étendit d'abord à tous ceux qui lui appartenaient : on connaissait l'affection et le dévonement que lui portaient les militaires, officiers ou soldats, qui avaient servi sous ses ordres. Ses aides-de-camp furent arrêtés, même ceux qui n'étaient pas à Paris.

L'un d'eux, le colonel Delélée, était depuis plusieurs mois en congé à Besançon, se reposant de ses campagnes dans le sein de sa famille, et auprès d'une jeune femme qu'il venait d'épouser; du reste, s'occupant fort peu des affaires politiques, beaucoup de ses plaisirs, et point du tout de conspirations. Camarade et frère d'armes des colonels Guilleminot, Hugo*, Foy**, tous trois devenus généraux depuis, il passait avec eux de joyeuses soirées de garnison, et d'agréables soirées de famille. Tout à coup le colonel Delélée est arrêté, jeté dans une chaise de poste, et ce n'est qu'en roulant au galop sur la route de Paris, qu'il apprend de l'officier de gendarmerie qui l'accompagnait que le général Moreau a conspiré, et qu'en sa qualité d'aide-de-camp du général, il se trouve compris parmi les conspirateurs.

Arrivé à Paris, le colonel est mis au secret, à la Force, je crois. Sa femme, justement alarmée, accourt sur sa trace; mais ce n'est qu'après un grand nombre de jours qu'elle obtient la permission de communiquer avec le prisonnier; encore ne le peut-elle faire que par signes : elle restera dans la cour de la prison, pendant qu'il se montrera quelques instans, et passera sa main à travers les barreaux de sa fenêtre.

---

* Père de M. Victor Hugo, qui est lui-même filleul de madame Delélée.

** L'illustre général Foy.

Cependant la rigueur de ces ordres est adoucie pour le fils du colonel, jeune enfant de trois ou quatre ans. Son père obtient la grâce de l'embrasser. Il vient chaque matin au cou de sa mère; un porteclefs le conduit au détenu. Devant ce témoin importun, le pauvre petit joue son rôle avec toute la ruse d'un dissimulateur consommé. Il fait le boiteux et se plaint d'avoir dans sa bottine des grains de sable qui le blessent. Le colonel, tournant le dos au geôlier, prend l'enfant sur ses genoux pour le débarrasser de ce qui le gêne, et trouve dans la bottine de son fils un billet de sa femme qui lui apprend en peu de mots où en est l'instruction du procès, et ce qu'il a pour lui-même à espérer ou à craindre.

Enfin, après plusieurs mois de captivité, la sentence ayant été portée contre les conspirateurs, le colonel Delélée, contre lequel il ne s'était élevé aucune charge, est, non pas absous, ce qu'il avait droit d'attendre, mais rayé des contrôles de l'armée et arbitrairement envoyé en surveillance, avec défense de s'approcher de Paris à plus de quarante lieues. Défense lui fut faite aussi d'abord de retourner à Besançon, et ce ne fut que plus d'un an après sa sortie de prison que le séjour lui en fut permis.

Jeune et plein de courage, le colonel voit du

fond de sa retraite, ses amis, ses camarades faire leur chemin et gagner sur les champs de bataille un nom, des grades et de la gloire. Lui, il se voit condamné à l'inaction et à l'obscurité. Ses jours se passent à suivre sur les cartes la marche triomphante de ces armées dans lesquelles il se sent digne de reprendre son rang. Mille demandes sont adressées par lui et par ses amis au chef de l'empire; qu'il lui permette seulement de partir comme volontaire, de se joindre, fût-ce le sac sur le dos, à ses anciens camarades. Ses prières sont repoussées. La volonté de l'empereur est inflexible, et à chaque nouvelle démarche il répond : « Qu'il attende! »

Les habitans de Besançon, qui considéraient le colonel Delélée comme leur compatriote, s'intéressaient vivement au malheur non mérité de ce brave officier. Une occasion se présenta de le recommander de nouveau à la clémence, ou plutôt à la justice de l'empereur; ils en profitèrent.

Ce fut, je crois, au retour de la campagne de Prusse et Pologne. De tous les points de la France arrivèrent des députations chargées de féliciter l'empereur sur ses nouvelles victoires. Le colonel Delélée fut unanimement élu membre de la députation du Doubs, dont le maire et le préfet de Besançon faisaient partie, et qui était présidée par le respectable maréchal M***.

Une occasion est donc enfin offerte au colonel Delélée de faire lever la trop longue interdiction qui a pesé sur sa tête et tenu son épée oisive! Il parlera à l'empereur; il se plaindra respectueusement, mais avec dignité, de la disgrâce dans laquelle on l'a tenu si long-temps, sans motif. Il rend grâce du fond du cœur à l'affection généreuse de ses concitoyens, dont les suffrages devront, il l'espère, plaider en sa faveur auprès de sa majesté.

Les députés de Besançon, dès leur arrivée à Paris, se font présenter aux divers ministres. Celui de la police prend à part le président de la députation et lui demande ce que signifie la présence, parmi les députés, d'un homme publiquement connu pour être sous le coup d'une disgrâce, et dont la vue ne peut manquer d'être désagréable au chef de l'empire.

Le maréchal M***, au sortir de cet entretien particulier, entra pâle et épouvanté chez le colonel Delélée.

— Mon ami, tout est perdu! J'ai vu, à l'air du bureau, qu'on est toujours mal disposé contre vous. Si l'empereur vous voit parmi nous, il prendra cela pour une intention ouverte d'aller contre ses ordres, et sera furieux.

— Eh bien, que puis-je faire à cela?

— Mais, pour éviter de compromettre le département, la députation, pour éviter de vous compromettre vous-même, vous feriez peut-être bien....

Le maréchal hésitait.

— Je ferais bien? demanda le colonel.

— Peut-être qu'en vous retirant sans faire d'éclat....

Ici le colonel interrompit le président de la députation.

— Monsieur le maréchal, permettez-moi de ne pas suivre ce conseil. Je ne suis pas venu de si loin pour reculer, comme un enfant, devant le premier obstacle. Je suis las d'une disgrâce que je n'ai pas méritée; encore plus las de mon oisiveté. Que l'empereur s'irrite ou s'apaise, il me verra; qu'il me fasse fusiller, s'il le veut, je ne tiens guère à une vie comme celle que je mène depuis quatre ans. Cependant, monsieur le maréchal, j'en passerai par ce que décidéront mes collègues, messieurs les députés de Besançon.

Ceux-ci ne désapprouvèrent point la résolution du colonel, et il se rendit avec eux aux Tuileries, le jour de la réception solennelle de toutes les députations de l'empire.

Toutes les salles des Tuileries étaient encombrées d'une foule en habits richement brodés et en brillans uniformes. La maison militaire de l'empereur, sa maison civile, les généraux présens à Paris, le corps diplomatique, les ministres et les chefs des diverses administrations, les députés des départemens avec leurs préfets et leurs maires, décorés d'écharpes tricolores; tous s'étaient réunis en groupes innombrables, et attendaient, en causant à demi-voix, l'arrivée de sa majesté.

Dans un de ces groupes, on voyait un officier d'une haute taille, vêtu d'un uniforme très-simple et d'une coupe qui datait de quelques années. Il ne portait, ni au cou, ni même sur la poitrine, la décoration qui ne manquait alors à aucun des officiers de son grade : c'était le colonel Delélée. Le président de la députation dont il faisait partie paraissait embarrassé et presque désolé. Des anciens camarades du colonel, bien peu osaient le reconnaître. Les plus hardis lui faisaient de loin un léger signe de tête, qui exprimait à la fois de l'inquiétude et de la pitié. Les plus prudens ne le regardaient pas.

Pour lui, il restait là impassible et résolu.

Enfin, une porte s'ouvrit à deux battans, et un huissier cria : « L'empereur, Messieurs! »

Les groupes se séparèrent; on se mit en haie. Le colonel se plaça dans le premier rang.

Sa majesté commença sa tournée autour du

salon. Elle adressait la parole au président de chaque députation, et disait à chacun d'eux quelques paroles flatteuses. Arrivé devant les députés du Doubs, l'empereur, après avoir dit quelques mots au brave maréchal qui la présidait, allait passer à d'autres, lorsque ses yeux tombèrent sur un officier qu'il n'avait jamais vu. Il s'arrêta surpris, et adressa au député sa question familière :

— Qui êtes-vous ?

— Sire, je suis le colonel Delélée, ancien premier aide-de-camp du général Moreau.

Ces mots furent prononcés d'une voix ferme, et qui résonna au milieu du profond silence que commandait la présence du souverain.

L'empereur fit un pas en arrière, et fixa ses deux yeux sur le colonel. Celui-ci ne sourcilla point devant ce regard, mais il s'inclina légèrement.

Le maréchal M*** était pâle comme un mort.

L'empereur reprit : — Que venez-vous demander ici ?

— Ce que je demande depuis des années, sire ; que Votre Majesté daigne me dire de quoi je suis coupable, ou me rétablisse dans mon grade.

Parmi ceux qui se trouvaient assez près pour entendre ces questions et ces réponses, il n'y en avait pas beaucoup qui pussent librement respirer.

Enfin un sourire vint entr'ouvrir les lèvres serrées de l'empereur. Il porta un doigt vers sa bouche, en se rapprochant du colonel, et lui dit d'un ton radouci et presque amical :

— On s'est un peu plaint de ça; mais n'en parlons plus.

Et il poursuivit sa tournée. Il avait à peine dépassé de dix pas le groupe formé par les députés de Besançon, lorsqu'il revint en arrière, et s'arrêtant vis-à-vis du colonel :

— Monsieur le ministre de la guerre, dit sa majesté, prenez le nom de cet officier, et ayez soin de me le rappeler. Il s'ennuie à ne rien faire ; nous lui donnerons de l'occupation.

Dès que l'audience fut terminée, ce fut à qui s'empresserait le plus auprès du colonel. On l'entourait, on le félicitait, on l'embrassait, on se l'arrachait. Chacun de ses anciens camarades voulait l'emmener avec lui. Ses mains ne pouvaient suffire à toutes les mains qu'on venait lui tendre. Le général S***, qui la veille même avait encore ajouté aux frayeurs du maréchal M***, en s'étonnant qu'on eût eu l'audace de venir ainsi braver l'empereur, allongea son bras par-dessus les épaules de ceux qui se pressaient autour du colonel, et lui secouant la main le plus cordiale-

ment du monde : « Delélée, lui cria-t-il, n'oublie
» pas que je t'attends demain pour déjeuner. »

Deux jours après cette scène de cour, le colonel Delélée reçut sa nomination de chef d'état-major de l'armée de Portugal, commandée par le duc d'Abrantès. Ses équipages furent bientôt prêts, et au moment de partir, il eut une dernière audience de l'empereur, qui lui dit : « Colonel, je
» sais qu'il est inutile que je vous engage à répa-
» rer le temps perdu. Avant peu, j'espère, nous
» serons tout-à-fait contens l'un de l'autre. »

En sortant de sa dernière audience, le brave Delélée disait qu'il ne lui manquait plus pour être heureux, qu'une bonne occasion de se faire hacher pour un homme qui savait si bien fermer les blessures d'une longue disgrâce. Tel était l'empire que Sa Majesté exerçait sur les esprits.

Le colonel eut bientôt passé les Pyrénées; il traversa l'Espagne, et fut reçu par Junot à bras ouverts. L'armée de Portugal avait eu beaucoup à souffrir depuis deux ans qu'elle luttait contre la population et contre les Anglais avec des forces inégales. Les subsistances étaient mal assurées, les soldats mal vêtus et mal chaussés. Le nouveau chef d'état-major fit tout ce qu'il était possible de faire pour remédier à ce désordre, et les soldats commençaient à s'apercevoir de sa présence, lorsqu'il tomba malade d'un excès de travail et de fatigue, et mourut avant d'avoir pu, suivant le mot de l'empereur, *réparer le temps perdu.*

J'ai dit ailleurs qu'à chaque conspiration contre les jours du premier consul, toutes les personnes de sa maison se trouvaient naturellement soumises à une surveillance sévère. Leurs moindres démarches étaient épiées; on les suivait hors du château; leur conduite était à jour jusque dans les plus petits détails. Il n'y avait, à l'époque où le complot de Pichegru fût découvert, qu'un seul gardien du porte-feuille, ayant nom Landoire, et sa place était ainsi des plus pénibles; car il ne pouvait jamais s'éloigner d'un petit corridor noir sur lequel s'ouvrait la porte du cabinet, et il ne prenait ses repas qu'en courant et presque à la dérobée. Heureusement pour Landoire, on lui donna un second; et voici à quelle occasion : Augel, un des portiers du palais, fut désigné par le premier consul pour aller s'établir à la barrière des Bons-Hommes, pendant le procès de Pichegru, afin de reconnaître et d'observer les gens de la maison, qui allaient et venaient pour leur service, personne ne pouvant sortir de Paris sans permission. Les rapports que fit Augel plurent au premier consul. Il le fit appeler, parut content de ses réponses et de son intelligence, et le nomma suppléant de Landoire à la garde du porte-feuille. Ainsi la tâche de celui-ci devint plus facile de moitié. Augel fut, en 1812, de la campagne de Russie; et il mourut au retour, lorsqu'il n'était plus qu'à quelques lieues de Paris, des suites de la fatigue et des privations que nous partageâmes avec l'armée.

Au reste, ce n'étaient pas seulement les gens attachés au service du premier consul ou du château qui se trouvaient soumis à ce régime de surveillance. Dès le moment qu'il devint empereur, il fut établi, chez les concierges de tous les palais impériaux, un registre sur lequel les gens du dehors, et les étrangers qui venaient visiter quelqu'un de l'intérieur, étaient obligés d'inscrire leur nom avec celui des personnes qu'ils venaient voir. Tous les soirs ce registre était porté chez le grand-maréchal du palais, ou, en son absence, chez le gouverneur; et souvent l'empereur le consultait. Il y lut une fois un certain nom, qu'en sa qualité de mari il avait ses raisons, et peut-être même *raison*, de redouter. Sa Majesté avait précédemment ordonné l'éloignement du personnage; aussi en retrouvant ce nom malencontreux sur le livre du concierge, elle s'emporta outre mesure, croyant qu'on avait osé, *de deux côtés*, désobéir à ses ordres. Des informations furent prises sur-le-champ, et il en résulta, fort heureusement, que le visiteur suspect n'était qu'une personne des plus insignifiantes, et dont le seul tort était de porter un nom justement compromis.

CHAPITRE XV.

Réveil du premier consul, le 21 mars 1804. — Silence du premier consul. — Arrivée de Joséphine dans la chambre du premier consul. — Chagrin de Joséphine, et pâleur du premier consul. — *Les malheureux ont été trop vite!* — Nouvelle de la mort du duc d'Enghien. — Émotion du premier consul. — Préludes de l'empire. — Le premier consul empereur. — Le sénat à Saint-Cloud. — Cambacérès salue, le premier, l'empereur du nom de Sire. — Les sénateurs chez l'impératrice. — Ivresse du château. — Tout le monde monte en grade. — Le salon et l'antichambre. — Embarras de tout le service. — Le premier réveil de l'empereur. — Les princes Français. — M. Lucien et madame Jouberton. — Les maréchaux de l'empire. — Maladresse des premiers courtisans. — Les chambellans et les grands officiers. — Leçons données par les hommes de l'ancienne cour. — Mépris de l'empereur pour les anniversaires de la révolution. — Première fête de l'empereur, et le premier cortége impérial. — Le temple de Mars et le grand maître des cérémonies. — L'archevêque du Belloy et le grand chancelier de la Légion-d'Honneur. — L'homme du peuple et l'accolade impériale. — Départ de Paris pour le camp de Boulogne. — Le seul congé que l'empereur m'ait donné. — Mon arrivée à Boulogne. — Détails de mon service près de l'empereur. — M. de Rémusat, MM. Boyer et Yvan. — Habitudes de l'empereur. — M. de Bourrienne et le bout de l'oreille. — Manie de donner *des petits soufflets*. — Vivacité de l'empereur contre son écuyer. — M. de Caulincourt grand écuyer. — Réparation. — Gratification généreuse.

L'année 1804 qui fut si glorieuse pour l'empereur fut aussi, à l'exception de 1814 et 1815, celle qui lui apporta le plus de sujets de chagrin. Il ne m'appartient pas de juger de si graves événemens, ni de chercher quelle part y prit l'empereur, quelle ceux qui l'entouraient et le conseillaient. Je ne dois et ne puis raconter que ce que j'ai vu et entendu. Le 21 mars de cette même année, j'entrai de bonne heure chez le premier consul. Je le trouvai éveillé, le coude appuyé sur son oreiller, l'air sombre et le teint fatigué. En me voyant entrer, il se mit sur son séant, passa plusieurs fois sa main sur son front, et me dit : « Constant, j'ai mal à la tête. » Puis jetant sa couverture avec violence, il ajouta : « J'ai bien mal dormi. » Il paraissait on ne peut plus préoccupé et absorbé; et même il avait l'air triste et souffrant, à tel point que j'en étais surpris et même affecté. Pendant que je l'habillais, il ne me dit pas un seul mot, ce qui n'arrivait que lorsque quelque pensée l'agitait et le tourmentait. Il n'y avait alors dans sa chambre que Roustan et moi. Au moment où, la toilette terminée, je lui présentais sa tabatière, son mouchoir et sa petite bonbonnière, la porte s'ouvre tout à coup, et nous voyons paraître l'épouse du premier consul, dans son négligé du matin, les traits décomposés, le visage couvert de larmes. Cette subite apparition nous étonna, nous effraya même, Roustan et moi; car il n'y avait qu'une circonstance extraordinaire qui eût pu engager madame Bonaparte à sortir de chez elle dans ce costume, et avant d'avoir pris toutes les précautions nécessaires pour dissimuler le tort que pouvait lui faire le manque de toilette. Elle entra ou plutôt elle se précipita dans la chambre en s'écriant : « Le duc d'Enghien est mort! ah ! mon ami, qu'as-tu fait? » Puis elle se laissa tomber en sanglotant dans les bras du premier consul. Celui-ci devint pâle comme la mort, et dit avec une émotion extraordinaire : « *Les malheureux ont été trop vite!* » Alors il sortit, soutenant madame Bonaparte, qui ne marchait qu'à peine, et continuait de pleurer. La nouvelle de la mort du prince répandit la consternation dans le château. Le premier consul remarqua cette douleur universelle, et pourtant il n'en fit reproche à personne. Le fait est que le plus grand chagrin que causait cette funeste catastrophe à ses serviteurs, qui, pour la plupart, lui étaient dévoués par affection plus que par devoir, venait de l'idée qu'elle ne manquerait pas de nuire à la gloire et à la tranquillité de leur maître. Le premier consul sut probablement démêler nos sentimens. Quoi qu'il en soit, voilà tout ce que j'ai vu et tout ce que je sais de particulier sur ce déplorable événement. Je ne prétends point à connaître ce qui s'est passé dans l'intérieur du cabinet. L'émotion du premier consul me parut sincère et non affectée. Il demeura plusieurs jours triste et silencieux, ne parlant que fort peu à sa toilette, et seulement pour les besoins du service.

Dans le courant de ce mois et du suivant, je remarquai les allées et venues continuelles, et les fréquentes entrevues avec le premier consul, de divers personnages qu'on me dit être membres du conseil d'état, tribuns ou sénateurs. Depuis longtemps l'armée et le plus grand nombre des citoyens, qui idolâtraient le héros de l'Italie et de l'Egypte, manifestaient tout haut leur désir de le voir porter un titre digne de sa renommée et de la grandeur de la France. On savait d'ailleurs que c'était lui qui faisait tout dans l'état, et que ses prétendus collègues n'étaient réellement que ses inférieurs. On trouvait donc juste qu'il devînt chef suprême de nom, puisqu'il l'était déjà de fait. J'ai bien souvent, depuis sa chute, entendu appeler Sa Majesté de nom d'usurpateur, et cela n'a jamais produit sur moi d'autre effet que de me faire rire de pitié. Si l'empereur a usurpé le trône, il a eu plus de complices que tous les tyrans de tragédie et de mélodrame; car les trois quarts des Français étaient du complot. On sait que ce fut le 18 mai que l'empire fut proclamé, et que le premier consul (que j'appellerai dorénavant l'empereur) reçut à Saint-Cloud le sénat, conduit par le consul Cambacérès, qui fut quelques heures après l'archi-chancelier de l'empire. Ce fut de sa bouche que l'empereur s'entendit pour la première fois saluer du nom de SIRE. Au sortir de cette audience, le sénat alla présenter ses hommages à l'impératrice Joséphine. Le reste de la journée se passa en réceptions, présentations, entrevues et félicitations. Tout le monde était ivre de joie dans le château, chacun se faisait l'effet d'être monté subitement en grade. On s'embrassait, on se complimentait, on se faisait mutuellement part de ses espérances et de ses plans pour l'avenir; il n'y avait si mince subalterne qui ne fût saisi d'ambition : en un mot l'antichambre, sauf la différence des personnages, offrait la répétition exacte de ce qui se passait dans le salon.

Rien n'était plus plaisant que l'embarras de tout le service, lorsqu'il s'agissait de répondre aux interrogations de Sa Majesté. On commençait par se tromper; puis on se reprenait pour plus mal dire encore; on répétait dix fois en une minute, *sire, général, votre majesté, citoyen premier consul.* Le lendemain matin, en entrant, comme de coutume, dans la chambre de l'empereur, à ses questions ordinaires, *quelle heure est-il? quel temps fait-il?* je répondis : « Sire, sept heures, beau temps. » M'étant approché de son lit, il me tira l'oreille et me frappa sur la joue, en m'appelant *monsieur le drôle;* c'était son mot de prédilection avec moi, lorsqu'il était plus particulièrement content de mon service. Sa majesté avait veillé et travaillé fort avant dans la nuit. Je lui trouvai l'air sérieux et occupé, mais satisfait. Quelle différence de ce réveil à celui du 21 mars précédent!

Ce même jour Sa Majesté alla tenir son premier grand lever aux Tuileries, où toutes les autorités civiles et militaires lui furent présentées. Les frères et sœurs de l'empereur furent faits princes et princesses, à l'exception de M. Lucien, qui s'était brouillé avec Sa Majesté, à l'occasion de son mariage avec madame Jouberton. Dix-huit généraux furent élevés à la dignité de maréchaux de l'empire. Dès ce premier jour tout prit autour de Leurs Majestés un air de cour et de puissance royale. On a beaucoup parlé de la maladresse de leurs premiers courtisans, très-peu habitués au service que leur imposaient leurs nouvelles charges, et aux cérémonies de l'étiquette; mais on a beaucoup exagéré là-dessus, comme sur tout le reste. Il y eut bien, dans le commencement, quelque chose de cet embarras que les gens du service particulier de l'empereur avaient éprouvé, comme je l'ai dit plus haut. Pourtant cela ne dura que fort peu, et messieurs les chambellans et grands officiers se façonnèrent presque aussi vite que nous autres valets de chambre. D'ailleurs il se présenta pour leur donner des leçons une nuée d'hommes de l'ancienne cour, qui avaient obtenu de la bonté de l'empereur d'être rayés de la liste des émigrés, et qui sollicitèrent ardemment, pour eux et pour leurs femmes, les charges de la naissante cour impériale.

Sa Majesté n'aimait point les fêtes anniversaires de la république; en tout temps elles lui avaient paru, les unes odieuses et cruelles, les autres ridicules. Je l'ai vu s'indigner qu'on eût osé faire une fête annuelle de l'anniversaire du 21 janvier, et sourire de pitié au souvenir de ce qu'il appelait les *mascarades* des théophilantropes, *qui*, disait-il, *ne voulaient point de Jésus-Christ, et faisaient des saints de Fénélon et de Las-Casas, prélats catholiques.* M. de Bourrienne dit, dans ses Mémoires, que « ce » ne fut pas une des moindres bizarreries de la » politique de Napoléon que de conserver pour la » première année de son régne la fête du 14 juillet. » Je me permettrai de faire observer sur ce passage que, si Sa Majesté profita de l'époque d'une solennité annuelle pour paraître en pompe en public, d'un autre côté elle changea tellement l'objet de la fête qu'il eût été difficile d'y reconnaître l'anniversaire de la prise de la Bastille et de la première fédération. Je ne sais pas s'il fut dit un mot de ces deux événemens dans toute la cérémonie; et, pour mieux dérouter encore les souvenirs des républicains, l'empereur ordonna que la fête ne serait célébrée que le 15, parce que c'était un dimanche, et qu'ainsi il n'en résulterait point de perte de temps pour les habitans de la capitale. D'ailleurs, il ne s'agit point du tout de célébrer les vainqueurs de la Bastille, mais seulement d'une grande distribution de croix de la Légion-d'Honneur.

C'était la première fois que Leurs Majestés se montraient au peuple dans tout l'appareil de leur puissance. Le cortége traversa la grande allée des Tuileries pour se rendre à l'hôtel des Invalides, dont l'église, changée pendant la révolution en *Temple de Mars*, avait été rendue par l'empereur au culte catholique, et devait servir pour la magnifique cérémonie de ce jour. C'était aussi la première fois que l'empereur usait du privilége de passer en voiture dans le jardin des Tuileries. Son cortége était superbe; celui de l'impératrice Joséphine n'était pas moins brillant. L'ivresse du peuple était au comble, et ne saurait s'exprimer. Je m'étais, par ordre de l'empereur, mêlé dans la foule, pour observer dans quel esprit elle prendrait part à la fête; je n'entendis pas un murmure;

tant était grand, quoi qu'on en ait pu dire depuis, l'enthousiasme de toutes les classes pour Sa Majesté. L'empereur et l'impératrice furent reçus à la porte de l'hôtel des Invalides par le gouverneur et par M. le comte de Ségur, grand-maître des cérémonies, et à l'entrée de l'église par M. le cardinal du Belloy, à la tête d'un nombreux clergé. Après la messe M. de Lacépède, grand-chancelier de la Légion-d'Honneur, prononça un discours qui fut suivi de l'appel des grands-officiers de la légion. Alors l'empereur s'assit et se couvrit, et prononça d'une voix forte la formule du serment, à la fin de laquelle tous les légionnaires s'écrièrent : *Je le jure!* et aussitôt des cris mille fois répétés de Vive l'empereur! se firent entendre dans l'église et au dehors. Une circonstance singulière ajouta encore à l'intérêt qu'excitait la cérémonie. Pendant que les chevaliers du nouvel ordre passaient l'un après l'autre devant l'empereur qui les recevait, un homme du peuple, vêtu d'une veste ronde, vint se placer sur les marches du trône. Sa majesté parut un peu étonnée, et s'arrêta un instant. On interrogea cet homme, qui montra son brevet. Aussitôt l'empereur le fit approcher avec empressement, et lui donna la décoration avec une vive accolade. Le cortége suivit au retour le même chemin, passant encore par le jardin des Tuileries.

Le 18 juillet, trois jours après cette cérémonie, l'empereur partit de Saint-Cloud pour le camp de Boulogne. Je crus que Sa Majesté voudrait bien, pendant quelques jours, consentir à se passer de ma présence; et comme il y avait nombre d'années que je n'avais vu ma famille, j'éprouvai le désir bien naturel de la revoir et de m'entretenir avec mes parens des circonstances singulières où je m'étais trouvé depuis que je les avais quittés. J'aurais senti, je l'avoue, une grande joie à causer avec eux de ma condition présente et de mes espérances, et j'avais besoin des épanchemens et des confidences de l'intimité domestique pour me dédommager de la gêne et de la contrainte que mon service m'imposait. Je demandai donc la permission d'aller passer huit jours à Peruetlz. Elle me fut accordée sans difficulté, et je ne perdis point de temps pour partir. Mais quel fut mon étonnement, lorsque, le lendemain même de mon arrivée, je reçus un courrier porteur d'une lettre de M. le comte de Rémusat qui me mandait de rejoindre l'empereur sans différer, ajoutant que Sa Majesté avait besoin de moi, et que je ne devais m'occuper que d'arriver promptement! En dépit du désappointement que de tels ordres me faisaient éprouver, je me sentais flatté pourtant d'être devenu si nécessaire au grand homme qui avait daigné m'admettre à son service. Aussi je fis sans tarder mes adieux à ma famille. Sa Majesté, à peine arrivée à Boulogne, en était aussitôt repartie pour une excursion de quelques jours dans les départemens du Nord. Je fus à Boulogne avant son retour, et je me hâtai d'organiser le service de Sa Majesté, qui trouva tout prêt à son arrivée; ce qui ne l'empêcha pas de me dire *que j'avais été long-temps absent.*

Puisque je suis sur ce chapitre, je placerai ici, bien que ce soit anticiper sur les années, une ou deux circonstances qui mettront le lecteur à même de juger de l'assiduité rigoureuse à laquelle j'étais obligé de m'astreindre.

J'avais contracté, par les fatigues de mes courses continuelles à la suite de l'empereur, une maladie de la vessie dont je souffrais horriblement. Long-temps je m'armai contre mes maux de patience et de régime : mais enfin les douleurs étant devenues tout-à-fait insupportables, je demandai, en 1808, à Sa Majesté un mois pour me soigner. M. le docteur Boyer m'avait dit que ce terme d'un mois n'était que le temps rigoureusement nécessaire pour ma guérison, et que, sans cela, ma maladie pourrait devenir incurable. Ma demande me fut accordée, et je me rendis à Saint-Cloud dans la famille de ma femme. M. Yvan, chirurgien de l'empereur, venait me voir tous les jours. A peine une semaine s'était-elle passée, qu'il me dit que Sa Majesté pensait que je devais être bien guéri, et qu'elle désirait que je reprisse mon service. Ce désir équivalait à un ordre; je le sentis, et je retournai auprès de l'empereur, qui, me voyant pâle et aussi souffrant que possible, daigna me dire mille choses pleines de bonté, mais sans parler d'un nouveau congé. Ces deux absences sont les seules que j'aie faites pendant seize années; aussi, à mon retour de Moscou, et pendant la campagne de France, ma maladie avait atteint son plus haut période; et si je quittai l'empereur à Fontainebleau, c'est qu'il m'eût été impossible, malgré tout mon attachement pour un si bon maître et toute la reconnaissance que je lui devais, de le servir plus longtemps. Après cette séparation si douloureuse pour moi, une année suffit à peine pour me guérir et non pas entièrement. Mais j'aurai lieu plus tard de parler de cette triste époque. Je reviens au récit des faits qui prouvent que j'aurais pu, avec plus de raison que tant d'autres, me croire un gros personnage, puisque mes humbles services avaient l'air d'être indispensables au maître de l'Europe. Bien des habitués des Tuileries auraient eu plus de peine que moi à démontrer leur *utilité*. Y a-t-il trop de vanité dans ce que je viens de dire? et messieurs les chambellans n'auront-ils pas droit de s'en fâcher? Je n'en sais rien, et je continue ma narration.

L'empereur tenait à ses habitudes; il voulait, comme on l'a déjà pu voir, être servi par moi, de préférence à tout autre; et pourtant je dois dire que ces messieurs de la chambre étaient tous pleins de zèle et de dévouement; mais j'étais le plus ancien, et je ne le quittais jamais. Un jour l'empereur demande du thé au milieu du jour. M. Sénéchal était de service; il en fait, et le présente à Sa Majesté, qui le trouve détestable. On me fait appeler; l'empereur se plaint à moi qu'on ait voulu *l'empoisonner*. (C'était son mot, quand il trouvait mauvais goût à quelque chose.) Rentré dans l'office, je verse de la même théière une tasse que j'arrange, et porte à Sa Majesté, avec deux cuillers en vermeil, selon l'usage, une pour y goûter devant l'empereur, l'autre pour lui. Cette fois il trouva le thé excellent, m'en fit compliment avec la familiarité bienveillante dont il daignait parfois user à l'égard de ses serviteurs; et en me rendant la tasse, il me tira les oreilles et me dit : « Mais apprenez-leur donc à faire du thé; ils n'y entendent rien. »

M. de Bourrienne, dont j'ai lu avec le plus grand plaisir les excellens Mémoires, dit quelque part que l'empereur, dans ses momens de bonne humeur, pinçait à ses familiers *le bout de l'oreille;* j'ai l'expérience par devers moi qu'il la pinçait bien toute entière, souvent même les deux oreilles à la fois; et de main de maître. Il est dit aussi dans les mêmes Mémoires qu'il ne donnait qu'avec deux doitgs ses *petits* soufflets d'amitié; en cela M. de Bourrienne est bien modeste; je puis encore attester là-dessus que Sa Majesté, quoique sa main ne fût pas grande, distribuait ses faveurs beaucoup plus *largement;* mais cette espèce de caresse, aussi bien que la précédente, était donnée et reçue comme une marque de bienveillance particulière; et loin que personne s'en plaignît *alors,* j'ai entendu plus d'un dignitaire dire avec orgueil, comme ce sergent de la comédie :

. . . . Monsieur, tâtez plutôt;
Le soufflet sur ma joue est encore tout chaud.

Dans son intérieur, l'empereur était presque toujours gai, aimable, causant avec les personnes de son service, et les questionnant sur leur famille, leurs affaires, même leurs plaisirs. Sa toilette terminée, sa figure changeait subitement; elle était grave, pensive, il reprenait son air d'empereur. On a dit qu'il frappait souvent les gens de sa maison; cela est faux. Je ne l'ai vu qu'une seule fois se livrer à un emportement de ce genre; et certes les circonstances qui le causèrent et la réparation qui le suivit peuvent le rendre, sinon excusable, du moins facile à concevoir. Voici le fait dont je fus témoin et qui se passa aux environs de Vienne, le lendemain de la mort du maréchal Lannes. L'empereur était profondément affecté; il n'avait pas dit un mot pendant sa toilette. A peine habillé, il demanda son cheval. Un malheureux hasard voulut que M. Jardin, son premier piqueur, ne se trouvât point aux écuries au moment de seller, et le palefrenier ne mit point au cheval sa bride ordinaire. Sa Majesté n'est pas plutôt montée que l'animal recule, se cabre, et le cavalier tombe lourdement à terre. M. Jardin arrive à l'instant où l'empereur se relevait irrité, et, dans ce premier transport de colère, il en reçoit un coup de cravache à travers le visage. M. Jardin s'éloigna désespéré d'un mauvais traitement auquel Sa Majesté ne l'avait pas habitué, et peu d'heures après, M. de Caulaincourt, grand écuyer, se trouvant seul avec sa Majesté, lui peignit le chagrin de son premier piqueur. L'empereur témoigna un vif regret de sa vivacité, fit appeler M. Jardin, lui parla avec une bonté qui effaçait son tort, et lui fit donner, à quelques jours de là, une gratification de trois mille francs. On m'a conté que pareille chose était arrivée à M. Vigogne père, en Egypte (1). Mais, quand cela serait vrai, deux traits pareils dans toute la vie de l'empereur, et avec des circonstances si bien faites pour faire sortir de son caractère l'homme même naturellement le moins emporté, auraient-ils dû suffire pour attirer à Napoléon l'odieux reproche *de battre cruellement les personnes de son service?*

* Nous arrivâmes à Tentoura le 20 mai : il faisait ce jour-là une chaleur étouffante, qui produisait un découragement général. Nous n'avions pour nous reposer que des sables arides et brûlans; à notre droite une mer ennemie et déserte. Nos pertes en blessés et en malades étaient déjà considérables, depuis que nous avions quitté Acre. L'avenir n'avait rien de riant. Cet état véritablement affligeant, dans lequel se trouvaient les débris du corps d'armée que l'on a appelé *triomphant*, fit sur le général en chef une impression qu'il était impossible qu'il ne produisît pas. A peine arrivé à Tentoura, il fit dresser sa tente; il m'appela, et me dicta avec préoccupation un ordre pour que tout le monde allât à pied, et que l'on donnât tous les chevaux, mulets et chameaux aux blessés, aux malades et aux pestiférés qui avaient été emmenés, et qui manifestaient encore quelques signes de vie. *Portez cela à Berthier.* L'ordre fut expédié sur-le-champ. A peine fus-je de retour dans la tente, que Vigogne père, écuyer du général en chef, y entra, et, portant la main à son chapeau : *Général, quel cheval vous réservez-vous?* Dans le premier mouvement de colère qu'excita cette question, le général en chef appliqua un violent coup de cravache sur la figure de l'écuyer, et puis, il ajouta d'une voix terrible : Que tout le monde aille à pied f.....! et moi le premier : ne connaissez-vous pas l'ordre ? Sortez.

(*Mémoires de M. de Bourrienne*, tom. 2, chap. 16, pag. 252.)

CHAPITRE XVI.

Assiduité de l'empereur au travail. — Roustan et le flacon d'eau-de-vie. — Armée de Boulogne. — Les quatre camps. — Le Pont de Briques. — Baraque de l'empereur. — La chambre du conseil. — L'aigle guidé par l'étoile tutélaire. — Chambre à coucher de l'empereur. — Lit. — Ameublement. — La chambre du télescope. — Porte-manteau. — Distribution des appartemens. — Le sémaphore. — Les mortiers gigantesques. — L'empereur lançant la première bombe. — Baraque du maréchal Soult. — L'empereur voyant de sa chambre Douvres et sa garnison. — Les rues du camp de droite. — Chemin taillé à pic dans la falaise. — L'ingénieur oublié. — La flottille. — Les forts. — Baraque du prince Joseph. — Le grenadier embourbé. — Trait de bonté de l'empereur. — Le pont de service. — Consigne terrible. — Les sentinelles et les marins de quart. — Exclusion des femmes et des étrangers. — Les espions. — Fusillade. — Le maître d'école fusillé. — Les brûlots. — Terreur dans la ville. — Chanson militaire. — Fausse alerte. — Consternation. — Tranquillité de madame F..... — Le commandant condamné à mort et gracié par l'empereur.

———

Au quartier-général du Pont de Briques, l'empereur travaillait autant que dans son cabinet des

Tuileries. Après ses courses à cheval, ses inspections, ses visites, ses revues, il prenait son repas à la hâte, et rentrait dans son cabinet, où il travaillait souvent une bonne partie de la nuit. Il menait ainsi le même train de vie qu'à Paris; dans ses tournées à cheval, Roustan le suivait partout : celui-ci portait toujours avec lui un petit flacon en argent, rempli d'eau-de-vie, pour le service de Sa Majesté, qui du reste n'en faisait presque jamais usage.

L'armée de Boulogne était composée d'environ cent cinquante mille hommes d'infanterie et quatre-vingt-dix mille de cavalerie, répartis dans quatre camps principaux : le *camp de droite*, le *camp de gauche*, le *camp de Wimereux*, et le *camp d'Ambleteuse*.

Sa majesté l'empereur avait son quartier-général au *Pont de Briques*, ainsi nommé, m'a-t-on dit, parce qu'on y avait découvert les fondations en briques d'un ancien camp de César. Le *Pont de Briques*, comme je l'ai dit plus haut, est à une demi-lieue environ de Boulogne, et le quartier-général de Sa Majesté fut établi dans la seule maison de l'endroit qui fût habitable alors.

Le quartier-général était gardé par un poste de la garde impériale à cheval.

Les quatre camps étaient sur une falaise très-élevée, dominant la mer de manière qu'on pouvait en voir les côtes d'Angleterre, quand il faisait beau temps. Au camp de droite on avait établi des baraques pour l'empereur, pour l'amiral Bruix, pour le maréchal Soult et pour M. Decrès, alors ministre de la marine.

La baraque de l'empereur, construite par les soins de M. Sordi, ingénieur, faisant les fonctions d'ingénieur en chef des communications miliaires, et dont le neveu, M. Lecat de Rue, attaché à cette époque, en qualité d'aide-de-camp, à l'état-major du maréchal Soult, a bien voulu me fournir les renseignemens qui ne sont pas particulièrement de ma compétence; la baraque de l'empereur, dis-je, était en planches comme les baraques d'un champ de foire, avec cette différence que les planches en étaient soigneusement travaillées et peintes en gris blanc. Sa figure était un carré long, ayant, à chaque extrémité, deux pavillons de forme semi-circulaire. Un pourtour fermé par un grillage en bois régnait autour de cette baraque qu'éclairaient en dehors des réverbères placés à quatre pieds de distance les uns des autres. Les fenêtres étaient placées latéralement.

Le pavillon qui regardait la mer se composait de trois pièces et d'un couloir. La pièce principale servant de *chambre du conseil*, était décorée en papier gris-argent : le plafond peint avec des nuages dorés, au milieu desquels on voyait sur un fond bleu de ciel, un aigle tenant la foudre, guidé vers l'Angleterre par une étoile, l'étoile tutélaire de l'empereur. Au milieu de cette chambre, était une grande table ovale couverte d'un tapis de drap vert, sans franges. On ne voyait devant cette table que le fauteuil de Sa Majesté, lequel était en bois indigène simple, couvert en maroquin vert, rembourré de crin, et se démontant pièce à pièce; sur la table était une écritoire en buis. C'était là tout le mobilier de la chambre du conseil, où Sa Majesté seule pouvait s'asseoir, les généraux se tenant debout devant lui, et n'ayant dans ces conseils, qui duraient quelquefois trois ou quatre heures, d'autre point d'appui que la poignée de leurs sabres.

On entrait dans la chambre du conseil par un couloir. Dans ce couloir, à droite, était la chambre à coucher de Sa Majesté, fermée d'une porte vitrée, éclairée par une fenêtre qui donnait sur le camp de droite et de laquelle on voyait la mer, à gauche. Là se trouvait le lit de l'empereur, en fer, avec un grand rideau de simple florence vert, fixé au plafond par un anneau de cuivre doré. Sur ce lit, deux matelas, un sommier, deux traversins, un à la tête, l'autre au pied, point d'oreiller : deux couvertures, l'une en coton blanc, l'autre en Florence vert, ouatée et piquée; un pot de nuit en porcelaine blanche avec un filet d'or, sous le lit, sans plus de cérémonie. Deux siéges plians très-simples à côté du lit. A la croisée, petits rideaux en florence vert; cette pièce était tapissée d'un papier fond rose, à dentelle, bordure étrusque.

Vis-à-vis de la chambre à coucher était une chambre parallèle dans laquelle se trouvait une espèce de télescope qui avait coûté douze mille francs. Cet instrument avait environ quatre pieds de longueur sur un pied de diamètre, il se montait sur un support en acajou à trois pieds, et le coffre qui servait à le contenir avait à peu près la figure d'un piano. Dans la même chambre, sur deux tabourets, on voyait une cassette carrée couverte en cuir jaune, qui contenait trois habillemens complets et du linge. C'était la garde-robe de campagne de Sa Majesté; au dessus un seul chapeau de rechange, doublé de satin blanc et très-usé. L'empereur, comme je le dirai en parlant de ses habitudes, ayant la tête fort délicate, n'aimait point les chapeaux neufs, et gardait long-temps les mêmes.

Le corps principal de la baraque impériale était divisé en trois pièces : un salon, un vestibule et une grande salle à manger, qui communiquait par un couloir, parallèle à celui que je viens de décrire, avec les cuisines. En dehors de la baraque et dans la direction des cuisines, se trouvait une petite loge couverte en chaume, qui servait de buanderie et dans laquelle on lavait la vaisselle.

« La baraque de l'amiral Bruix offrait les mêmes dispositions que celle de l'empereur, mais en petit.

A côté de cette baraque se trouvait le sémaphore des signaux, sorte de télégraphe maritime qui faisait manœuvrer la flotte. Un peu plus loin la tour d'ordre, batterie terrible composée de six mortiers, six obusiers et douze pièces de vingt-quatre. Ces six mortiers, du plus gros calibre qu'on eût jamais fait, avaient seize pouces d'épaisseur, portaient quarante-cinq livres de poudre dans la chambre, et chassaient des bombes de sept cents livres, à quinze cents toises en l'air et à une lieue et demie en mer. Chaque bombe lancée coûtait à l'état trois cents francs. On se servait pour mettre le feu à ces épouvantables machines, de lances qui avaient douze pieds de long, et le canonnier se fendait autant que possible, baissant la tête entre les jambes et ne se relevant qu'après le coup parti. Ce fut l'empereur qui voulut lui-même lancer la première bombe.

A droite de la tour d'ordre, était la baraque du

maréchal Soult, construite en forme de hutte de sauvage, couverte en chaume jusqu'à terre et vitrée par le haut, avec une porte par laquelle on descendait dans les appartemens, qui étaient comme enterrés. La chambre principale était ronde; il y avait dedans une grande table de travail couverte d'un tapis vert et entourée de petits plians en cuir.

La dernière baraque enfin, était celle de M. Decrès, ministre de la marine, faite et distribuée comme celle du maréchal Soult.

De sa baraque, l'empereur pouvait observer toutes les manœuvres de mer, et la longue-vue dont j'ai parlé était si bonne, que le château de Douvres avec sa garnison se trouvait, pour ainsi dire, sous les yeux de Sa Majesté.

Le camp de droite, établi sur la falaise, se divisait en rues qui toutes portaient le nom de quelque général distingué. Cette falaise était hérissée de batteries depuis Boulogne jusqu'à Ambleteuse, c'est-à-dire sur une longueur de plus de deux lieues.

Il n'y avait, pour aller de Boulogne au camp de droite, qu'un chemin qui prenait dans la rue des Vieillards, et passait sur la falaise entre la baraque de Sa Majesté et celles de MM. Bruix, Soult et Decrès. Lorsqu'à la marée basse, l'empereur voulait descendre sur la plage, il lui fallait faire un très-grand détour. Un jour il s'en plaignit assez vivement. M. Bonnefoux, préfet maritime de Boulogne, entendit les plaintes de Sa Majesté, et s'adressant à M. Sordi, ingénieur des communications militaires, lui demanda s'il ne serait pas possible de remédier à ce grave inconvénient. L'ingénieur répondit que la chose était faisable, que l'on pouvait procurer à Sa Majesté les moyens d'aller directement de sa baraque à la plage, mais que, vu l'excessive élévation de la falaise, il faudrait, afin d'esquiver la rapidité de la descente, creuser le chemin en zig-zag. « Faites-le comme » vous l'entendrez, dit l'empereur, mais que je » puisse descendre par là dans trois jours. » L'habile ingénieur se mit à l'œuvre; en trois jours et trois nuits, un chemin en pierres liées ensemble par des crampons de fer, fut construit, et l'empereur, charmé de tant de diligence et de talent, fit porter M. Sordi pour la prochaine distribution des croix. On ne sait par quelle fâcheuse négligence cet habile homme fut oublié.

Le port de Boulogne contenait environ dix-sept cents bâtimens, tels que bateaux plats, chaloupes canonnières, caïques, prames, bombardes, etc. L'entrée du port était défendue par une énorme chaîne, et par quatre forts, deux à droite, deux à gauche.

Le *fort Musoir*, placé sur la gauche, était armé de trois batteries formidables, étagées l'une sur l'autre; le premier rang en canons de vingt-quatre, le second et le troisième en canons de trente-six. A droite, en regard de ce fort, se trouvait le *pont de halage*, et derrière ce pont, une vieille tour appelée la *tour Croï*, garnie de bonnes et belles batteries. A gauche, distance d'environ un quart de lieue du fort Musoir, était le *fort la Crèche*, avancé de beaucoup dans la mer, construit en pierres de taille, et terrible. A droite enfin, en regard du fort la Crèche, on voyait le *fort en bois*, armé d'une manière prodigieuse, et percé d'une large ouverture qui se trouvait à découvert, en marée basse.

Sur la falaise à gauche de la ville, à la même élévation que l'autre, à peu près, était le *camp de gauche*. On y voyait la baraque du prince Joseph, alors colonel du quatrième régiment de ligne. Cette baraque était couverte en chaume. Au bas de ce camp et de la falaise, l'empereur fit creuser un bassin, aux travaux duquel une partie des troupes fut employée.

C'était dans ce bassin qu'un jour, un jeune soldat de la garde, enfoncé dans la vase jusqu'aux genoux, tirait de toutes ses forces pour dégager sa brouette, encore plus embourbée que lui;

mais il ne pouvait en venir à bout, et, tout couvert de sueur il jurait et pestait comme un grenadier en colère. Tout à coup, en levant par hasard les yeux, il aperçut l'empereur, qui passait par les travaux pour aller voir son frère Joseph, au camp de gauche. Alors, il se mit à le regarder avec un air et des gestes supplians, en chantant d'un ton presque sentimental : « *Venez, venez à mon » secours!* » Sa Majesté ne put s'empêcher de sourire, et fit signe au soldat d'approcher, ce que fit le pauvre diable en se débourbant à grand' peine. — Quel est ton régiment? — Sire, le premier de la garde. — Depuis quand es-tu soldat? — Depuis que vous êtes empereur, sire. — Diable! il n'y a pas long-temps..... Il n'y a pas assez long-temps pour que je te fasse officier, n'est-il pas vrai ? Mais conduis-toi bien, et je te ferai nommer sergent-major. Après cela, si tu veux, la croix et les épaulettes sur le premier champ de bataille. Es-tu content? — Oui, sire. — Major général, continua l'empereur en s'adressant au général Berthier, prenez le nom de ce jeune homme. Vous lui ferez donner trois cents francs pour faire nettoyer son pantalon et réparer sa brouette. — Et Sa majesté poursuivit sa course, au milieu des acclamations des soldats.

Au fond du port, il y avait un pont en bois,

qu'en appelait le *pont de service*. Les magasins à poudre étaient derrière, et renfermaient d'immenses munitions. La nuit venue, on n'entrait plus par ce pont sans donner le mot d'ordre à la seconde sentinelle, car la première laissait toujours passer. Mais elle ne laissait pas repasser. Si la personne entrée sur le pont ignorait ou venait à oublier le mot d'ordre, elle était repoussée par la seconde sentinelle, et la première placée à la tête du pont, avait ordre exprès de passer sa baïonnette au travers du corps de l'imprudent qui s'était engagé dans ce passage dangereux, sans pouvoir répondre aux questions des factionnaires. Ces précautions rigoureuses étaient rendues nécessaires par le voisinage des terribles magasins à poudre, qu'une étincelle pouvait faire sauter avec la ville, la flotte et les deux camps.

La nuit, on fermait le port avec la grosse chaîne dont j'ai parlé, et les quais se garnissaient de sentinelles placées à quinze pas de distance l'une de l'autre. De quart d'heure en quart d'heure, elles criaient : « *Sentinelles, prenez garde à vous !* » Et les soldats de marine placés dans les huniers répondaient à ce cri par celui de : « *Bon quart !* » prononcé d'une voix traînante et lugubre. Rien de plus monotone et de plus triste que ce murmure continuel, ce roulement de voix hurlant toutes sur le même ton, d'autant plus que ceux qui proféraient ces cris, mettaient toute leur science à les rendre aussi effrayans que possible.

Il était défendu aux femmes non-domiciliées à Boulogne, d'y séjourner sans une autorisation spéciale du ministre de la police. Cette mesure avait été jugée nécessaire, à cause de l'armée. Sans cela, chaque soldat peut-être eût fait venir à Boulogne une femme; et Dieu sait quel désordre il en serait advenu. En général, les étrangers n'étaient reçus dans la ville qu'avec les plus grandes difficultés.

Malgré toutes ces précautions, il s'introduisait journellement à Boulogne des espions de la flotte anglaise. Lorsqu'ils étaient découverts, il ne leur était point fait de grâce; et pourtant des émissaires qui débarquaient on ne sait où, venaient le soir au spectacle, et poussaient l'imprudence jusqu'à écrire leur opinion sur le compte des acteurs et des actrices qu'ils désignaient par leur nom, et coller ces écrits aux murs du théâtre. Ils bravaient ainsi la police. On trouva un jour sur le rivage deux petits batelets couverts en toile goudronnée, qui servaient probablement à ces messieurs pour leurs excursions clandestines.

En juin 1804, on arrêta huit Anglais, parfaitement bien vêtus, en bas de soie blancs, etc. Ils avaient sur eux des appareils soufrés, qu'ils destinaient à incendier la flotte. On les fusilla au bout d'une heure, sans autre forme de procès.

Il y avait aussi des traîtres à Boulogne. Un maître d'école, agent secret des lords Keith et Melvil, fut surpris un matin sur la falaise du camp de droite, faisant avec ses bras des signaux télégraphiques. Arrêté presque au même instant par les factionnaires, il voulut protester de son innocence et tourner la chose en plaisanterie. Mais on visita ses papiers, et l'on y trouva une correspondance avec les Anglais, qui prouvait sa trahison jusqu'à l'évidence. Traduit devant le conseil de guerre, il fut fusillé le lendemain.

Un soir, entre onze heures et minuit, un brûlot gréé à la française, portant pavillon français, ayant tout-à-fait l'apparence d'une chaloupe canonnière, s'avança vers la ligne d'embossage, et passa. Par une impardonnable négligence, la chaîne du port n'était pas tendue ce soir-là. Ce brûlot fut suivi d'un second qui sauta en l'air en heurtant une chaloupe qu'il fit disparaître avec lui. L'explosion donna l'alarme à toute la flotte : à l'instant des lumières brillèrent partout, et à la faveur de ces lumières, on vit, avec une anxiété inexprimable, le premier brûlot s'avancer entre les jetées. Trois ou quatre morceaux de bois attachés avec des câbles l'arrêtèrent heureusement dans sa marche. Il sauta avec un tel fracas que toutes les vitres des fenêtres furent brisées dans la ville, et qu'un grand nombre d'habitans qui, faute de lits, couchaient sur des tables, furent jetés à terre et réveillés par la chute, sans comprendre de quoi il s'agissait. En dix minutes tout le monde fut sur pied. On croyait les Anglais dans le port. C'était un trouble, un tumulte, des cris à ne pas s'entendre. On fit parcourir la ville par des crieurs précédés de tambours, qui rassurèrent les habitans, en leur disant que le danger était passé.

Le lendemain, on fit des chansons sur cette alerte nocturne. Elles furent bientôt dans toutes les bouches. J'en ai conservé une que je vais rapporter ici, et qui fut celle que les soldats chantèrent le plus long-temps.

> Depuis long-temps la Bretagne,
> Pour imiter la *Montagne*,
> Menaçait le continent
> D'un funeste événement.
> Dans les ombres du mystère
> Vingt monstres * elle enfanta.
> Pitt s'écria : *j'en suis père*,
> Et personne n'en douta.

* On sut depuis qu'il y avait vingt brûlots destinés à détruire la flotille.

Bientôt dans la nuit profonde,
Melville* lance sur l'onde
Tous ces monstres nouveau-nés,
Pour Boulogne destinés.
Lord Keith, en bonne nourrice,
Dans son sein les tient cachés :
Le flot lui devient propice,
Et les enfans sont lâchés.

Le Français, qui toujours veille,
Vers le bruit prête l'oreille ;
Mais il ne soupçonnait pas
Des voisins si scélérats.
Son étoile tutélaire
Semble briller à ses yeux :
Le danger même l'éclaire
En l'éclairant de ses feux.

Cette infernale famille
S'approche de la flottille :
En expirant elle fait
Beaucoup de bruit, peu d'effet.
Les marques qu'elle a laissées
De sa brillante valeur,
Sont quelques vitres cassées
Et la honte de l'auteur.

Mons Pitt, sur votre rivage
Vous bravez notre courage,

---

* La croisière anglaise était commandée par lord Melvil et lord Keith.

Bien convaincu que jamais
Vous n'y verrez les Français.
Vous comptez sur la distance,
Vos vaisseaux et vos bourgeois :
Mais les soldats de la France
Vous feront compter deux fois.

Dans nos chaloupes agiles,
Les vents, devenus dociles,
Vous retenant dans vos ports,
Nous conduiront à vos bords ;
Vous forçant à l'arme égale,
Vous verrez que nos soldats
Ont la *machine infernale*
Placée au bout de leurs bras.

Une autre alerte, mais d'un genre tout différent, mit tout Boulogne sens dessus dessous, dans l'automne de 1804. Vers huit heures du soir, le feu prit dans une cheminée sur la droite du port. La clarté de ce feu donnant à travers les mâts de la flottille, effraya le commandant d'un poste qui était du côté opposé. A cette époque, tous les bâtimens étaient chargés de poudre et de munitions. Le pauvre commandant perdit la tête; il s'écria : *Mes enfans! le feu est à la flottille!* et fit aussitôt battre la générale. Cette effrayante nouvelle se répandit avec la rapidité de l'éclair. En moins d'une demi-heure, plus de soixante mille hommes débouchèrent sur les quais; on sonna le tocsin à toutes les églises, les forts tirèrent le canon d'alarme; et tambours et trompettes se mirent à courir les rues en faisant un vacarme infernal.

L'empereur était au quartier-général quand ce cri terrible : *Le feu est à la flotte*, parvint à ses oreilles. « C'est impossible! » s'écria-t il aussitôt. Nous partîmes néanmoins à l'instant même.

En entrant dans la ville, de quel affreux spectacle je fus témoin! les femmes éplorées tenaient leurs enfans dans leurs bras et couraient comme des folles en poussant des cris de désespoir ; les hommes abandonnaient leurs maisons, emportant ce qu'ils avaient de plus précieux, se heurtant, se renversant dans l'obscurité. On entendait partout : « Sauve qui peut! Nous allons sauter! Nous » sommes tous perdus! » Et des malédictions, des blasphèmes, des lamentations à faire dresser les cheveux.

Les aides-de-camp de Sa Majesté, ceux du maréchal Soult, couraient au galop partout où ils pouvaient passer, arrêtant les tambours et leur demandant : « Pourquoi battez-vous la générale? » Qui vous a donné l'ordre de battre la générale? » — Nous n'en savons rien, » leur répondait-on ; et les tambours continuaient de battre, et le tumulte allait toujours croissant, et la foule se précipitait aux portes, frappée d'une terreur qu'un instant de réflexion eût fait évanouir. Mais la peur n'admet point de réflexion, malheureusement.

Il est vrai de dire cependant qu'un nombre assez considérable d'habitants, moins peureux que les autres, se tenaient fort tranquilles chez eux, sachant bien que si le feu eût été à la flotte, on n'aurait pas eu le temps de pousser un cri. Ceux-là faisaient tous leurs efforts pour rassurer la foule alarmée. Madame F....., très-jolie et très-aimable dame, épouse d'un horloger, veillait dans sa cuisine aux préparatifs du souper, lorsqu'un voisin entre tout effaré et lui dit : « Sauvez-vous, ma-
» dame, vous n'avez pas un moment à perdre ! —
» Qu'est-ce donc? — Le feu est à la flotte. — Ah!
» bah! — Fuyez donc, madame, fuyez donc! je
» vous dis que le feu est à la flotte. » Et le voisin prenait madame F.... par le bras et la tirait fortement. Madame F.... tenait dans le moment une poêle dans laquelle cuisaient des beignets. « Pre-
» nez donc garde! vous allez me faire brûler ma
» friture, » dit-elle en riant; et quelques mots moitié sérieux, moitié plaisans, lui suffirent pour rassurer le pauvre diable, qui finit par se moquer de lui-même.

Enfin, le tumulte s'apaisa : à cette frayeur si grande succéda un calme profond; aucune explosion ne s'était fait entendre. C'était donc une fausse alarme? Chacun rentra chez soi, ne pensant plus à l'incendie, mais agité d'une autre crainte. Les voleurs pouvaient fort bien avoir profité de l'absence des habitans pour piller les maisons.... Par bonheur, aucun accident de ce genre n'avait eu lieu.

Le lendemain, le pauvre commandant qui avait pris et jeté l'alarme si mal à propos, fut traduit devant le conseil de guerre. Il n'avait pas de mauvaises intentions, mais la loi était formelle. Il fut condamné à mort, mais ses juges le recommandèrent à la clémence de l'empereur, qui lui fit grâce.

CHAPITRE XVII.

Distribution de croix de la Légion-d'Honneur, au camp de Boulogne. — Le casque de Duguesclin. — Le prince Joseph, colonel. — Fête militaire. — Courses en canots et à cheval. — Jalousie d'un conseil d'officiers supérieurs. — Justice rendue par l'empereur. — Chute malheureuse, suivie d'un triomphe. — La pétition à bout portant. — Le ministre de la marine tombé à l'eau. — Gaîté de l'empereur. — Le général gastronome. — Le bal. — Une boulangère, dansée par l'empereur et madame Bertrand. — Les Boulonnaises au bal. — Les macarons et les ridicules. — La maréchale Soult reine du bal. — La belle suppliante. — Le garde-magasin condamné à mort. — Clémence de l'empereur.

Beaucoup des braves qui composaient l'armée de Boulogne avaient mérité la croix dans les dernières campagnes. Sa Majesté voulut que cette distribution fût une solennité qui laissât des souvenirs immortels. Elle choisit pour cela le lendemain de sa fête, 16 août 1804. Jamais rien de plus beau ne s'était vu, ne se verra peut-être.

A six heures du matin, plus de quatre-vingt mille hommes sortirent des quatre camps et s'avancèrent par divisions, tambours et musique en tête, vers la plaine du moulin Hubert, situé sur la falaise au delà du camp de droite. Dans cette plaine, le dos tourné à la mer, se trouvait dressé un échafaudage élevé à quinze pieds environ au dessus du sol. On y montait par trois escaliers, un au milieu et deux latéraux, tous trois couverts de tapis superbes. Sur cet amphithéâtre d'environ quarante pieds carrés, s'élevaient trois estrades. Celle du milieu supportait le fauteuil impérial, décoré de trophées et de drapeaux. L'estrade de gauche était couverte de siéges pour les frères de l'empereur et pour les grands dignitaires. Celle de droite supportait un trépied de forme antique portant un casque, le casque de Duguesclin, je crois, rempli de croix et de rubans; à côté du trépied on avait mis un siége pour l'archi-chancelier.

A trois cents pas, environ, du trône, le terrain s'élevait en pente douce et presque circulairement; c'est sur cette pente que les troupes se rangèrent en amphitéâtre. A la droite du trône, sur une éminence, étaient jetées soixante ou quatre-vingts tentes, faites avec les pavillons de l'armée navale. Ces tentes, destinées aux dames de la ville, faisaient un effet charmant; elles étaient assez éloignées du trône pour que les spectateurs qui les remplissaient fussent obligés de se servir de lorgnettes. Entre ces tentes et le trône, était une partie de la garde impériale à cheval, rangée en bataille.

Le temps était magnifique; il n'y avait pas un nuage au ciel : la croisière anglaise avait disparu, et sur la mer on ne voyait que la ligne d'embossage superbement pavoisée.

A dix heures du matin, une salve d'artillerie annonça le départ de l'empereur. Sa Majesté partit de sa baraque, entourée de plus de quatre-vingts généraux et de deux cents aides-de-camp; toute sa maison le suivait. L'empereur était vêtu de l'uniforme de colonel général de la garde à pied, il arriva au grand galop jusqu'au pied du trône, au milieu des acclamations universelles et du plus épouvantable vacarme que puissent faire tambours, trompettes, canons, battant, sonnant et tonnant ensemble.

Sa Majesté monta sur le trône, suivie de ses frères et des grands dignitaires. Quand elle se fut assise, tout le monde prit place, et la distribution des croix commença de la manière suivante : un aide-de-camp de l'empereur appelait les militaires désignés, qui venaient un à un, s'arrêtaient au pied du trône, saluaient et montaient l'escalier de droite. Ils étaient reçus par l'archi-chancelier, qui leur délivrait leur brevet. Deux pages, placés entre le trépied et l'empereur, prenaient la décoration dans le casque de Duguesclin et la remettaient à Sa Majesté, qui l'attachait elle-même sur la poitrine du brave. A cet instant, plus de huit cents tambours battaient un roulement, et lorsque le soldat décoré descendait du trône par l'escalier de gauche, en passant devant le brillant état-major de l'empereur, des fanfares exécutées par plus de douze cents musiciens, signalaient le retour du légionnaire à sa compagnie. Il est inutile de dire que le cri de *vive l'empereur* était répété deux fois à chaque décoration.

La distribution commencée à dix heures, fut terminée à trois heures environ. Alors on vit les aides-de-camp parcourir les divisions; une salve d'artillerie se fit entendre, et quatre-vingt mille hommes s'avancèrent en colonnes serrées jusqu'à la distance de vingt-cinq ou trente pas du trône. Le silence le plus profond succéda au bruit des tambours, et l'empereur ayant donné ses ordres, les troupes manœuvrèrent pendant une heure environ. Ensuite chaque division défila devant le trône pour retourner au camp, chaque chef inclinant, en passant, la pointe de son épée. On remarqua le prince Joseph, tout nouvellement nommé colonel du quatrième régiment de ligne, lequel fit en passant à son frère un salut plus gracieux que militaire. L'empereur renfonça d'un froncement de sourcils les observations tant soit peu critiques que ses anciens compagnons d'armes semblaient prêts à se permettre à ce sujet. Sauf ce petit mouvement, jamais le visage de Sa Majesté n'avait été plus radieux.

Au moment où les troupes défilaient, le vent, qui depuis deux ou trois heures soufflait avec violence, devint terrible. Un officier d'ordonnance accourut dire à Sa Majesté que quatre ou cinq canonnières venaient de faire côte. Aussitôt l'empereur quitta la plaine au galop, suivi de quelques maréchaux, et alla se poster sur la plage. L'équipage des canonnières fut sauvé, et l'empereur retourna au Pont de Briques.

Cette grande armée ne put regagner ses cantonnemens avant huit heures du soir.

Le lendemain, le camp de gauche donna une fête militaire, à laquelle l'empereur assista.

Dès le matin, des canots montés sur des roulettes, couraient à pleines voiles dans les rues du camp, poussés par un vent favorable. Des officiers s'amusaient à courir après, au galop, et rarement ils les atteignaient. Cet exercice dura une heure ou deux; mais le vent ayant changé, les canots chavirèrent au milieu des éclats de rire.

Il y eut ensuite une course à cheval. Le prix était de douze cents francs. Un lieutenant de dragons, fort estimé dans sa compagnie, demanda en grâce à concourir. Mais le fier conseil des officiers supérieurs refusa de l'admettre, sous prétexte qu'il n'était point d'un grade assez élevé, mais en réalité, parce qu'il passait pour un cavalier d'un talent prodigieux. Piqué au vif de ce refus injuste, le lieutenant de dragons s'adressa à l'empereur, qui lui permit de courir avec les autres, après avoir pris des informations qui lui apprirent que ce brave officier nourrissait à lui seul une nombreuse famille, et que sa conduite était irréprochable.

Au signal donné, les coureurs partirent. Le lieutenant de dragons ne tarda pas à dépasser ses antagonistes; il allait toucher le but, lorsque par un malencontreux hasard, un chien caniche vint se jeter étourdiment dans les jambes de son cheval qui s'abattit. Un aide-de-camp, qui venait immédiatement après lui, fut proclamé vainqueur. Le lieutenant se releva tant bien que mal, et se disposait à s'éloigner bien tristement, mais un peu consolé par les témoignages d'intérêt que lui donnaient les spectateurs, lorsque l'empereur le fit appeler et lui dit : « Vous méritez le prix, vous » l'aurez.... Je vous fais capitaine. » Et s'adressant au grand maréchal du palais : « Vous ferez compter » douze cents francs au capitaine N.... »(le nom ne me revient pas). Et tout le monde de crier : *Vive l'empereur!* et de féliciter le nouveau capitaine sur son heureuse chute.

Le soir, il y eut un feu d'artifice, que l'on put voir des côtes d'Angleterre. Trente mille soldats exécutèrent toutes sortes de manœuvres avec des fusées volantes dans leurs fusils. Ces fusées s'élevaient à une hauteur incroyable. Le bouquet, qui représentait les armes de l'empire, fut si beau, que pendant cinq minutes, Boulogne, les campagnes et toute la côte furent éclairés comme en plein jour.

Quelques jours après ces fêtes, l'empereur passant d'un camp à l'autre, un marin qui l'épiait pour lui remettre une pétition, fut obligé, la pluie tombant par torrens, et dans la crainte de gâter sa feuille de papier, de se mettre à couvert derrière une baraque isolée sur le rivage, et qui servait à déposer des cordages. Il attendait depuis longtemps, trempé jusqu'aux os, quand il vit l'empereur descendre du camp de gauche au grand galop. Au moment où Sa Majesté, toujours galopant, allait passer devant la baraque, mon brave marin, qui était aux aguets, sortit tout-à-coup de sa cachette et se jeta au devant de l'empereur, lui tendant son placet, dans l'attitude d'un maître d'escrime qui se fend. Le cheval de l'empereur fit un écart, et s'arrêta tout court, effrayé de cette brusque apparition. Sa Majesté, un instant étonnée, jeta sur le marin un regard mécontent, et continua son chemin, sans prendre la pétition qu'on lui offrait d'une façon si bizarre.

Ce fut ce jour-là, je crois, que le ministre de la marine, M. Decrès, eut le malheur de se laisser tomber à l'eau, au grand divertissement de Sa Majesté. On avait, pour faire passer l'empereur du quai dans une chaloupe canonnière, jeté une simple planche du bord de la chaloupe au quai : Sa Majesté passa, ou plutôt sauta ce léger pont, et fut reçue à bord dans les bras d'un marin de la garde. M. Decrès, beaucoup plus replet et moins ingambe que l'empereur, s'avança avec précaution sur la planche qu'il sentait, avec effroi, fléchir sous ses pieds : arrivé au milieu, le poids de son corps rompit la planche, et le ministre de la marine tomba dans l'eau entre le quai et la chaloupe. Sa Majesté se retourna au bruit que fit M. Decrès en tombant, et se penchant aussitôt en dehors de la chaloupe : « Comment ! c'est notre ministre de

» la marine qui s'est laissé tomber? Comment est-
» il possible que ce soit lui?» Et l'empereur, en parlant ainsi, riait de tout son cœur. Cependant, deux ou trois marins s'occupaient à tirer d'embarras M. Decrès, qui fut avec beaucoup de peine hissé sur la chaloupe, dans un triste état, comme on peut le croire, rendant l'eau par le nez, la bouche et les oreilles, et tout honteux de sa mésaventure, que les plaisanteries de Sa Majesté contribuaient à rendre plus désolante encore.

Vers la fin de notre séjour, les généraux donnèrent un grand bal aux dames de la ville. Ce bal fut magnifique; l'empereur y assista.

On avait construit à cet effet une salle en charpente et menuiserie. Elle fut décorée de guirlandes, de drapeaux et de trophées, avec un goût parfait. Le général Bertrand fut nommé maître des cérémonies par ses collègues, et le général Bisson fut chargé du buffet. Cet emploi convenait parfaitement au général Bisson, le plus grand gastronome du camp, et dont le ventre énorme gênait parfois la marche. Il ne lui fallait pas moins de six à huit bouteilles pour son dîner, qu'il ne prenait jamais seul, car c'était un supplice pour lui que de ne pas jaser en mangeant. Il invitait assez ordinairement ses aides-de-camp que, par malice sans doute, il choisissait toujours parmi les plus minces et les plus frêles officiers de l'armée. Le buffet fut digne de celui qu'on en avait chargé.

L'orchestre était composé des musiques de vingt régimens, qui jouaient à tour de rôle. Au commencement du bal seulement, elles exécutèrent toutes ensemble une marche triomphale, tandis que les aides-de-camp, habillés de la manière la plus galante du monde, recevaient les dames invitées et leur donnaient des bouquets.

Il fallait pour être admis à ce bal avoir au moins le grade de commandant. Il est impossible de se faire une idée de la beauté du coup d'œil que présentait cette multitude d'uniformes, tous plus brillans les uns que les autres. Les cinquante ou soixante généraux qui donnaient le bal avaient fait venir de Paris des costumes brodés avec une richesse inconcevable. Le groupe qu'ils formèrent autour de Sa Majesté, lorsqu'elle fut entrée, étincelait d'or et de diamans. L'empereur resta une heure à cette fête et dansa la boulangère avec madame Bertrand; il était vêtu de l'uniforme de colonel-général de la garde à cheval.

Madame la maréchale Soult était la reine du bal. Elle portait une robe de velours noir, parsemée de ces diamans connus sous le nom de cailloux du Rhin.

Au milieu de la nuit, on servit un souper splendide dont le général Bisson avait surveillé les apprêts. C'est assez dire que rien n'y manquait.

Les Boulonnaises, qui ne s'étaient jamais trouvées à pareille fête, en étaient émerveillées. Quand vint le souper, quelques-unes s'avisèrent d'emplir leurs *ridicules* de friandises et de sucreries ; elles auraient emporté, je crois, la salle, les musiciens et les danseurs. Pendant plus d'un mois ce bal fut l'unique sujet de leurs conversations.

A cette époque, ou à peu près, Sa Majesté se promenant à cheval dans les environs de sa baraque, une jolie personne de quinze ou seize ans, vêtue de blanc et tout en larmes, se jeta à genoux sur son passage. L'empereur descendit aussitôt de cheval et courut la relever en s'informant avec bonté de ce qu'il pouvait faire pour elle. La pauvre fille venait lui demander la grâce de son père, garde-magasin des vivres, condamné aux galères pour des fraudes graves. Sa Majesté ne put résister à tant de charmes et de jeunesse : elle pardonna.

CHAPITRE XVIII.

Popularité de l'empereur à Boulogne. — Sa funeste obstination. — Fermeté de l'amiral Bruix. — La cravache de l'empereur et l'épée d'un amiral. — Exil injuste. — Tempête et naufrage. — Courage de l'empereur. — Les cadavres et le petit chapeau. — Moyen infaillible d'étouffer les murmures. — Le tambour sauvé sur sa caisse. — Dialogue entre deux matelots. — Faux embarquement. — Proclamation. — Colonne du camp de Boulogne. — Départ de l'empereur. — Comptes à régler. — Difficultés que fait l'empereur pour payer sa baraque. — Flatterie d'un créancier. — Le compte de l'ingénieur acquitté en rixdales et en frédérics.

A Boulogne, comme partout ailleurs, l'empereur savait se faire chérir par sa modération, sa justice et la grâce généreuse avec laquelle il reconnaissait les moindres services. Tous les habitans de Boulogne, tous les paysans des environs se seraient fait tuer pour lui. On se racontait les plus petites particularités qui lui étaient relatives. Un jour pourtant, sa conduite excita les plaintes, il fut injuste. Il fut généralement blâmé : son injustice avait causé tant de malheurs! Je vais rapporter ce triste événement dont je n'ai encore vu nulle part un récit fidèle.

Un matin, en montant à cheval, l'empereur annonça qu'il passerait en revue l'armée navale, et donna l'ordre de faire quitter aux bâtimens qui formaient la ligne d'embossage, leur position, ayant l'intention, disait-il, de passer la revue en pleine mer. Il partit avec Roustan pour sa promenade habituelle, et témoigna le désir que tout fût prêt pour son retour, dont il désigna l'heure. Tout le monde savait que le désir de l'empereur était sa volonté; on alla, pendant son absence, le transmettre à l'amiral Bruix, qui répondit avec un imperturbable sang-froid qu'il était bien fâché, mais que la revue n'aurait pas lieu ce jour-là. En conséquence, aucun bâtiment ne bougea.

De retour de sa promenade, l'empereur demanda si tout était prêt; on lui dit ce que l'amiral avait répondu. Il se fit répéter deux fois cette réponse, au ton de laquelle il n'était point habitué, et frappant du pied avec violence, il envoya chercher l'amiral, qui sur-le-champ se rendit auprès de lui.

L'empereur, au gré duquel l'amiral ne venait point assez vite, le rencontra à moitié chemin de sa baraque. L'état-major suivait Sa Majesté, et se rangea silencieusement autour d'elle. Ses yeux lançaient des éclairs.

« Monsieur l'amiral, dit l'empereur d'une voix altérée, pourquoi n'avez-vous point fait exécuter mes ordres? »

— « Sire, répondit avec une fermeté respectueuse l'amiral Bruix, une horrible tempête se prépare..... Votre Majesté peut le voir comme moi : veut-elle donc exposer inutilement la vie de tant de braves gens? » En effet, la pesanteur de l'atmosphère et le grondement sourd qui se faisait entendre au loin ne justifiaient que trop les craintes de l'amiral. « Monsieur, répond l'empereur de plus en plus irrité, j'ai donné des ordres; encore une fois, pourquoi ne les avez-vous point exécutés? Les conséquences me regardent seul. Obéissez! — Sire, je n'obéirai pas. — Monsieur, vous êtes un insolent! » Et l'empereur, qui tenait encore sa cravache à la main, s'avança sur l'amiral en faisant un geste menaçant. L'amiral Bruix recula d'un pas, et mettant la main sur la garde de son épée: « Sire! dit-il en pâlissant, prenez garde! » Tous les assistans étaient glacés d'effroi. L'empereur, quelque temps immobile, la main levée, attachait ses yeux sur l'amiral, qui, de son côté, conservait sa terrible attitude. Enfin, l'empereur jeta sa cravache à terre, M. Bruix lâcha le pommeau de son épée, et, la tête découverte, il attendit en silence le résultat de cette horrible scène.

« Monsieur le contre-amiral Magon, dit l'empereur, vous ferez exécuter à l'instant le mouvement que j'ai ordonné. Quant à vous, monsieur, continua-t-il en ramenant ses regards sur l'amiral Bruix, vous quitterez Boulogne dans les vingt-quatre heures, et vous vous retirerez en Hollande. Allez. » Sa Majesté s'éloigna aussitôt; quelques officiers, mais en bien petit nombre, serrèrent en partant la main que leur tendait l'amiral.

Cependant le contre-amiral Magon faisait faire à la flotte le mouvement fatal exigé par l'empereur. A peine les premières dispositions furent-elles prises, que la mer devint effrayante à voir. Le ciel, chargé de nuages noirs, était sillonné d'éclairs, le tonnerre grondait à chaque instant, et le vent rompait toutes les lignes. Enfin, ce qu'avait prévu l'amiral arriva, et la tempête la plus affreuse dispersa les bâtimens de manière à faire désespérer de leur salut. L'empereur, soucieux, la tête baisséc, les bras croisés, se promenait sur la plage, quand tout-à-coup des cris terribles se firent entendre. Plus de vingt chaloupes canonnières chargées de soldats et de matelots venaient d'être jetées à la côte, et les malheureux qui les montaient, luttant contre les vagues furieuses, réclamaient des secours que personne n'osait leur porter. Profondément touché de ce spectacle, le cœur déchiré par les lamentations d'une foule immense que la tempête avait rassemblée sur les falaises et sur la plage, l'empereur, qui voyait ses généraux et officiers frissonner d'horreur autour de lui, voulut donner l'exemple du dévoûment, et malgré tous les efforts que l'on put faire pour le retenir, il se jeta dans une barque de sauvetage en disant : « Laissez-moi ! laissez-moi ! il faut qu'on les tire de là. » En un instant sa barque fut remplie d'eau. Les vagues passaient et repassaient par dessus, et l'empereur était inondé. Une lame encore plus forte que les autres faillit jeter Sa Majesté par dessus le bord, et son chapeau fut emporté dans le choc, Electrisés par tant de courage, officiers, soldats, marins et bourgeois se mirent, les uns à la nage, d'autres dans des chaloupes, pour essayer de porter du secours. Mais, hélas ! on ne put sauver qu'un très-petit nombre des infortunés qui composaient l'équipage des canonnières, et le lendemain la mer rejeta sur le rivage plus de deux cents cadavres, avec le chapeau du vainqueur de Marengo.

Ce triste lendemain fut un jour de désolation pour Boulogne et pour le camp. Il n'était personne qui ne courût au rivage cherchant avec anxiété parmi les corps que les vagues amoncelaient. L'empereur gémissait de tant de malheurs, qu'intérieurement il ne pouvait sans doute manquer d'attribuer à son obstination. Des agens chargés d'or parcoururent par son ordre la ville et le camp, et arrêtèrent des murmures tout près d'éclater.

Ce jour-là, je vis un tambour, qui faisait partie de l'équipage des chaloupes naufragées, revenir sur sa caisse, comme sur un radeau. Le pauvre diable avait la cuisse cassée. Il était resté plus de douze heures dans cette horrible situation.

Pour en finir avec le camp de Boulogne, je raconterai ici ce qui ne se passa en effet qu'au mois d'août 1805, après le retour de l'empereur de son voyage et de son couronnement en Italie.

Soldats et matelots brûlaient d'impatience de s'embarquer pour l'Angleterre; le moment tant désiré n'arrivait pas. Tous les soirs on se disait : Demain il y aura bon vent, il fera du brouillard, nous partirons; et l'on s'endormait dans cet espoir. Le jour venait avec du soleil ou de la pluie.

Un soir pourtant que le vent favorable soufflait,

j'entendis deux marins, causant ensemble sur le quai, se livrer à des conjectures sur l'avenir: « L'empereur fera bien de partir demain matin, disait l'un, il n'aura jamais un meilleur temps, il y aura sûrement de la brume. » — « Bah! disait l'autre, il n'y pense seulement pas; il y a plus de quinze jours que la flotte n'a bougé. On ne veut pas partir de sitôt. » — « Pourtant toutes les munitions sont à bord; avec un coup de sifflet, tout ça peut démarer. » On vint placer les sentinelles de nuit, et la conversation des vieux loups de mer en resta là. Mais j'eus lieu bientôt de reconnaître que leur expérience ne les avait pas trompés. En effet, sur les trois heures du matin, un léger brouillard se répandit sur la mer, qui était un peu houleuse; le vent de la veille commençait à souffler. Le jour venu, le brouillard s'épaissit de manière à cacher la flotte aux Anglais. Le silence le plus profond régnait partout. Aucune voile ennemie n'avait été signalée pendant la nuit, et comme l'avaient dit les marins, tout favorisait la descente.

A cinq heures du matin, des signaux partirent du sémaphore. En un clin-d'œil, tous les marins furent debout; le port retentit de cris de joie; on venait de recevoir l'ordre du départ! Tandis qu'on hissait les voiles, la générale battait dans les quatre camps. Elle faisait prendre les armes à toute l'armée, qui descendit précipitamment dans la ville, croyant à peine ce qu'elle venait d'entendre. « — Nous allons donc partir, disaient tous ces braves; nous allons donc dire deux mots à ces (.......) d'Anglais! » Et le plaisir qui les agitait s'exprimait en acclamations qu'un roulement de tambour fit cesser. L'embarquement s'opéra dans un silence profond, avec un ordre que j'essayerais vainement de décrire. En sept heures, deux cent mille soldats furent à bord de la flotte; et, lorsqu'un peu après midi cette belle armée allait s'élancer au milieu des adieux et des vœux de toute la ville rassemblée sur les quais et sur les falaises, au moment où tous les soldats debout, et la tête découverte, se détachaient du sol français en criant: *Vive l'empereur!* un message arriva de la baraque impériale, qui fit débarquer et rentrer les troupes au camp. Une dépêche télégraphique reçue à l'instant même par Sa Majesté l'obligeait à donner une autre direction à ses troupes.

Les soldats retournèrent tristement dans leurs quartiers; quelques-uns témoignaient tout haut, et d'une manière fort énergique, le désappointement que leur causait cette espèce de mystification. Ils avaient toujours regardé le succès de l'entreprise contre l'Angleterre comme une chose de toute certitude, et se voir arrêté à l'instant du départ était à leurs yeux le plus grand malheur qui pût leur arriver.

Lorsque tout fut en ordre, l'empereur se rendit au camp de droite, et là, il prononça devant les troupes une proclamation que l'on porta dans les autres camps, et qui fut affichée partout. En voici à peu près la teneur :

« Braves soldats du camp de Boulogne !

« Vous n'irez point en Angleterre. L'or des An-
» glais a séduit l'empereur d'Autriche, qui vient de
» déclarer la guerre à la France. Son armée a
» rompu la ligne qu'il devait garder ; la Bavière est
» envahie. Soldats ! de nouveaux lauriers vous
» attendent au delà du Rhin ; courons vaincre des
» ennemis que nous avons déjà vaincus. »

Des transports unanimes accueillirent cette proclamation. Tous les fronts s'éclaircirent. Il importait peu à ces hommes intrépides d'être conduits en Autriche ou en Angleterre. Ils avaient soif de combattre, on leur annonçait la guerre : tous leurs vœux étaient comblés.

Ce fut ainsi que s'évanouirent tous ces grands projets de descente en Angleterre, si long-temps mûris, si sagement combinés. Il n'est pas douteux aujourd'hui qu'avec du temps et de la persévérance, l'entreprise n'eût été couronnée du plus beau succès. Mais il ne devait pas en être ainsi.

Quelques régimens restèrent à Boulogne; et tandis que leurs frères écrasaient les Autrichiens, ils érigeaient sur la plage une colonne destinée à rappeler long-temps le souvenir de Napoléon, et de son immortelle armée.

Aussitôt après la proclamation dont je viens de parler, Sa Majesté donna l'ordre de préparer tout pour son prochain départ. Le grand maréchal du palais fut chargé de régler et de payer toutes les dépenses que l'empereur avait faites, ou qu'il avait fait faire pendant ses différens séjours; non sans lui recommander, selon son habitude, de prendre bien garde à ne rien payer de trop, ou de trop cher. Je crois avoir déjà dit que Sa Majesté était extrêmement économe pour tout ce qui la regardait personnellement, et que vingt francs lui faisaient peur à dépenser sans un but d'utilité bien direct.

Parmi beaucoup d'autres comptes à régler, le grand maréchal du palais reçut celui de M. Sordi, ingénieur des communications militaires, qui avait été chargé par lui des ornemens intérieurs et extérieurs de la baraque de Sa Majesté. Le compte s'élevait à une cinquantaine de mille francs. Le grand maréchal jeta les hauts cris à la vue de cet effrayant total; il ne voulut point régler le compte de M. Sordi, et le renvoya en lui disant qu'il ne pouvait autoriser le paiement sans avoir, au préalable, pris les ordres de l'empereur.

L'ingénieur se retira, après avoir assuré le grand maréchal qu'il n'avait surchargé aucun article et qu'il avait suivi pas à pas ses instructions.

Il ajouta que dans cet état de choses, il lui était impossible de faire la moindre réduction.

Le lendemain, M. Sordi reçut l'ordre de se rendre auprès de Sa Majesté.

L'empereur était dans la baraque, objet de la discussion : il avait sous les yeux, non pas le compte de l'ingénieur, mais une carte sur laquelle il suivait la marche future de son armée. M. Sordi vint et fut introduit par le général Cafarelli : la porte entr'ouverte permit au général, ainsi qu'à moi, d'entendre la conversation qui vint à s'établir. « Monsieur, dit Sa Majesté, vous avez dépensé » beaucoup trop d'argent pour décorer cette mi- » sérable baraque : oui certainement, beaucoup » trop... Cinquante mille francs! y songez-vous, » monsieur? mais c'est effrayant, cela. Je ne » vous ferai pas payer. » L'ingénieur, interdit par cette brusque entrée en matière, ne sut d'abord que répondre. Heureusement l'empereur en rejetant les yeux sur la carte qu'il tenait déroulée, lui donna le temps de se remettre. Il répondit : « Sire, les nuages d'or qui forment » le plafond de cette chambre (tout cela se pas- » sait dans la chambre du conseil), et qui en- » tourent l'étoile tutélaire de Votre Majesté, ont » coûté vingt mille francs, à la vérité. Mais si j'a- » vais consulté le cœur de vos sujets, l'aigle im- » périal qui va foudroyer de nouveau les ennemis » de la France et de votre trône, eût étendu ses ailes » au milieu des diamans les plus rares. — C'est fort » bien, répondit en riant l'empereur, c'est fort bien, » mais je ne vous ferai point payer à présent, et » puisque vous me dites que cet aigle qui coûte si » cher doit foudroyer les Autrichiens, attendez » qu'il l'ait fait, je paierai votre compte avec les rix- » dales de l'empereur d'Allemagne et les frédérics » d'or du roi de Prusse. » Et Sa Majesté reprenant son compas, se mit à faire voyager l'armée sur la carte.

En effet, le compte de l'ingénieur ne fut soldé qu'après la bataille d'Austerlitz, et, comme l'avait dit l'empereur, en rixdales et en frédérics.

CHAPITRE XIX.

Voyage en Belgique. — Congé de vingt-quatre heures. — Les habitans d'Alost. — Leur empressement auprès de Constant. — Le valet de chambre fêté à cause du maître. — Bonté de l'empereur. — Journal de madame *** sur un voyage à Aix-la-Chapelle. — Histoire de ce journal. — NARRATION DE MADAME ***. — M. d'Aubusson, chambellan. — Cérémonie du serment. — Grâce de Joséphine. — Une ancienne connaissance. — Aversion de Joséphine pour l'étiquette. — Madame de La Rochefoucault. — Le faubourg Gaint-Germain. — Une clef de chambellan au lieu d'un brevet de colonel. — Formation des maisons impériales. — Les gens de l'ancienne cour, à la nouvelle. — Le parti de l'opposition dans le noble faubourg. — Madame de La Rochefoucault, madame de Balby et madame de Bouilley. — Solliciteurs honteux. — Distribution de croix d'honneur. — Le chevalier en veste ronde. — Napoléon se plaint d'être mal logé au Tuileries. — Mauvaise humeur. — La robe de madame de La Valette *et le coup de pied.* — Le musée vu aux lumières. — Passage périlleux. — Napoléon devant la statue d'Alexandre. — Grandeur et petitesse. — Un mot de la princesse Dolgorouk — L'empereur à Boulogne et l'impératrice à Aix-la-Chapelle. — L'impératrice manque à l'étiquette, et est reprise par son grand-écuyer. — La route sur la carte. — Les femmes et les dragons. — M. Jacoby et sa maison. — Le journal indiscret. — Inquiétude de Joséphine. — La malaquite et la femme du maire de Reims. — Silence imposé aux journaux. — Ennui. — La troupe et les pièces de Picard. — Répertoire fatigant. — La diligence et la rue Saint-Denis. — Excursion à pied. — Désespoir du chevalier de l'étiquette. — Retour embarrassant. — Les robes de cour et les haillons. — Maison et cercle de l'impératrice. — Les caricatures allemandes. — Madame de Sémonville — Madame de Spare. — Madame Macdonald. — Confiance de l'impératrice. — Son caractère est celui d'un enfant. — Son esprit ; — son instruction ; — Ses manières. — Le canevas de société. — *Un quart d'heure d'esprit par jour.* — Candeur et défiance de soi-même. — Douceur et bonté. — Indiscrétion. — Réserve de l'empereur avec l'impératrice. — Dissimulation de l'empereur. — Superstition de l'empereur. — Prédiction faite à Joséphine. — *Plus que reine, sans être reine.* — Les cachots de la terreur et le trône impérial. — M. de Talleyrand. — Motif de sa haine contre Joséphine. — Le dîner chez Barras. — Le courtisan en défaut. — M. de Talleyrand poussant au divorce. — La princesse Willelmine de Bade. — Fausse sécurité de l'impératrice. — Les deux étoiles. — Madame de Staël et M. de Narbonne. — Correspondance interceptée. — L'espion et le ministre de la police. — L'habit d'arlequin. — Napoléon arlequin. — Courage par lettres, et flagornerie à la cour. — Indifférence de l'empereur au sujet de l'attachement de ceux qui l'entouraient. — Le thermomètre des amitiés de cour. — Politesse et envie. — Profondes révérences et profonde insipidité. — Orage excité par les attentions de Joséphine. — Céré-

monie dans l'église d'Aix. — Éloquence du général Lorges.
— *La vertu sur le trône et la beauté à côté.* — Mouvement
causé par la prochaine arrivée de l'empereur. — L'empereur savait-il se faire aimer? — Arrivée de l'empereur. —
Chagrins. — Espionnage. — Le jeune général et le vieux
militaire. — La causeuse et l'impératrice. — Faux rapports.
— Jalousie de l'empereur. — Joséphine justifiée. — Les enfans et les conquérans. — Napoléon tout occupé de l'étiquette. — Pourquoi le respect est-il marqué par des attitudes gênantes? — Grande réception des autorités constituées.
— Admiration des bonnes gens. — *Prétendu* charlatanisme
de l'empereur. — Lui aussi y aurait appris sa leçon. —
Les dames d'honneur *au catéchisme.* — L'empereur parlant
des arts et de l'amour. — L'empereur avait-il de l'esprit? —
Adulation des prêtres. — Les grandes reliques. — *Le tour
du reliquaire,* exécuté par Joséphine et par le clergé. — Méditation sur les prêtres courtisans. — M. de Pradt, premier
aumônier de l'empereur. — Récompense accordée sans discernement. — Alexandre et le boisseau de millet. — Talma.
— M. de Pradt *croyait-il en Dieu?* — Le wist de l'empereur. — Le duc d'Aremberg ; le joueur aveugle. — L'auteur
fait la partie de l'empereur, sans savoir le jeu. — Un axiôme
du grand Corneille. — Disgrâce de M. de Sémonville. — Il
ne peut obtenir une audience. — Propos indiscret *attribué*
à M. de Talleyrand. — Les deux diplomates aux prises ;
assaut de finesse. — *L'annulation* au sénat. — M. de Montholon. — Madame la duchesse de Montébello. — Indiscrétion de l'empereur. — Observation digne et spirituelle de la
maréchale. — Boutade de Napoléon contre les femmes. —
Les mousselines anglaises. — *La première amoureuse* de
l'empereur. — L'empereur plus que sérieusement jugé. —

L'empereur représenté comme insolent, dédaigneux vulgaire. — Observation de Constant sur ce jugement. — Les manières de Murat opposées à celles de l'empereur. — L'empereur orgueilleux et méprisant l'espèce humaine.

———

Vers la fin de novembre, l'empereur partit de Boulogne pour faire une tournée en Belgique, et rejoindre l'impératrice, qui s'était rendue de son côté à Aix-la-Chapelle. Partout sur son passage il fut accueilli non-seulement avec les honneurs réservés aux têtes couronnées, mais encore avec des acclamations qui s'adressaient plutôt à sa personne qu'à sa puissance. Je ne dirai rien de tant de fêtes qui lui furent données durant ce voyage, ni de tout ce qui s'y passa de remarquable. Ces détails se trouvent partout, et je ne veux parler que de ce qui m'est personnel, ou du moins de ce qui n'est pas connu de tous et de chacun. Qu'il me suffise donc de dire que nous traversâmes comme en triomphe Arras, Valenciennes, Mons, Bruxelles, etc. A la porte de chaque ville, le conseil municipal présentait à Sa Majesté le vin d'honneur et les clefs de la place. On s'arrêta quelques jours à Lacken, et, n'étant qu'à cinq lieues d'Alost, petite ville où j'avais des parens, je demandai à l'empereur la permission de le quitter pour vingt-quatre heures; ce qu'il m'accorda, quoique avec peine. Alost, comme le reste de la Belgique, à cette époque, professait le plus grand attachement pour l'empereur. A peine si j'eus un moment à moi. J'étais descendu chez un de mes amis, M. D..., dont la famille avait long-temps été dans les hautes fonctions du gouvernement Belge. Là je crois que toute la ville vint me rendre visite ; mais je n'eus pas la vanité de m'attribuer tout l'honneur de cet empressement. On voulait connaître jusque dans les plus petits détails tout ce qui se rapportait au grand homme près duquel j'étais placé. Je fus par cette raison extraordinairement fêté, et mes vingt-quatre heures passèrent trop vite. A mon retour Sa Majesté daigna me faire mille questions sur la ville d'Alost, et sur les habitans, sur ce qu'on y pensait de son gouvernement et de sa personne. Je pus lui répondre, sans flatterie, qu'il y était adoré. Il parut content, et me parla avec bonté de ma famille et de mes petits intérêts. Nous partîmes le lendemain de Lacken, et nous passâmes par Alost. Si la veille j'avais pu prévoir cela, je serais peut-être resté quelques heures de plus.

Cependant l'empereur avait eu tant de peine à m'accorder un seul jour, que je n'aurais probablement pas osé en perdre davantage, quand même j'aurais su que la maison devait passer par cette ville.

L'empereur aimait Lacken; il y fit faire des réparations et des embellissemens considérables; et ce palais devint par ses soins un charmant séjour.

Ce voyage de Leurs Majestés dura près de trois mois. Nous ne fûmes de retour à Paris, ou plutôt à Saint-Cloud, qu'en octobre. L'empereur avait reçu à Cologne et à Coblentz la visite de plusieurs princes et princesses d'Allemagne; mais, comme je ne pus savoir que par ouï-dire ce qui se passa dans ces entrevues, j'avais résolu de n'en pas parler, lorsqu'il me tomba dans les mains un manuscrit dans lequel l'auteur est entré dans tous les détails que je n'étais point à même de connaître. Voici comment je me suis trouvé possesseur de ce curieux journal.

Il paraît qu'une des dames de S. M. l'impératrice Joséphine tenait note, jour par jour, de ce qui se passait d'intéressant dans l'intérieur du palais et de la famille impériale. Ces souvenirs, parmi lesquels il se trouvait beaucoup de portraits qui n'étaient pas flattés, furent mis sous les yeux de l'empereur, probablement, comme on le soupçonna dans le temps, par l'indiscrétion et l'infidélité d'une femme de chambre.

Leurs Majestés étaient fort durement, et, selon moi, fort injustement traitées dans les mémoires de madame***. Aussi l'empereur entra-t-il dans une violente colère, et madame*** reçut son congé. Le jour où Sa Majesté lut ces manuscrits dans sa chambre à coucher de Saint-Cloud, son secrétaire, qui avait coutume d'emporter tous les papiers dans le cabinet de Sa Majesté, oublia sans doute un cahier assez mince, que je trouvai par terre, près de la baignoire de l'empereur. Ce cahier n'était autre chose que *la relation du Voyage de l'impératrice à Aix-la-Chapelle*, relation qui faisait apparemment partie des mémoires de madame***. Comme nous étions au moment de partir pour Paris, et que d'ailleurs des papiers négligemment oubliés et non réclamés ne me semblèrent pas devoir être d'une grande importance, je les jetai dans le haut de l'armoire d'un cabinet, laquelle ne s'ouvrait qu'assez rarement, et je ne m'en occupai plus. Personne, à ce qu'il paraît, n'y pensa plus que moi; car ce ne fut que deux ans après, que cherchant dans tous les recoins de la chambre à coucher je ne sais quel objet qui se trouvait égaré, mes yeux tombèrent sur le manuscrit tout poudreux de madame***. La pensée de l'empereur était alors bien loin d'être occupée d'une petite tracasserie de 1805, et je ne m'avisai pas d'aller lui rappeler des souvenirs désagréables. Mais, comme je trouvai dans cette relation des détails piquans sur le retour de Leurs Majestés d'Aix-la-Chapelle, je ne crus pas me rendre coupable d'une grande indiscrétion en emportant chez moi le manuscrit, et j'espère qu'on ne me saura pas mauvais gré de le trouver joint à mes mémoires. Toutefois je proteste ici d'avance contre toute interprétation qui tendrait à me rendre solidairement responsable des opinions de madame***. Elle était du nombre de ces personnes qui, appartenant à l'ancien régime, soit par elles-mêmes, soit par leurs liens de famille, avaient cru pouvoir accepter ou même solliciter les charges de la maison de l'empereur, sans renoncer à leurs préventions et à leur haine contre lui. Cette haine a porté plus d'une fois l'auteur du *Voyage* à une exagération injuste sur tout ce qui se rapporte à Leurs Majestés, et j'ai répondu dans quelques notes à ce qui m'a paru inexact dans ses jugemens. Quant à ce qui concerne les princes allemands, et divers autres personnages, madame *** me fait l'effet d'avoir été spirituellement véridique, quoique un peu trop railleuse.

JOURNAL
DU VOYAGE A MAYENCE.

PREMIÈRE PARTIE.

Paris, 1ᵉʳ juillet 1804.

J'AI prêté mon serment aujourd'hui à Saint-Cloud, comme dame du palais de l'impératrice, en même temps que M. d'Aubusson comme chambellan. Madame de La Rochefoucault seule assistait à cette cérémonie, qui s'est passée dans le salon bleu, d'une manière assez gaie. Joséphine y a mis beaucoup de grâce; elle avait rencontré autrefois dans le monde M. d'Aubusson; il lui a paru très-plaisant de renouveler connaissance avec lui, en recevant son serment comme impératrice. Elle parle de son élévation très-franchement, très-convenablement. Elle nous a dit avec une naïveté tout-à-fait aimable qu'elle était très-malheureuse de rester assise, lorsque des femmes qui naguère étaient ses égales ou même ses supérieures, entraient chez elle; qu'on exigeait d'elle de se conformer à cette étiquette, mais que cela lui était impossible. Madame de La Rochefoucault, qui s'est fait prier long-temps pour accepter la place de dame d'honneur, et qui ne l'a fait que par l'attachement qu'elle a pour Joséphine, se donne une peine infinie pour faire arriver à cette cour tout le faubourg Saint-Germain. C'est elle qui a déterminé M. d'Aubusson. Il avait désiré prendre du service comme colonel; il a été un peu surpris de recevoir, au lieu d'un régiment, une nomination de chambellan. La formation des maisons de l'empereur et de l'impératrice occupe tout Paris; chaque jour on apprend le nom de quelque famille de l'ancienne cour, qui va faire partie de celle-ci. C'est une chose assez curieuse que l'embarras avec lequel on aborde les personnes de sa connaissance : incertain si elles ont reçu des nominations, on ne veut pas se vanter de la sienne; mais apprend-on la leur, on en est enchanté; c'est une arme de plus pour le faisceau qu'on voudrait former, en opposition aux mauvaises plaisanteries du faubourg Saint-Germain.

8 juillet 1804.

Madame de La Rochefoucault m'a conté ce matin une aventure assez plaisante. Elle venait de faire une visite à madame de Balby. Celle-ci, enchantée de trouver l'occasion de lancer une pierre dans son jardin, lui a dit : « Madame de Bouilley » sort d'ici; je lui ai dit qu'on la désignait dans le » monde comme dame du palais; mais elle s'en » est défendue de manière à me prouver qu'on » avait tort. » Madame de La Rochefoucault avait précisément sur elle la lettre dans laquelle madame de Bouilley demande cette place : elle a répondu : « Je ne sais pourquoi madame de Bouilley

» s'en défend, car voilà sa demande et sa no-
» mination. »

14 juillet 1804.

Quelle journée fatigante! Nous nous sommes réunies au château, à onze heures, pour accompagner l'impératrice à l'église des Invalides, pour assister à la distribution des décorations de la Légion-d'Honneur.

Placées dans une tribune, en face du trône de l'empereur, nous l'avons vu recevoir dix-neuf cents chevaliers. Cette cérémonie a été suspendue un instant par l'arrivée d'un homme du peuple, vêtu d'une simple veste, qui s'est présenté sur les degrés du trône. Napoléon étonné s'est arrêté : on a questionné cet homme, qui a montré son brevet, et il a reçu l'accolade et sa décoration. Le cortége a suivi, au retour, le même chemin, en traversant la grande allée des Tuileries. C'est la première fois que Bonaparte passe en voiture dans le jardin. Rentré dans les appartemens de l'impératrice, il s'est approché de la fenêtre ; quelques enfans qui étaient sur la terrasse, l'ayant aperçu, ont crié : *Vive l'empereur!* Il s'est retiré avec un mouvement d'humeur très-marqué, en disant : « Je suis le souverain le plus » mal logé de l'Europe ; on n'a jamais imaginé de » laisser approcher le public aussi près de son pa- » lais. » J'avoue que si j'étais arrivé aux Tuileries comme Napoléon, j'aurais cru plus convenable de ne pas paraître m'y trouver mal logé.

Je ne sais si c'est ce petit mouvement d'humeur qui s'est prolongé ; mais, en passant dans le cercle que nous formions, il s'est approché de madame de La Vallette, et en donnant un coup de pied* dans le bas de sa robe, « Fi donc ! a-t-il dit, ma- » dame, quelle robe ! quelle garniture ! Cela est

---

* Ce *coup de pied* ressemble beaucoup aux prétendus mauvais traitemens que l'on a reproché à l'empereur d'exercer contre ses gens. M. Constant a répondu ailleurs à cette ridicule accusation.

(*Note de l'éditeur.*)

» du plus mauvais goût! » Madame de La Vallette a paru un peu déconcertée.

Le soir, nous sommes montées au balcon du pavillon du milieu, pour entendre le concert qui se donnait dans le jardin. Après quelques instans, l'empereur a eu la fantaisie de voir les statues du Louvre aux lumières. M. Denon, qui était là, a reçu ses ordres; les valets de pied portaient des flambeaux; nous avons traversé la grande galerie, et nous sommes descendus dans les salles des antiques. En les parcourant, Napoléon s'est arrêté longtemps devant un buste d'Alexandre; il a mis une sorte d'affectation à nous faire remarquer que nécessairement cette tête était mauvaise, qu'elle était trop grosse, Alexandre étant beaucoup plus petit que lui. Il a essentiellement appuyé sur ces mots : *beaucoup plus petit.* J'étais un peu éloignée, mais je l'avais entendu; m'étant rapprochée, il a répété absolument la phrase : il avait l'air charmé de nous apprendre qu'il était plus grand qu'Alexandre. Ah! qu'il m'a paru petit dans cet instant!

Le 15 juillet 1804.

J'étais ce soir dans une maison où est arrivée la princesse Dolgorouki, en sortant du cercle des Tuileries. On lui a demandé ce qu'elle en pensait : « C'est bien une grande puissance, a-t-elle ré-
» pondu, mais ce n'est pas là une cour. »

Paris, le   juillet 1804.

L'empereur part demain pour aller visiter les bateaux plats à Boulogne, et l'impératrice pour Aix-la-Chapelle, où elle prendra les eaux. Je dois l'accompagner.

Reims, le   juillet 1804.

Ce matin, avant de partir de Saint-Cloud, l'impératrice a traversé deux salles, pour donner un ordre à une personne assez subalterne de sa mai-

son. M. d'Harville, son grand écuyer, est arrivé tout effaré, pour lui représenter très-respectueusement que Sa Majesté compromettait tout-à-fait la dignité du trône, et qu'elle devait faire passer ses ordres par sa bouche. « Eh! monsieur, lui a
» dit gaîment Joséphine, cette étiquette est par-
» faite pour les princesses nées sur le trône, et ha-
» bituées à la gêne qu'il impose; mais moi, qui ai
» eu le bonheur de vivre pendant tant d'années
» en simple particulière, trouvez bon que je donne
» quelquefois mes ordres sans interprète. » Le grand écuyer s'est incliné, et nous sommes parties.

Sedan, le 30 juillet 1804.

J'ai trouvé ce matin Joséphine très-occupée à lire une grande feuille manuscrite, et je n'ai pas été peu surprise de voir qu'elle apprenait sa leçon. Lorsqu'elle voyage, tout est fixé, prévu d'avance. On sait que dans tel endroit elle doit être haranguée par telle ou telle autorité; à celle-ci elle doit répondre de telle manière ; à celle-là de telle autre. Tout est réglé, jusqu'aux présens qu'elle doit faire. Mais il arrive quelquefois qu'elle manque de mémoire; et alors, si sa réponse n'est pas aussi convenable que celle préparée, elle est toujours au moins faite avec tant d'obligeance et de bonté qu'on en est toujours content.

Liége, le 1er août 1804.

Je craignais que nous n'arrivassions jamais ici. L'empereur, sans s'informer si une route projetée à travers la forêt des Ardennes, était exécutée, a tracé la nôtre sur la carte; on a disposé les relais d'après ses ordres, et nous nous sommes trouvés vingt fois au moment d'avoir nos voitures brisées. Dans plusieurs endroits on les a soutenues avec des cordes. On n'a jamais imaginé de faire voyager des femmes comme des officiers de dragons.

Aix-la-Chapelle, le 7 août 1804.

L'impératrice est descendue ici dans la maison

d'un M. de Jacoby, achetée dernièrement par l'empereur. On avait parlé de cette maison comme d'une habitation fort agréable ; nous avons été surprises en trouvant une misérable petite maison. Le préfet voulait que Joséphine vînt de suite s'établir à la préfecture ; mais telle est sa parfaite soumission aux volontés de Bonaparte qu'elle n'a pas voulu le faire sans ses ordres. Il tient beaucoup à favoriser les habitans des départemens réunis, désirant les attacher à la France. C'est par ce motif qu'il a acheté la maison de M. de Jacoby, et qu'il l'a payée quatre fois sa valeur.

Aix-la-Chapelle, août 1804.

Ce matin, en lisant le journal *le Publiciste*, Joséphine a été surprise assez désagréablement en voyant, dans le récit de son voyage, qu'on a recueilli et imprimé ses adieux à la femme du maire de Reims, chez lequel elle avait logé en passant dans cette ville. Il arrive souvent qu'on dit avec négligence une chose qui n'a pas le sens commun sans s'en apercevoir; mais retrouve-t-on cette même phrase imprimée, alors la réflexion la fait apprécier tout ce qu'elle vaut. J'avoue qu'il n'en est pas besoin pour juger celle-ci. En partant de Reims, l'impératrice a remis à la femme du maire un médaillon de malaquite, entouré de diamans, et lui a dit en l'embrassant : *C'est la couleur de l'espérance.* Le fait est que l'espérance n'avait pas la moindre chose à faire là; c'est une bêtise. J'y étais; je l'ai entendue et remarquée: mais je me suis bien gardée de m'en souvenir ce matin. Joséphine était désolée; elle assurait, de la meilleure foi du monde, n'avoir pas dit un mot de cela : il eût été cruel de la contredire. Le secrétaire des commandemens lui proposait de faire démentir cette phrase dans le journal; elle y a pensé un moment; mais soit que la mémoire lui revînt dans cet instant, soit qu'elle ait craint de faire une chose qui fût désapprouvée par Bonaparte, elle s'est bornée à lui écrire qu'elle n'a point dit cette bêtise; que son premier mouvement avait été de la faire démentir, mais qu'elle n'avait rien voulu faire sans ses ordres. On a fait partir un courrier pour Boulogne *.

Aix-la-Chapelle, 11 août 1804.

Notre vie ici est ennuyeuse et monotone. A l'exception d'une promenade que nous faisons chaque jour en calèche, dans les environs de la ville, le reste de la journée ressemble toujours parfaitement à la veille. La troupe de Picard est venue ici, et y restera aussi long-temps que l'impératrice. Chaque soir, nous allons bâiller au théâtre; on ne peut imaginer combien le répertoire de Picard est fatigant à la longue. Certainement on y trouve de l'esprit, quelques scènes d'un très-bon comique; mais les sujets étant toujours choisis dans la plus basse bourgeoisie, on ne sort jamais de la diligence

---

* La décision de l'empereur fut qu'il fallait réprimander le journaliste; et, de ce moment, on leur défendit de jamais imprimer aucune réponse de l'empereur ou de l'impératrice, avant de l'avoir vue dans le Moniteur.

(*Note de l'éditeur.*)

ou de la rue Saint-Denis. On peut s'amuser un jour de la nouveauté de ce ton; mais bientôt on est fatigué de se trouver toujours si loin de chez soi.

Le 11 août 1804.

N'étant pas allée au théâtre ce soir, et quelqu'un ayant parlé d'un plan de Paris en relief, l'impératrice a désiré le voir. La soirée étant très-belle, pourquoi, a-t-elle dit, ne pourrions-nous pas y aller à pied? C'était une nouveauté; on s'est empressé de partir. M. d'Harville, qui est toujours le chevalier de l'étiquette, était au désespoir. Il a voulu hasarder son opinion, mais nous étions déjà bien loin. Le fait est qu'il avait bien raison, et la suite de cette gaîté l'a prouvé. Les rues étant très-désertes le soir, nous n'avons rencontré presque personne en allant; mais pendant que nous examinions ce plan, voilà le bruit de notre promenade nocturne qui se répand; et quand nous sortons, toutes les chandelles étaient sur les fenêtres, et toute la populace sur notre passage. Nous devions former un cortége assez plaisant; ces messieurs, le chapeau sous le bras, l'épée au côté, nous donnaient la main, et nous aidaient à traverser la foule qui se pressait autour de nous, et dont les haillons formaient un contraste assez bizarre avec nos plumes, nos diamans et nos longues robes. Enfin nous avons atteint l'hôtel de la préfecture; l'impératrice a senti alors qu'elle avait fait une étourderie; elle en est convenue franchement.

Le 13 août 1804.

On a dit ce soir que l'empereur arriverait bientôt ici : cela donnera un peu de mouvement et de variété à notre cercle habituel, qui est d'une parfaite monotonie. Il se compose de madame de La Rochefoucault, femme d'un esprit très-agréable; de quatre dames du palais, du grand écuyer, deux chambellans, l'écuyer cavalcadour; M. Deschamps, secrétaire des commandemens; le préfet, sa famille; deux ou trois généraux qui ont épousé des femmes allemandes, véritables caricatures. J'ajoute une femme fort aimable, madame de Sémonville, femme de l'ambassadeur de France en Hollande; elle était par son premier mariage madame de Montholon. Elle a eu deux fils et deux filles : l'une, madame de Spare ; l'autre, qui avait épousé le général Joubert, et, en second, le général Macdonald. Cette jeune et aimable femme est mourante ; elle est venue ici pour prendre les eaux; sa mère, madame de Sémonville, l'a accompagnée pour lui donner ses soins. Je crains qu'ils ne soient infructueux. Nous jouissons donc bien peu de la société de madame de Sémonville, qui ne quitte presque pas sa fille.

Aix-la-Chapelle, le 14 août 1804.

Je suis restée ce matin assez long-temps seule avec Joséphine ; elle m'a parlé avec une confiance dont je serais très-flattée, si je ne m'apercevais chaque jour que cet abandon lui est naturel et nécessaire. Le jugement que je porte de son caractère est peut-être prématuré, puisque je la connais depuis bien peu de temps; cependant je ne crois pas me tromper. Elle est tout-à-fait comme un enfant de dix ans. Elle en a la bonté, la légèreté; elle s'affecte vivement; pleure et se console dans un instant. On pourrait dire de son esprit ce que Molière disait de la probité d'un homme, « qu'il en avait justement assez pour n'être » point pendu. » Elle en a précisément ce qu'il en faut pour n'être pas une bête. Ignorante, comme le sont en général toutes les créoles, elle n'a rien ou presque rien appris que par la conversation; mais ayant passé sa vie dans la bonne compagnie, elle y a pris de très-bonnes manières, de la grâce, et ce jargon qui, dans le monde, tient lieu quelquefois d'esprit. Les événemens de la société sont un canevas qu'elle brode, qu'elle arrange, qui fournit à sa conversation. Elle a bien un quart heure d'esprit par jour. Ce que je trouve charmant en elle, c'est cette défiance d'elle-même, qui, dans sa position, est un grand mérite. Si elle trouve de l'esprit, du jugement à quelques-unes des personnes qui l'entourent, elle les consulte avec une candeur, une naïveté tout-à-fait aimables. Son caractère est d'une douceur, d'une égalité parfaites : il est impossible de ne pas l'aimer. Je crains que ce besoin d'ouvrir son cœur, de communiquer toutes ses idées, tout ce qui se passe entre elle et l'empereur, ne lui ôte beaucoup de sa confiance. Elle se plaint de ne point la posséder; elle me disait ce matin que jamais, dans toutes les années qu'elle a passées avec lui, elle ne lui a vu un seul moment d'abandon; que si, dans quelques instants, il montre un peu de confiance, c'est seulement pour exciter celle de la personne à qui il parle; mais que jamais il ne montre sa pensée tout entière. Elle dit qu'il est très-superstitieux; qu'un jour, étant à l'armée d'Italie, il brisa dans sa poche la glace qui était sur son portrait, et qu'il fut au désespoir, persuadé que c'etait un avertissement qu'elle était morte; il n'eut pas de repos avant le retour du courrier qu'il fit partir pour s'en assurer [*].

[*] A cette époque, l'empereur était encore amoureux de Joséphine.

(*Note de madame* ***.)

Cette conversation a amené Joséphine à me parler de la singulière prédiction qui lui fut faite au moment de son départ de la Martinique. Une espèce de bohémienne lui dit : « Vous allez en France » pour vous marier; votre mariage ne sera point » heureux; votre mari mourra d'une manière tra- » gique; vous-même, à cette époque, vous cour- » rez de grands dangers; mais vous en sorti- » rez triomphante; vous êtes destinée au sort le » plus glorieux, et, sans être reine, vous serez plus » que reine. » Elle a ajouté qu'étant fort jeune alors, elle fit peu d'attention à cette prédiction; qu'elle ne s'en souvint qu'au moment où M. de Beauharnais fut guillotiné; qu'elle en parla alors à plusieurs des dames qui étaient enfermées avec elle, dans le temps de la terreur; mais qu'à présent, elle la voit accomplie dans tous ses points. C'est un hasard assez singulier que le rapport qui se trouve entre cette prédiction et sa destinée.

Le 15 août.

Joséphine a continué ce matin à la promenade la conversation commencée hier avec moi. J'étais seule dans sa voiture; elle m'a parlé de M. de Talleyrand; elle prétend qu'il la hait, et sans autres motifs que les torts qu'il a eus avec elle. Hélas! il est trop vrai que quiconque a offensé ne pardonne pas. Ces mots sont gravés en gros caractères dans l'histoire du cœur humain. L'offensé peut perdre le souvenir, mais la conscience ne manque jamais de mémoire. Pendant le séjour de Bonaparte en Egypte, dans un temps où on le regardait comme perdu, M. de Talleyrand, toujours aux pieds du pouvoir, fut, dans plusieurs circonstances, très-poli pour madame Bonaparte. Un jour, particulièrement, il dînait avec elle chez Barras; madame Tallien s'y trouvait : on prétend que cette femme, célèbre par sa beauté, exerçait alors un grand empire sur Barras. M. de Talleyrand, placé près d'elle et de madame Bonaparte, mit tant de grâce dans les soins dont il entoura madame Tallien, et si peu de politesse envers madame Bonaparte, que celle-ci, qui le connaissait pour être la perfection des courtisans, jugea qu'il fallait que le général Bonaparte fût mort, pour qu'il la traitât si mal;

car s'il avait eu la pensée qu'il pût jamais revenir en France, il eût craint qu'il ne vengeât à son retour le peu d'égards qu'il aurait eus pour sa femme en son absence. Cette idée, en se mêlant à l'amour-propre blessé, lui fit quitter la table en pleurant. M. de Talleyrand, qui n'a pas oublié cette circonstance, et qui craint que Joséphine n'ait un jour le désir et le pouvoir de s'en venger, a fait tout ce qui a dépendu de lui, dans les trois derniers mois qui viennent de s'écouler, avant la création de l'empire, pour engager Napoléon à divorcer, pour épouser la princesse Willelmine de Bade; il a fait valoir, avec toute l'adresse de son esprit, l'appui qu'il trouverait dans les cours de Russie et de Bavière, dont il deviendrait l'allié par ce mariage; le besoin de consolider son empire par l'espérance d'avoir des enfans. L'empereur a un peu balancé; mais enfin il a résisté, et Joséphine n'a plus d'inquiétude à cet égard. (*)

* La suite a prouvé qu'elle s'abusait.

(*Note de madame* ***.)

Quoiqu'avec peu d'esprit, elle ne manque pas d'une certaine adresse; elle a su profiter de la faiblesse superstitieuse de l'empereur, et elle lui dit quelquefois : *On parle de ton étoile, mais c'est la mienne qui influe sur la tienne; c'est à moi qu'il a été prédit une haute destinée.* Cette idée a contribué peut-être plus qu'on ne pense à faire échouer les projets de M. de Talleyrand, et à resserrer les liens qu'il voulait rompre *.

Joséphine vient de me conter une anecdote assez piquante. Madame de Staël écrivait dernièrement au comte Louis de Narbonne. Envoyant sa lettre par un homme qu'elle croyait sûr, elle n'a rien déguisé de sa pensée; elle s'est particulièrement égayée sur le compte des personnes qui ont accepté des places à la cour depuis la création de

* Si Napoléon recherche dans le passé les causes de sa chute, il est difficile, s'il a conservé cette faiblesse superstitieuse, qu'il ne remarque pas que, depuis son divorce, les événemens qu'il avait maîtrisés si long-temps ont tous tourné contre lui.

(*Note de madame* ***.)

l'empire. Elle ajoutait qu'elle espérait qu'elle n'aurait jamais le chagrin, en lisant le journal, de voir son nom côte à côte des leurs. L'homme qui était chargé de cette lettre l'a portée à Fouché. Celui-ci (après avoir payé cette scélératesse) l'a lue, copiée, et l'ayant refermée avec soin, il a dit à l'homme : « Remplissez votre commission; ayez la réponse de M. de Narbonne, et vous me l'apporterez : » ce qu'il n'a pas manqué de faire. Le comte a répondu sur le même ton. On dit que nous ne sommes pas ménagés dans cette réponse. Je lui pardonne de tout mon cœur; je suis moi-même toujours tentée de rire de l'ensemble bizarre que nous formons. C'est un véritable habit d'arlequin que cette cour; mais si l'habit a toutes les bigarrures requises, arlequin n'a pas du tout les grâces de son état*; sa gaucherie contraste singulièrement avec les grands

---

* C'est un crime d'une nouvelle espèce, que de n'avoir pas *toutes les grâces de l'état* d'arlequin. Les manières de l'empereur étaient simples et naturelles, mais sans gaucherie. Sans doute elles contrastaient avec les formes obséquieuses et courtisanesques des *grands seigneurs* qui l'entouraient; car il se te-

seigneurs dont il s'est entouré. Je suis fâchée qu'on puisse opposer aux plaisanteries du comte son assiduité aux cercles de Cambacérès et de tous les ministres. Joséphine prétend que cette lettre dont Napoléon se souvient à chaque révérence de M. de Narbonne (il en fait beaucoup), leur ôtera toute leur grâce, et qu'il n'obtiendra jamais rien *.

Le 16 août.

Je m'aperçois, au redoublement de politesse des personnes qui entourent l'impératrice, de ce

---

naît seul droit et debout, tandis que ces messieurs se courbaient jusqu'à terre.*

(*Note de l'Editeur.*)

* Quelque temps après cette époque, le comte de Narbonne fut nommé à l'ambassade de Vienne, et devint l'un des hommes les mieux traités par Bonaparte. Que lui importait l'attachement, le dévouement des personnes qu'il employait? Il savait qu'il ne les obtiendrait jamais; mais il aimait la flatterie des anciens courtisans, parce qu'elle était plus adroite que celle des nouveaux.

(*Note de madame****.)

que je perds chaque jour dans leur affection. C'est ainsi qu'à la cour on doit mesurer le degré d'attachement qu'on inspire. Depuis quelques jours, je m'étonnais d'être devenue l'objet de l'attention générale; je ne savais en vérité à quoi l'attribuer, et dans mon innocence j'allais peut-être m'en faire les honneurs. Qui sait jusqu'où l'amour-propre pouvait m'abuser? M. de..., le plus doucereux, le plus insipide de tous les courtisans passés, présens et à venir, s'est chargé d'éclairer mon inexpérience; il est arrivé ce matin chez moi, dix fois plus révérencieux qu'à l'ordinaire. Il m'a dit que tout le monde avait remarqué les bontés de Joséphine pour moi, nos longues conversations ensemble, l'attention avec laquelle elle m'offre chaque jour à déjeuner des plats qui se trouvent devant elle; que, quant à lui, il avait été particulièrement heureux en remarquant ces distinctions; mais qu'elles sont devenues un sujet de jalousie pour beaucoup de personnes. J'ai ri de l'importance qu'il attachait à tout cela, et je me suis promis *in petto* de ne plus mettre sur le compte de mon mérite les égards que je ne dois qu'à la fantaisie de la souveraine.

Le 16 août.

Nous avons eu aujourd'hui une grande cérémonie à l'église, pour la distribution de plusieurs décorations de la Légion-d'Honneur. Elles avaient été envoyées au général Lorges, qui a désiré que Joséphine les donnât elle-même. Le clergé est venu la recevoir à la porte de l'église. Un trône était préparé pour elle dans le chœur, tout cela avait un air assez solennel; le général Lorges a fait un discours, mais il est plus brave qu'éloquent; il sait mieux se battre que parler en public. Il nous a dit dans ce discours qu'il se trouvait heureux de voir la vertu sur le trône, et la beauté à côté. Si ce n'est pas sa phrase exacte, c'est au moins sa pensée. Nous pouvions toutes nous fâcher de ce compliment, puisqu'il accordait à l'une la vertu sans beauté, et aux autres la beauté sans vertu, mais nous en avons beaucoup ri en sortant. L'impératrice nous a dit qu'elle était fort contente d'avoir eu la vertu pour son lot, et demandé à laquelle de nous on avait décerné celui de la beauté; l'amour-propre était là pour persuader à chacune qu'on avait voulu parler d'elle; mais poliment, on s'est fait mutuellement les honneurs de ce compliment.

Aix-la-Chapelle, le 18 août 1804.

Tout est en mouvement dans le palais; Bonaparte arrive demain. Il est extraordinaire que, dans une situation comme la sienne, on ne soit point aimé*. Cela doit être si facile quand on n'a besoin pour faire des heureux que de le vouloir.

* Il y a là, pour le moins, une grande *erreur*. L'empereur savait se faire aimer, et il était aimé en effet de toutes les personnes de son service. Je crois en avoir fourni plus d'une preuve dans mes *Mémoires*. De tous ses anciens serviteurs j'ose affirmer qu'il n'en est pas un seul qui voulût me donner un démenti sur ce point. Que l'empereur n'ait pas été aimé de ses courtisans, cela est possible. Avec une puissance comme la sienne, on fait encore plus d'ingrats que d'heureux; et la reconnaissance des gens de cour est proverbiale. Mais fallait-il en faire un sujet de reproche contre Sa Majesté?

(*Note de Constant.*)

Mais il paraît qu'il n'a pas souvent cette volonté ; car depuis le valet de pied jusqu'au premier officier de la couronne, chacun éprouve une sorte de terreur à son approche. La cour va devenir très-brillante ; les ambassadeurs n'ayant pas été accrédités de nouveau depuis la métamorphose du consul en empereur, arrivent tous pour présenter leurs lettres. On passera encore quelques jours ici. On ira à Cologne, à Coblentz ; on restera quelques jours dans chacune de ces villes, et de là à Mayence, où tous les princes qui doivent former la confédération du Rhin se réuniront.

Le 19 août 1804.

Il est arrivé, et avec lui l'espionnage ; les chagrins, qui forment ordinairement son cortége, ont déjà banni toute la gaîté de notre petit cercle. Son retour nous a appris que parmi douze personnes qui ont été nommées pour accompagner Joséphine ici, il y en a une qui était chargée du rôle d'espion. Napoléon savait, en arrivant, que tel jour nous avions fait une promenade, que tel autre jour nous avions été déjeuner avec madame de Sémonville, dans un bois aux environs d'Aix-la-Chapelle. Le délateur (que nous connaissons) a cru donner plus de mérite à son récit en mettant sur le compte du général Lorges, qui est jeune et d'une tournure fort agréable, la faute d'un pauvre vieux militaire qui, probablement, ayant été plus long-temps soldat qu'officier, ignorait qu'on ne dût pas s'asseoir devant l'impératrice, sur le même divan. Joséphine était trop bonne pour lui apprendre qu'il faisait une chose inconvenante; elle eût craint de l'humilier; cette preuve de son bon cœur a été transformée en une condescendance coupable en faveur d'un jeune homme pour lequel elle devait avoir beaucoup d'indulgence et de bontés, puisqu'il se mettait si parfaitement à son aise avec elle. C'était là la conséquence qu'on voulait que l'empereur en tirât. Heureusement, cette circonstance si peu faite pour être remarquée, l'avait été, et il n'a pas été difficile à Joséphine de prouver quel était le coupable; son âge, son peu d'usage, ont effacé tout le noir avec lequel on

avait peint cette action. Comment ne pas s'étonner*
qu'un homme qui a passé sa vie dans les camps, qui
a été nouri, élevé par la république, puisse attacher
cette importance à des minuties ! Ah ! sans doute
l'amour du pouvoir est naturel à l'homme; un enfant fait, pour le jouet qu'il dispute à son camarade, ce que les souverains, dans un âge plus
avancé, font pour les provinces qu'ils veulent
s'arracher. Mais qu'il y a loin de ce noble orgueil
qui veut dominer ses semblables, avec l'intention
de les rendre heureux, à ce code d'étiquette qui
fait dans cet instant la plus chère occupation de
Napoléon ! Je me demandais, ce soir, dans le salon,
en voyant tous ces hommes debout, n'osant faire
un pas hors du cercle qu'ils formaient, pourquoi
les puissans de tous les temps, de tous les pays,
ont attaché l'idée du respect à des attitudes gênan-

* *Comment ne pas s'étonner* qu'il paraisse *étonnant* à Madame *** que l'empereur aimât assez son honneur et sa femme
pour être jaloux de l'un et de l'autre? la *république* et *l'amour
du pouvoir* n'avaient rien à faire là-dedans.

(*Note de Constant.*)

tes. Je pense que le spectacle de tous ces hommes courbés sans cesse en leur présence, leur est doux, parce qu'il leur rappelle continuellement le pouvoir qu'ils ont sur eux.

Le 20 août 1804.

Ce matin, Napoléon a reçu toutes les autorités constituées de la ville. On est sorti de cette audience, confondu, étonné au dernier point. « Quel homme! » (me disait le maire) quel prodige! quel génie uni- » versel! Comment ce département si éloigné de la » capitale lui est-il mieux connu qu'il ne l'est de » nous? Aucun détail ne lui échappe; il sait tout; il » connaît tous les produits de notre industrie. » J'ai souri; j'étais bien tentée d'apprendre à ce brave homme, qui allait colportant son admiration dans toute la ville, qu'il devait en rabattre beaucoup; que cette parfaite connaissance que Napoléon leur a montrée, est un charlatanisme avec lequel il subjugue le vulgaire. Il a fait faire une statistique, parfaitement exacte, de la France et des départemens réunis. Lorsqu'il voyage, il prend les cahiers qui concernent les pays qu'il parcourt*; une heure avant l'audience il les apprend par cœur; il paraît, parle de tout, en homme dont la pensée embrasse tout le vaste pays qu'il gouverne, et laisse ces bonnes gens ravis en admiration. Une heure après, il ne sait plus un mot de ce qui a excité cette admiration.

Le préfet, M. Méchin, est arrivé à cette audience avec une certaine assurance (qui lui est assez ordinaire), ne se doutant pas de l'interrogatoire qu'il allait subir. Napoléon, qui venait d'apprendre sa leçon, lui a fait plusieurs questions auxquelles

---

* Qu'importe que l'empereur se mît au courant de ce qui regardait les pays qu'il avait à parcourir *une heure* ou un an avant son audience? Toujours est-il qu'il s'y mettait. Et s'il apprenait cela *par cœur*, comment pouvait-il l'avoir oublié au bout d'une heure? Il l'oubliait si peu qu'il marquait généreusement son passage par des bienfaits et des améliorations qui attestaient sa parfaite connaissance des localités.

(*Note de Constant.*)

il n'a su que répondre; il s'est troublé, embarrassé. « Monsieur, lui a dit l'empereur, quand on ne » connaît pas mieux un département, on est in- » digne de l'administrer.» Et il l'a destitué. Tel est le résultat de l'audience d'aujourd'hui.

Aix-la-Chapelle, le 21 août.

Je suis souvent tentée d'apprendre à Napoléon, qui fait tant de questions sur les usages de l'ancienne cour, que la grâce et l'urbanité y régnaient; que les femmes osaient y converser avec les princes. Ici, nous ressemblons tout-à-fait à de petites filles qu'on va interroger au catéchisme. Napoléon trouverait très-mauvais qu'on osât lui adresser la parole*. Couché à moitié sur un divan, il fournit seul à la conversation ; car personne ne lui répond que par un *oui*, un un *non*, *sire*, prononcé bien timi-

---

* Il n'était pas plus d'usage dans l'*ancienne* cour que dans la nouvelle qu'on *osât* adresser la parole au souverain, sans en être interrogé.

(*Note de l'éditeur.*)

dement. Il parle assez ordinairement des arts, comme la musique, la peinture; souvent il prend l'amour * pour sujet de conversation, et Dieu sait comme il en parle. Il n'appartient point à une femme de juger un général; aussi, je ne m'aviserai pas de parler de ses faits militaires; mais l'esprit ** de salon est de notre ressort, et pour celui-là, il est permis de dire qu'il n'en a pas du tout.

Le 22 août 1804.

Il faut que ce besoin d'aduler le pouvoir soit

---

* Les lettres écrites d'Italie, par le général Bonaparte à sa femme, et publiées pour la première fois dans les *Mémoires d'une Contemporaine*, l'admirable nouvelle intitulée *Giulio*, dans les Mémoires de M. de Bourrienne montrent assez si l'empereur savait, ou non, parler d'amour.

(*Note de l'éditeur.*)

** Quiconque a approché de l'empereur, et a pu entendre ses entretiens étincelans d'esprit et d'originalité avec les hommes les plus distingués de sa cour, particulièrement avec bien général, puisque des prêtres même n'en sont pas exempts. Ce matin on nous a fait voir ce qu'on appelle les grandes reliques : elles furent envoyées en présent à Charlemagne par l'impératrice Irène, et sont conservées, depuis ce temps, dans une armoire de fer pratiquée dans un mur. Cette armoire est ouverte tous les sept ans, pour montrer ces reliques au peuple. Cette circonstance attire une foule très-considérable de tous les pays voisins. Chaque fois qu'on replace les reliques dans l'armoire, on fait murer la porte, qui n'est ouverte que sept ans après. Joséphine a eu le désir de les voir, et quoique les sept années ne fussent pas révolues, le mur a été démoli. Parmi ces reliques, un petit coffre en vermeil attirait particulièrement l'attention. Les prêtres qui nous montraient ce trésor ont piqué notre curiosité en disant que la tradition la plus ancienne attachait un grand bonheur à la possibilité d'ouvrir

---

M. de Fontanes, s'étonnera justement de voir dans le journal de madame *** que Napoléon n'avait pas du tout d'esprit.

(*Note de l'éditeur.*)

ce coffre, mais que personne, jusqu'alors, n'avait pu y parvenir. Joséphine, dont la curiosité était vivement excitée, a pris ce coffre, qui presque aussitôt s'est ouvert dans ses doigts. On ne remarquait pas de traces extérieures de serrure, mais il faut qu'il y ait eu un secret pour ouvrir le ressort intérieur. Je suis persuadée que les prêtres qui nous montraient ces reliques connaissaient le secret, et qu'ils ont ménagé ce petit plaisir à l'impératrice. Quoi qu'il en soit, cette circonstance a été regardée comme *très-extraordinaire;* on l'a beaucoup fait valoir à Joséphine, qui tout en s'étant assez amusée de cette surprise, n'y a pas attaché plus d'importance que cela n'en méritait. Au reste la curiosité n'a pas été très-satisfaite, car on n'a trouvé dans cette boîte que quelques petits morceaux d'étoffe qu'on peut regarder comme des reliques si l'on veut, mais dont l'authenticité n'est nullement constatée.

Je suis revenue chez moi attristée par cet emploi de ma matinée. Je n'aime pas à rencontrer des prêtres courtisans ou ambitieux; je ne puis même comprendre comment il peut y en avoir. Je trouve quelque chose de si noble, de si élevé dans leurs attributions, que mon imagination aime à les dégager de toutes nos faiblesses. Détachés de toutes les passions qui troublent et gouvernent l'humanité, placés comme intermédiaires entre l'homme et la divinité, ils sont chargés du doux emploi de consoler les malheureux, de leur montrer, à travers les orages de la vie, un port où enfin ils trouveront le repos. Le monde peut-il offrir une dignité qui puisse valoir ce privilége qui leur est réservé, de pénétrer dans l'asile du malheur, d'y adoucir les angoisses d'un mourant, en l'entourant encore d'espérance; d'enlever à la mort ce qu'elle a de plus effrayant, le néant! Non, un prêtre ne peut échanger ces belles attributions contre de l'argent, ou ce que le monde nomme des honneurs.

Le 23 août 1804.

En ouvrant mon journal, mes yeux se fixent

sur la page d'hier; je ne puis m'empêcher de sourire en comparant ce que je disais de la simplicité, de la sainteté, de la dignité du sacerdoce, avec la conversation que j'ai entendue ce soir entre M. de Pradt, premier aumônier de l'empereur, et un général. Ils étaient tous deux parés de la même décoration, de la croix d'honneur. Je me suis demandé comment l'homme de Dieu, le ministre de paix, a-t-il mérité la même récompense que le guerrier chargé d'envoyer à la mort les ennemis de son pays. Leurs souverains devraient se rappeler cette leçon d'Alexandre, sur la distinction des récompenses : un homme dardait très-adroitement devant lui des grains de millet à travers une aiguille; il ordonna qu'il lui fût donné un boisseau de millet, voulant proportionner la récompense à l'utilité du talent. Cet art de récompenser avec discernement n'est pas très-commun aujourd'hui. Nous voyons Talma payé beaucoup plus cher qu'un général. Il a, tant du théâtre que de Bonaparte, plus de soixante mille francs. Je laisse le comédien, et je reviens à M. de Pradt. En écoutant ce soir sa conversation brillante, philosophique, je me suis rappelé la question piquante qui lui fut adressée par un homme de beaucoup d'esprit, qui se trouvait avec lui à un dîner de vingt-cinq personnes, et qui lui demanda : Monseigneur, croyez-vous en Dieu?

Le 24 août.

L'empereur fait assez ordinairement, tous les soirs, une partie de wist avec Joséphine, madame de La Rochefoucault; le quatrième est choisi parmi les personnes qui viennent au cercle. Ce soir, le duc d'Aremberg devait faire le quatrième; l'empereur trouvait assez piquant de jouer avec un aveugle. J'allais m'asseoir à l'ennuyeuse table de loto, lorsque le premier chambellan est venu me dire que Napoléon m'avait désignée pour son wist. J'ai répondu qu'il n'y avait qu'une difficulté, c'est que je n'y avais jamais joué. M. de Rémusat est allé rendre ma réponse, à laquelle l'empereur, qui ne connaît pas d'impossibilité, a dit : *C'est égal.* C'était un ordre; je m'y suis rendue. Madame de La Rochefoucault, dont j'occupais la place, m'a donné quelques conseils; et d'ailleurs, excepté le duc d'Aremberg, qui a la mémoire d'un aveugle, et auquel aucune des cartes qu'on nomme n'échappe, je jouais à peu près aussi bien que l'impératrice et l'empereur. La partie n'a pas été longue. Le duc d'Aremberg a ordinairement à côté de lui un homme qui arrange ses cartes; son jeu lui est désigné par une petite planche adaptée à la table; en passant la main sur cette planche, il connaît ses cartes, par les chevilles en relief qui sont placées par l'homme qu'il appelle son marqueur. Il joue fort bien et même étonnamment vite, si l'on pense à tout le travail nécessaire pour lui faire connaître ses cartes. Mais n'ayant pas osé se faire accompagner chez l'empereur par son marqueur, qui est une espèce de valet de chambre, c'est la duchesse d'Aremberg qui l'a remplacé, et son jeu en était fort retardé; aussi l'empereur, qui aime à jouer vite, et dont la curiosité était satisfaite, a laissé la partie après le premier rob.

Le 25 août.

Corneille avait raison quand il a dit :

Qui peut tout ce qu'il veut, veut plus que ce qu'il doit.

Ce vers renferme un axiôme moral d'une grande vérité. M. de Sémonville est une victime que la politique offre aujourd'hui en holocauste aux Hollandais. Cette action est d'une injustice révoltante; M. de Talleyrand a ordonné à M. de Sémonville je ne sais quelle mesure qui a déplu aux Hollandais. Bonaparte, qui les ménage, ne veut point avouer que son ambassadeur n'a agi que par les ordres de M. de Talleyrand, parce qu'alors il faudrait le sacrifier, et (quoiqu'il le déteste) comme il pense qu'il s'en servira plus utilement que de M. de Sémonville, il sacrifie celui-ci. On croira peut-être excuser cette action en nous disant que les idées de justice, considérées par rapport à un particulier, ne sont pas applicables aux souverains; je crois, au contraire, que leurs actions appartenant à la postérité qui les jugera, dépouillées du prestige qui nous éblouit, ils devraient toujours prendre pour guides la morale et la justice.

Hier, à la réception des ambassadeurs, lorsque Bonaparte fut près de M. de Sémonville, il lui tourna le dos sans vouloir lui parler; et quand celui-ci demanda, pour toute grâce, à s'expliquer dans une audience, on la lui a refusée. On sait tout ce qu'il dirait; il est justifié d'avance; mais c'est précisément pourquoi on ne veut pas le recevoir. On ne peut lui dire : « Vous avez raison; M. de » Talleyrand a tort, et cependant c'est vous qui » paierez pour lui : » comme c'est ce que l'empereur a décidé dans sa suprême sagesse, il ne veut ni le voir ni l'entendre. Serait-il donc vrai que l'abus du pouvoir est toujours lié au pouvoir, comme l'effet à la cause ?

Aix-la-Chapelle, le 26 août.

J'ai vu ce matin M. de Sémonville : il m'a conté

qu'hier M. de Talleyrand, en causant avec lui, avait voulu lui persuader adroitement qu'il devait donner l'ordre à La Haye de brûler tous ses papiers. » Prenez-y garde, a-t-il dit, l'empereur est un petit » Néron *.

» Il enverra** peut-être saisir vos papiers, et cela » peut être fort désagréable : madame de Spare, vo- » tre belle-fille, est à La Haye ; écrivez-lui de tout » brûler promptement ; c'est plus essentiel que vous » ne le pensez. » Ce conseil, donné avec le ton de l'a- mitié, de l'intérêt, aurait pu être suivi par un sot; mais M. de Talleyrand a affaire avec un homme aussi fin que lui. M. de Sémonville en a parfaite-

* Ces mots furent entendus par le duc de Bassano, qui était appuyé sur la cheminée, près de laquelle causaient MM. de Talleyrand et Sémonville ; il n'y a nul doute qu'ils furent répétés par lui à Napoléon. (*Note de madame****.)

** M. de Talleyrand était trop fin courtisan pour tenir un pareil propos, devant de tels témoins ; mais s'il l'eût tenu en effet, M. le duc de Bassano n'eût point été capable de le redire à l'empereur.

(*Note de l'éditeur.*)

ment senti le but, qui était de détruire toutes les pièces qui le justifient. Au lieu d'écrire à madame de Spare de brûler ses papiers, il vient de faire partir l'un de ses beaux-fils, M. de Montholon, pour aller les chercher. Jusqu'à son retour, il cessera de demander aucune audience à l'empereur. Il attendra qu'il soit muni de toutes les preuves; mais je doute fort qu'elles produisent aucun autre effet que celui de donner beaucoup d'humeur à Bonaparte, si toutefois il consent à les voir, ce que je ne crois pas *.

Ce soir, j'étais placée dans le salon, à côté de madame Lannes **.

**M. de Sémonville perdit son ambassade, et fut honorablement *annulé* au sénat. En se rappelant ces faits, d'une vérité exacte, on doit s'étonner que M. de Montholon, l'un des deux beaux-fils de M. de Sémonville, se soit attaché dans la suite au sort de Napoléon. Quand on cherche l'explication de cette étrange conduite, on peut la trouver dans le mariage de M. de Montholon, qui ne fut point approuvé par sa famille, ce qui le brouilla avec elle.

** Depuis, duchesse de Montebello.

C'était la première fois que je la voyais : elle arrive de Portugal avec son mari, qui y était ambassadeur. Elle m'a paru charmante. L'empereur en se promenant dans le cercle, lui a dit avec ce ton si extraordinaire qu'il a envers toutes les femmes : « *On dit que vous étiez assez joliment* » *avec le prince régent de Portugal.* » Madame Lannes a répondu très-convenablement que le prince avait toujours traité son mari et elle avec beaucoup de bonté. Elle s'est retournée de mon côté en me disant : « Je ne sais quelle est la fatalité » qui me place toujours sous les yeux de l'empereur » dans les momens où il a de l'humeur; car je ne » pense pas qu'il ait l'intention de me dire des » choses désagréables, et cependant cela lui arrive » très-souvent. » Cette pauvre femme avait presque les larmes aux yeux. Cette apostrophe si inconvenante est d'autant plus déplacée, qu'on fait généralement l'éloge de sa conduite; mais, ce soir, Napoléon était déchaîné contre toutes les femmes; il nous a dit : « que nous n'avions point » de patriotisme, point d'esprit national; que » nous devions rougir de porter des mousselines;

» que les dames anglaises nous donnent l'exemple,
» en ne portant que les marchandises de leur pays;
» que cet engoûment pour les mousselines an-
» glaises est d'autant plus extraordinaire, que
» nous avons en France des linons-batistes qui
» peuvent les remplacer et qui font des robes
» beaucoup plus jolies; que, quant à lui, il ai-
» merait toujours cette étoffe, préférablement à
» toute autre, parce que, dans sa jeunesse, sa
» première amoureuse en avait une robe. » A l'expression de première amoureuse, j'ai eu beaucoup
de peine à ne pas rire, d'autant plus que mes yeux
ont rencontré ceux de madame de La Rochefoucault, qui mourait d'envie d'en faire autant. Il est
extraordinaire que Bonaparte ait des manières
aussi communes*. Lorsqu'il veut avoir de la dignité
il est insolent et dédaigneux; et s'il a un moment

---

* Encore les manières de l'empereur ! Mais ce jour-là *il s'é-
tait déchaîné contre les femmes*, ce qui explique l'humeur de
Madame *** contre lui. Nous n'avons pas besoin de dire qu'il
y a plus que de l'exagération à appeler *de l'insolence* la brusquerie que l'on a pu quelquefois reprocher à l'empereur ;

de gaîté, il devient le plus vulgaire de tous les hommes. Son beau-frère Murat, né dans une classe fort au dessous de la sienne, qui n'avait reçu aucune éducation, s'est formé à l'école du monde, d'une manière étonnante. Il y a quelques années que je me trouvais à Dijon dans l'instant où il vint passer la revue d'un corps d'armée qu'on y avait réuni; je dînai avec lui chez le général Canclaux, qui commandait à Dijon; et alors, je trouvai qu'il avait tout-à-fait l'air d'un soldat habillé en officier. Je l'ai revu dernièrement, et j'ai été étonnée de lui voir des manières fort polies, et même assez agréables. Mais Napoléon est trop orgueilleux pour jamais rien acquérir en fait de manières; il a trop de respect pour lui-même pour s'aviser jamais de s'examiner, et trop de mépris pour l'espèce humaine pour penser un seul instant qu'on peut être mieux que lui.

comme à Frédéric II et à d'autres grands hommes, et à ne voir dans ses momens d'affabilité *que la gaîté la plus vulgaire.*

(*Note de l'éditeur.*)

FIN DU PREMIER VOLUME.

TABLE
DU PREMIER VOLUME.

CHAPITRE PREMIER.

Naissance de l'auteur. — Son père, ses parens. — Ses premiers protecteurs. — Émigration et abandon. — Le suspect de 12 ans. — Les municipaux ou *les imbéciles*. — Le chef d'escadron Michau. — M. Gobert. — Carrat. — Madame Bonaparte et sa fille. — Les bouquets et la scène de sentiment. — Économie de Carrat pour les autres et sa générosité pour lui-même. — Poltronnerie. — Espiégleries de madame Bonaparte et d'Hortense. — Le fantôme. — La douche nocturne. — La chute. — L'auteur entre au service de M. Eugène de Beauharnais. *Page* 1

CHAPITRE II.

Le prince Eugène apprenti menuisier. — Bonaparte et l'épée du marquis de Beauharnais. — Première entrevue de Napoléon et de Joséphine. — Extérieur et qualités d'Eugène.— Franchise. — Bonté. — Goût pour le plaisir. — Déjeuners de jeunes officiers et d'artistes. — Les mystifications et les mystifiés. — Thiémet et Dugazon. — Les bègues et l'immersion à la glace. — Le vieux valet de chambre rétabli dans ses droits. — Constant passe au service de madame Bonaparte. —Agrémens de sa nouvelle situation.—Souvenirs du 18 brumaire. — Déjeuners politiques. — Les directeurs *en charge*. — Barras à la grecque. — L'abbé Sieyès à cheval.— Le rendez-vous. — Erreur de Murat. — Le président Gohier, le général Jubé et la grande manœuvre. — Le général Marmont et les chevaux de manége. — La Malmaison. — Salon de Joséphine. — M. de Talleyrand. — La famille du général Bonaparte. — M. Volney. — M. Denon. — M. Lemercier. — M. de Laigle. — Le général Bournonville. — Excursion à cheval. — Chute d'Hortense. — Bon ménage. — La partie de barres. — Bonaparte mauvais coureur. — Revenu net de la Malmaison. — Embellissemens. — Théâtre et acteurs de société : MM. Eugène, Jérôme Bonaparte, Lauriston, etc. ; mademoiselle Hortense, madame Murat, les deux demoiselles Auguié.—Napoléon simple spectateur. 14

CHAPITRE III.

M. Charvet. — Détails antérieurs à l'entrée de l'auteur chez madame Bonaparte. — Départ pour l'Égypte. — *La Pomone.* —Madame Bonaparte à Plombières. — Chute horrible. — Madame Bonaparte, forcée de rester aux eaux, envoie chercher sa fille. — Euphémie. — Friandise et malice. — *La Pomone* capturée par les Anglais. — Retour à Paris. — Achat de la Malmaison. — Premiers complots contre la vie du premier consul. — Les marbriers. — Le tabac empoisonné. — Projets d'enlèvement. — Installation aux Tuileries. — Les chevaux et le sabre de Campo-Formio.—Les héros d'Égypte et d'Italie. — Lannes. — Murat. — Eugène. — Disposition des appartemens aux Tuileries. — Service de bouche du premier consul. — Service de la chambre. — M. de Bourrienne. —Partie de billard avec madame Bonaparte.—Les chiens de garde. — Accident arrivé à un ouvrier. — Les jours de congé du premier consul. — Le premier consul fort aimé dans son intérieur. — *Ils n'oseraient!* — Le premier consul tenant les comptes de sa maison. — Le collier de misère.   34

CHAPITRE IV.

Le premier consul prend l'auteur à son service. — Oubli. — Chagrin. — Consolations offertes par madame Bonaparte. — Réparation. — Départ de Constant pour le quartier-général du premier consul. — Enthousiasme des soldats partant pour l'Italie. — L'auteur rejoint le premier consul. — Hospice du mont St-Bernard. — Passage. — La ramasse. — Humanité des religieux et générosité du premier consul. — Passage du mont Albaredo. — Coup d'œil du premier consul. — Prise du fort de Bard. — Entrée à Milan. — Joie et confiance des Milanais. — Les collègues de Constant. — Hambart. — Hébert. — Roustan. — Ibrahim-Ali. — Colère d'un Arabe. — Le poignard. — Le bain de surprise. — Suite de la campagne d'Italie. — Combat de Montebello. — Arrivée de Desaix. — Longue entrevue avec le premier consul. — Colère de Desaix contre les Anglais. — Bataille de Marengo. — Pénible incertitude. — Victoire. — Mort de Desaix. — Douleur du premier consul. — Les aides-de-camp de Desaix devenus aides-de-camp du premier consul. — MM. Rapp et Savary. — Tombeau de Desaix sur le mont Saint-Bernard. 52

CHAPITRE V.

Retour à Milan, en marche sur Paris. — Le chanteur Marchesi et le premier consul. — Impertinence et quelques jours de prison. — Madame Grassini. — Rentrée en France par le mont Cenis. — Arcs-de-triomphe. — Cortége de jeunes filles. — Entrée à Lyon. — Couthon et les démolisseurs. — Le premier consul fait relever les édifices de la place Belcour. — La voiture versée. — Illuminations à Paris. — Kléber. — Calomnies contre le premier consul. — Chute de cheval de Constant. — Bonté du premier consul et de madame Bonaparte à l'égard de Constant. — Générosité du premier consul. — Émotion de l'auteur. — Le premier consul outrageusement méconnu. — Le premier consul, Jérôme Bonaparte et le colonel Lacuée. — Amour du premier consul pour madame D..... — Jalousie de madame Bonaparte, et précautions du premier consul. — Curiosité indiscrète d'une femme de chambre. — Menaces et discrétion forcée. — La petite maison de l'allée des Veuves. — Ménagemens du premier consul à l'égard de sa femme. — Mœurs du premier consul et ses manières avec les femmes. 72

CHAPITRE VI.

La *machine infernale*. — Le plus invalide des architectes. — L'heureux hasard. — Précipitation et retard également salutaires. — Hortense légèrement blessée. — Frayeur de madame Murat, et suites affligeantes. — Le cocher Germain. — D'où lui venait le nom de César. — Inexactitudes à son sujet. — Repas offert par cinq cents cochers de fiacre. — L'auteur à Feydeau pendant l'explosion. — Frayeur. — Course sans chapeau. — Les factionnaires inflexibles. — Le premier consul rentre aux Tuileries. — Paroles du premier consul à Constant. — La garde consulaire. — La maison du premier consul mise en état de surveillance. — Fidélité à toute épreuve. — Les jacobins innocens et les royalistes coupables. — Grande revue. — Joie des soldats et du peuple. — La paix universelle. — Réjouissances publiques et fêtes improvisées.

— Réception du corps diplomatique et de lord Cornwalis. — Luxe militaire. — Le diamant *le Régent*. 85

CHAPITRE VII.

Le roi d'Étrurie. — Madame de Montesson. — Le monarque peu travailleur. — Conversation à son sujet entre le premier et le second consul. — Un mot sur le retour des Bourbons.— Intelligence et conversation de don Louis. — Traits singuliers d'économie. — Présent de 100,000 écus et gratification royale de 6 *francs*. — Dureté de don Louis envers ses gens. — Hauteur vis-à-vis d'un diplomate, et dégoût des occupations sérieuses. — Le roi d'Étrurie installé par le futur roi de Naples. — La reine d'Étrurie. — Son peu de goût pour la toilette. — Son bon sens. — Sa bonté. — Sa fidélité à remplir ses devoirs. — Fêtes magnifiques chez M. de Talleyrand, chez madame de Montesson, à l'hôtel du ministre de l'intérieur le jour anniversaire de la bataille de Marengo. — Départ de Leurs Majestés. 99

CHAPITRE VIII.

Passion d'un fou pour mademoiselle Hortense de Beauharnais. — Mariage de M. Louis Bonaparte et d'Hortense. — Chagrins. — Caractère de M. Louis. — Atroce calomnie contre l'empereur et sa belle-fille. — Penchant d'Hortense avant son mariage. — Le général Duroc épouse mademoiselle Hervas d'Almenara. — Portrait de cette dame. — Le piano brisé et la montre mise en pièces. — Mariage et tristesse. — Infortunes d'Hortense avant, pendant et après ses grandeurs. — Voyage du premier consul à Lyon. — Fêtes et félicitations. — Les soldats d'Égypte. — Le légat du pape. — Les députés de la consulte. — Mort de l'archevêque de Milan. — Couplets de circonstance. —Les poëtes de l'empire. — Le premier consul et son maître d'écriture. — M. l'abbé Dupuis, bibliothécaire de la Malmaison. 109

CHAPITRE IX.

Proclamation de la loi sur les cultes. — Conversation à ce sujet. — La consigne. — Les plénipotentiaires pour le concordat. —L'abbé Bernier et le cardinal Caprara. —Le chapeau rouge et le bonnet rouge. — Costume du premier consul et de ses collègues. — Le premier *Te Deum* chanté à Notre-Dame. — Dispositions diverses des spectateurs. — Le calendrier républicain. — La barbe et la chemise blanche. — Le général *Abdallah*-Menou. — Son courage à tenir tête aux Jacobins. — Son pavillon. — Sa mort romanesque. — Institution de l'ordre de la Légion-d'Honneur. — Le premier consul à Ivry. — Les inscriptions de 1802 et l'inscription de 1814. — Le maire d'Ivry et le maire d'Évreux. — Naïveté d'un haut fonctionnaire. — Les *cinq-z-enfans*. — Arrivée à Rouen du premier consul. — M. Beugnot et l'archevêque Cambacérès. — Le maire de Rouen dans la voiture du premier consul. — Le général Soult et le général Moncey. — Le premier consul au Havre et à Honfleur. — Départ du Havre pour Fécamp. — Arrivée du premier consul à Dieppe. — Retour à Saint-Cloud.   127

CHAPITRE X.

Influence du voyage en Normandie sur l'esprit du premier consul. — La génération de l'empire. — Les mémoires et l'histoire. — Premières dames et premiers officiers de madame Bonaparte. — Mesdames de Rémusat, de Tallouet, de Luçay, de Lauriston. — Mademoiselle d'Alberg et mademoiselle de Luçay. — Sagesse à la cour. — MM. de Rémusat, de Cramayel, de Luçay, Didelot. — Le palais refusé, puis accepté. — Les colifichets. — Les serviteurs de Marie-Antoinette, mieux traités sous le consulat que depuis la restauration. — Incendie au château de Saint-Cloud. — La chambre de veille. — Le lit bourgeois. — Comment le premier consul descendait la nuit chez sa femme. — Devoir et triomphe conjugal. — Le galant pris sur le fait. — Sévérité excessive envers une demoiselle. — Les armes d'honneur et les *troupiers*. — Le baptême de sang. — Le premier consul conduisant la charrue. — Les laboureurs et les conseillers d'état. — Le grenadier de la république devenu laboureur. — Audience du premier consul. — L'auteur introduit dans le cabinet du général. — Bonne réception et conversation curieuse. 150

CHAPITRE XI.

L'envoyé du bey de Tunis et les chevaux arabes. — Mauvaise foi de l'Angleterre. — Voyage à Boulogne, en Flandre et en Belgique. — Courses continuelles. — L'auteur fait le service de premier valet de chambre. — Début de Constant comme barbier du premier consul. — Apprentissage. — Mentons plébéiens. — Le regard de l'aigle. — Le premier consul difficile à raser. — Constant l'engage à se raser lui-même. — Ses motifs pour tenir à persuader le premier consul. — Confiance et sécurité imprudente du premier consul. — La première leçon. — Les taillades. — Légers reproches. — Gaucherie du premier consul tenant son rasoir. — Les chefs et les harangues. — Arrivée du premier consul à Boulogne. — Prélude de la formation du camp de Boulogne. — Discours de vingt pères de famille. — Combat naval gagné par l'amiral Bruix contre les Anglais. — Le dîner et la victoire. — Les Anglais et la *côte de fer*. — Projet d'attentat sur la personne du premier consul. —Rapidité du voyage. — Le ministre de la police. — Présens offerts par les villes. — Travaux ordonnés par le premier consul. — Munificence. — Le premier

consul mauvais cocher. — Pâleur de Cambacérès. — L'évanouissement. — Le précepte de l'Évangile. — Le sommeil
sans rêves. — L'ambassadeur ottoman. — Les cachemires.—
Le musulman en prières et au spectacle. 168

CHAPITRE XII.

Nouveau voyage à Boulogne. — Visite de la flottille, et revue
des troupes. — Jalousie de la ligne contre la garde. — Le
premier consul au camp. — Colère du général contre les
soldats. — Ennuis des officiers et plaisirs du camp. — Timidité des Boulonnaises. — Jalousie des maris. — Visites
des Parisiennes, des Abbevilloises, des Dunkerquoises et
des Amiennoises, au camp de Boulogne. — Soirées chez la
maîtresse du colonel Joseph Bonaparte. — Les généraux
Soult, Saint-Hilaire et Andréossy. — La femme adroite et
les deux amans heureux. — Curiosité du premier consul. —
Le premier consul pris pour un commissaire des guerres. —
Commencement de la faveur du général Bertrand. — L'ordonnateur Arcambal et les deux visiteurs. — Le premier
consul épiant son frère, qui feint de ne pas le reconnaître. —
Le premier consul et les jeux innocens. — Le premier consul n'a rien à donner pour gage. — Billet doux du premier
consul. — Combat naval. — Le premier consul commande
une manœuvre et se trompe. — Erreur reconnue et silence

du général. — Le premier consul pointe les canons et fait rougir les boulets. — Combat de deux Picards. — Explosion continuelle. — Dîner au bruit du canon. — Frégate anglaise démâtée, et le brick coulé bas. 185

CHAPITRE XIII.

Retour du premier consul à Paris. — Arrivée du prince Camille Borghèse. — Pauline Bonaparte et son premier mari, le général Leclerc. — Amour du général pour sa femme. — Portrait du général Leclerc. — Départ du général pour Saint-Domingue. — Le premier consul ordonne aussi le départ de sa sœur. — Révolte de Christophe et de Dessalines. — Arrivée au Cap, du général et de sa femme. — Courage de madame Leclerc. — Insurrection des noirs. — Les débris de l'armée de Brest, et douze mille nègres révoltés. — Valeur héroïque du général en chef, atteint d'une maladie mortelle. — Courage de madame Leclerc. — Noblesse et intrépidité. — Pauline sauvant son fils. — Mort du général Leclerc. — Mariage de Pauline. — Chagrin de Lafon, et réponse de mademoiselle Duchesnois. — M. Jules de Canouville, et la princesse Borghèse. — Disgrâce de la princesse auprès de l'empereur. — Générosité de la princesse pour son frère. — La seule amie qui lui reste. — Les diamans de la princesse dans la voiture de l'empereur à la bataille de Waterloo. 200

CHAPITRE XIV.

Arrestation du général Moreau. — Constant envoyé en observateur. — Le général Moreau marié par madame Bonaparte. — Mademoiselle Hulot. — Madame Hulot. — Hautes prétentions. — Opposition de Moreau. — Ses railleries. — Intrigues et complots des mécontens. — Témoignages d'affection donnés par le premier consul au général Moreau. — Ce que dit et fait l'empereur le jour de l'arrestation des aides-de-camp de Moreau. — Le compagnon d'armes du général Foy. — Enlèvement. — Rigueur excessive envers le colonel Delélée. — Ruse d'un enfant. — Mesures arbitraires. — Inflexibilité de l'empereur. — Les députés de Besançon et le maréchal M..... — Terreur panique et fermeté. — Les amis de cour. — Une audience solennelle aux Tuileries. — Réception des Bisontins. — Réponse courageuse. — Réparation. — Changement à vue. — Les anciens camarades. — Le chef d'état-major de l'armée de Portugal. — Mort prématurée. — Surveillance exercée sur les gens de la maison de l'empereur à chaque nouvelle conspiration. — Le gardien du portefeuille. — Registres des concierges. — Jalousie de l'empereur excitée par un nom suspect. 209

CHAPITRE XV.

Réveil du premier consul, le 21 mars 1804. — Silence du premier consul. — Arrivée de Joséphine dans la chambre du premier consul. — Chagrin de Joséphine, et pâleur du premier consul. — *Les malheureux ont été trop vite!* — Nouvelle de la mort du duc d'Enghien. — Émotion du premier consul. — Préludes de l'empire. — Le premier consul empereur. — Le sénat à Saint-Cloud. — Cambacérès salue, le premier, l'empereur du nom de Sire. — Les sénateurs chez l'impératrice. — Ivresse du château. — Tout le monde monte en grade. — Le salon et l'antichambre. — Embarras de tout le service. — Le premier réveil de l'empereur. — Les princes Français. — M. Lucien et madame Jouberton. — Les maréchaux de l'empire. — Maladresse des premiers courtisans. — Les chambellans et les grands officiers. — Leçons données par les hommes de l'ancienne cour. — Mépris de l'empereur pour les anniversaires de la révolution. — Première fête de l'empereur, et le premier cortége impérial. — Le temple de Mars et le grand maître des cérémonies. — L'archevêque du Belloy et le grand chancelier de la Légion-d'Honneur. — L'homme du peuple et l'accolade impériale. — Départ de Paris pour le camp de Boulogne. — Le seul congé que l'empereur m'ait donné. — Mon arrivée à Boulogne. — Détails de mon service près de l'empereur.

M. de Rémusat, MM. Boyer et Yvan. — Habitudes de l'empereur. — M. de Bourrienne et le bout de l'oreille. — Manie de donner *des petits soufflets*. — Vivacité de l'empereur contre son écuyer. — M. de Caulaincourt grand écuyer. — Réparation. — Gratification généreuse. 226

CHAPITRE XVI.

Assiduité de l'empereur au travail. — Roustan et le flacon d'eau-de-vie. — Armée de Boulogne. — Les quatre camps. — Le Pont de Briques. — Baraque de l'empereur. — La chambre du conseil. — L'aigle guidé par l'étoile tutélaire. — Chambre à coucher de l'empereur. — Lit. — Ameublement. — La chambre du télescope. — Porte-manteau. — Distribution des appartemens. — Le sémaphore. — Les mortiers gigantesques. — L'empereur lançant la première bombe. — Baraque du maréchal Soult. — L'empereur voyant de sa chambre Douvres et sa garnison. — Les rues du camp de droite. — Chemin taillé à pic dans la falaise. — L'ingénieur oublié. — La flottille. — Les forts. — Baraque du prince Joseph. — Le grenadier embourbé. — Trait de bonté de l'empereur. — Le pont de service. — Consigne terrible. — Les sentinelles et les marins de quart. — Exclusion des femmes et des étrangers. — Les espions. — Fusillade. — Le maître d'école fusillé. — Les brûlots. — Terreur dans la ville. — Chanson militaire. — Fausse alerte. — Consternation. — Tranquillité de madame

F..... — Le commandant condamné à mort et gracié par l'empereur. 243

CHAPITRE XVII.

Distribution de croix de la Légion-d'Honneur, au camp de Boulogne. — Le casque de Duguesclin. — Le prince Joseph, colonel. — Fête militaire. — Courses en canots et à cheval. — Jalousie d'un conseil d'officiers supérieurs. — Justice rendue par l'empereur. — Chute malheureuse, suivie d'un triomphe. — La pétition à bout portant. — Le ministre de la marine tombé à l'eau. — Gaîté de l'empereur. — Le général gastronome. — Le bal. — Une boulangère, dansée par l'empereur et madame Bertrand. — Les Boulonnaises au bal. — Les macarons et les ridicules. — La maréchale Soult reine du bal. — La belle suppliante. — Le garde-magasin condamné à mort. — Clémence de l'empereur. 262

CHAPITRE XVIII.

Popularité de l'empereur à Boulogne. — Sa funeste obstination. — Fermeté de l'amiral Bruix. — La cravache de l'empereur et l'épée d'un amiral. — Exil injuste. — Tempête et naufrage. — Courage de l'empereur. — Les cadavres et le petit chapeau. — Moyen infaillible d'étouffer les murmures. —

Le tambour sauvé sur sa caisse. — Dialogue entre deux matelots. — Faux embarquement. — Proclamation. — Colonne du camp de Boulogne. — Départ de l'empereur. — Comptes à régler. — Difficultés que fait l'empereur pour payer sa baraque. — Flatterie d'un créancier. — Le compte de l'ingénieur acquitté en rixdales et en frédérics. 273

CHAPITRE XIX.

Voyage en Belgique. — Congé de vingt-quatre heures. — Les habitans d'Alost. — Leur empressement auprès de Constant. — Le valet de chambre fêté à cause du maître. — Bonté de l'empereur. — Journal de madame *** sur un voyage à Aix-la-Chapelle. — Histoire de ce journal. — NARRATION DE MADAME ***. — M. d'Aubusson, chambellan. — Cérémonie du serment. — Grâce de Joséphine. — Une ancienne connaissance. — Aversion de Joséphine pour l'étiquette. — Madame de La Rochefoucault. — Le faubourg Saint-Germain. — Une clef de chambellan au lieu d'un brevet de colonel. — Formation des maisons impériales. — Les gens de l'ancienne cour, à la nouvelle. — Le parti de l'opposition dans le noble faubourg. — Madame de La Rochefoucault, madame de Balby et madame de Bouilley. — Solliciteurs honteux. — Distribution de croix d'honneur. — Le chevalier en veste ronde. — Napoléon se plaint d'être mal logé aux Tuileries. —

Mauvaise humeur. — La robe de madame de La Valette *et le coup de pied*. — Le musée vu aux lumières. — Passage périlleux. — Napoléon devant la statue d'Alexandre. — Grandeur et petitesse. — Un mot de la princesse Dolgorouki. — L'empereur à Boulogne et l'impératrice à Aix-la-Chapelle. — L'impératrice manque à l'étiquette, et est reprise par son grand-écuyer. — La route sur la carte. — Les femmes et les dragons. — M. Jacoby et sa maison. — Le journal indiscret. — Inquiétude de Joséphine. — La malaquite et la femme du maire de Reims. — Silence imposé aux journaux. — Ennui. — La troupe et les pièces de Picard. — Répertoire fatigant. — La diligence et la rue Saint-Denis. — Excursion à pied. — Désespoir du chevalier de l'étiquette. — Retour embarrassant. — Les robes de cour et les haillons. — Maison et cercle de l'impératrice. — Les caricatures allemandes. — Madame de Sémonville. — Madame de Sparre. — Madame Macdonald. — Confiance de l'impératrice. — Son caractère est celui d'un enfant. — Son esprit ; — son instruction ; — ses manières. — Le canevas de société. — *Un quart d'heure d'esprit par jour.* — Candeur et défiance de soi-même. — Douceur et bonté. — Indiscrétion. — Réserve de l'empereur avec l'impératrice. — Dissimulation de l'empereur. — Superstition de l'empereur. — Prédiction faite à Joséphine. — *Plus que reine, sans être reine.* — Les cachots de la terreur et le trône impérial. — M. de Talleyrand. — Motif de sa haine contre Joséphine.

— Le dîner chez Barras. — Le courtisan en défaut. — M. de Talleyrand poussant au divorce. — La princesse Willelmine de Bade. — Fausse sécurité de l'impératrice. — Les deux étoiles. — Madame de Staël et M. de Narbonne. — Correspondance interceptée. — L'espion et le ministre de la police. — L'habit d'arlequin. — Napoléon arlequin. — Courage par lettres, et flagornerie à la cour. — Indifférence de l'empereur au sujet de l'attachement de ceux qui l'entouraient. — Le thermomètre des amitiés de cour. — Politesse et envie. — Profondes révérences et profonde insipidité. — Orage excité par les attentions de Joséphine. — Cérémonie dans l'église d'Aix. — Éloquence du général Lorges. — *La vertu sur le trône et la beauté à côté.* — Mouvement causé par la prochaine arrivée de l'empereur. — L'empereur savait-il se faire aimer? — Arrivée de l'empereur. — Chagrins. — Espionnage. — Le jeune général et le vieux militaire. — La causeuse et l'impératrice. — Faux rapports. — Jalousie de l'empereur. — Joséphine justifiée. — Les enfans et les conquérans. — Napoléon tout occupé de l'étiquette. — Pourquoi le respect est-il marqué par des attitudes gênantes? — Grande réception des autorités constituées. — Admiration des bonnes gens. — *Prétendu* charlatanisme de l'empereur. — Lui aussi y aurait appris sa leçon. — Les dames d'honneur *au catéchisme*. — L'empereur parlant des arts et de l'amour. — L'empereur avait-il de l'esprit? — Adulation des prêtres. — Les grandes reliques. — *Le tour* du reliquaire, exécuté par Joséphine et par le clergé. — Méditation sur les prêtres courtisans. — M. de Pradt, premier aumônier de l'empereur. — Récompense accordée sans discernement. — Alexandre et le boisseau de millet. — Talma. — M. de Pradt *croyait-il en Dieu?* — Le wist de l'empereur. — Le duc d'Aremberg ; le joueur aveugle. — L'auteur fait la partie de l'empereur, sans savoir le jeu. — Un axiôme du grand Corneille. — Disgrâce de M. de Sémonville. — Il ne peut obtenir une audience. — Propos indiscret *attribué* à M. de Talleyrand. — Les deux diplomates aux prises ; assaut de finesse. — *L'annulation* au sénat. — M. de Montholon. — Madame la duchesse de Montébello. — Indiscrétion de l'empereur. — Observation digne et spirituelle de la maréchale. — Boutade de Napoléon contre les femmes. — Les mousselines anglaises. — *La première amoureuse* de l'empereur. — L'empereur plus que sérieusement jugé. — L'empereur représenté comme insolent, dédaigneux vulgaire. — Observation de Constant sur ce jugement. — Les manières de Murat opposées à celles de l'empereur. — L'empereur orgueilleux et méprisant l'espèce humaine. 288

FIN DE LA TABLE.

www.ingramcontent.com/pod-product-compliance
Lightning Source LLC
Chambersburg PA
CBHW060617170426
43201CB00009B/1053